리더스
싱킹

리더스 싱킹

한국의 리더는 어떤 미래를 꿈꾸는가

이현덕 지음

다니비앤비

머리말

생각이 그 사람의 미래입니다. 태초에 생각이 있었습니다. 생각의 축적이 세상을 바꾸고 미래를 만들었습니다. 이 책은 한 분야에서 일가를 이뤘거나 성공한 각계 리더들을 만나 인터뷰한 글입니다. 그들이 육성으로 들려준 인생 노정(路程)에는 미래를 살아가는 성공의 지혜가 가득 담겨 있습니다.

인터뷰는 '이현덕이 만난 생각의 리더'라는 제목으로 2015년 1월부터 2018년 7월 중순까지 3년 6개월간 전자신문에 연재했습니다. 매주 1회씩 산업계와 정계, 학계, 연구계, 문화계 등 각 분야를 대표하는 리더 140명을 만났습니다. 이들 중 44명을 이번에 책으로 묶었습니다.

인터뷰는 만남입니다. 리더들과의 만남은 제게 기쁨이고 행복이었습니다.

이 시대의 리더들은 크게 세 가지 공통점이 있었습니다. 첫째는 늘 미래를 생각했습니다. 오늘보다 내일을 설계하고 무(無)에서 유(有)를 창조하기 위해 생각을 축적했습니다. 둘째는 자신이 잘하는 일에 열정을 집중했습니다. 그 분야의 최고가 되기 위해 좌고우면하지 않고 오직 한 길만 걸었습니다. 친구 따라 강남 가는 일을 절대 하지 않았습니다. 자신만의 차별화로 독창적인 길을 갔습니다. 셋째, 이들은 스폰지처럼 지식 탐구에 열중했습니다. 리더들은 누구 못지 않게 독서를 많이 했습니다. 이들은 다독가였습니다.

이 책은 6부로 구성했습니다.

1부 미래를 꿈꾸는 리더에는 이 시대 창조의 아이콘이자 대표 지성인인 이어령 전 문화부장관, 창조와 혁신 리더인 윤종용 전 국가지식재산산위원장, 우주항공기술 분야 최고 권위자인 신재원 미 NASA 국장, 4차 산업혁명 전도사 이상철 전 정보통신부 장관, 미래를 상상하는 미래학자들인 박영숙 유엔미래포럼 한국대표, 최윤식 아시아미래연구소장, 서용석 박사와 인터뷰한 글을 실었습니다.

2부 리더의 남다른 생각에서는 독서경영을 하는 조병호 디와이 회장과 세계 최고 로봇공학자인 데니스 홍 미국 UCLA 교수, 스님이자 명상 전문가인 미산 KAIST 명상과학연구소장, 몰입 전도사 황농문 서울대 교수, 청년들의 창조 멘토 최진석 건명원장, 예술경영 주창자인 김효근 이화여대 교수, 차세대 반도체 개발주역인 장준연 KIST 차세대반도체연구소장 인터뷰를 담았습니다. 이들이 보는 세상은 기존 시각을 뛰어넘었습니다.

3부는 이 시대 화두(話頭)인 4차 산업혁명 리더들을 소개했습니다. 스타트업계 미다스의 손으로 불리는 장병규 4차 산업혁명위원회 위원장과 농업계 스티브 잡스로 불리는 이정훈 서울대 교수, 4차 산업혁명의 방향을 제시한 이봉규 연세대 정보대학원장, 인공지능 의료시대를 연 이언 가천대 길병원 단장, 스마트공장 가온머리 박진우 민.관 합동 스마트공장 추진단장, 자율 주행자동차 리더인 서승우 서울대 교수, 선우명호 한양대 교수와 인터뷰한 내용입니다.

4부에는 남다른 경영철학을 가진 리더들을 다뤘습니다. 행복경영 전도자 조영탁 휴넷 대표, 한국1호 명품 장수기업 변봉덕 코맥스 회장, 자본재 국산화 주역 신계철 인아그룹 회장, 한국 부품산업계의 산증인 이경재 삼진엘엔디 회장, 장군 진급도 뿌리치고 대령으로 예편해 중년 창업에 성공한 차진섭 심네트 대표, 기술력으로 승부하는 박상일 파크시스템스 대표, 제2의 인터넷혁명을 꿈꾸는 이판정 넷피아 대표, 벤처 신화의 주역인 조현정 비트컴퓨터 회장입니다.

5부는 새롭게 도약하는 리더들을 안내했습니다. 세계 7대 DB기업으로 부상한 손삼수 웨어밸리 대표, 한국의 디즈니랜드를 꿈꾸며 아이들이 가장 좋아하는 뽀로로를 만든 최종일 아이코닉스 대표, 자연주의 인본경영의 주창자인 이형우 마이다스아이티 대표, 세계 최초 배터리 교환형 전기버스 시스템을 개발한 박준석 비긴스 대표, 열정승부사인 최유섭 텔콤 회장, 세계 최초 고체형 레이저치료기를 개발한 주홍 레이저옵텍 대표, 국내 처음 보행자 안전시스템을 개발한 김

구현 아이탑스오토모티브 대표, 가치경영과 정직으로 매장에 큐레이터를 배치한 김성수 게이트비전 대표의 인생 여정입니다.

6부는 미래를 향해 달리는 세계 AI 100대 스타트업인 백승욱 루닛 대표와 AI 법률시장 주역인 임영익 인텔리콘 대표, 우주인에서 벤처 사업가로 변신한 고산 에이팀벤처스 대표, 창업대사로 세계 최초 휴대용 무선초음파 진단기를 개발한 류정원 힐세리온 대표, 미국 테슬라에 도전장을 낸 김성호 파워프라자 대표, 맞춤의료 시대를 연 윤원수 티앤알바이오팹 대표, 청정 전자출판 솔루션을 출시한 임성현 애니랙티브 대표를 추천했습니다.

이 책에 등장하는 리더들이 들려준 생생한 삶의 철학과 경험, 지혜는 미래를 짊어질 후인(後人)들에게 좋은 인생 참고서가 되리라 확신합니다.

리더들과 한 인터뷰를 전자신문에 연재할 당시는 현재형이거나 미래형이었습니다. 시일이 지나 책을 출간하려고 보니 시점이 과거로 변했습니다. 어떻게 할까 고민하다 인터뷰 당시의 분위기와 주제를 그대로 독자에게 전달하고자 일부를 제외하고는 가급적 글에 손대지 않았습니다. 이 점 여러분의 너그러운 이해를 구합니다.

생각의 리더를 연재하는 동안 성원해 준 전자신문 임직원들에게 감사합니다. 구원모 전자신문 회장과 양승욱 사장, 박성득, 박현태, 금기현 전 대표, 거친 원고를 받아 준 박승정, 김상용 당시 편집국장과 심규호 현 편집국장, 강병준 부국장, 최지호, 최희재 편집 데스크, 김인기, 조성묵 전 편집부장, 멋진 편집을 해준 김정희, 이상용, 이상목 기자, 그리고 취재에 동행해 훌륭한 사진을 제공한 사진부 정동수, 윤성혁 전, 현 부장과 김동욱 차장, 박지호, 이동근 기자 등과 편집국 후배들, 홍성모 이사에게도 감사를 드립니다.

이번에 인터뷰를 좋은 책으로 펴낸 추기숙 다니기획 대표와 최미진 이사, 장기영 편집장 등 편집진에게도 고마움을 전합니다. 생각의 리더를 읽고 그동안 분에 넘치게 격려와 성원을 보내 주신 애독자들에게도 사의를 표합니다.

생각은 미래로 가는 나침판이자 설계도입니다. 창조를 위한 원동력을 찾고 구현하는 시발점이 바로 생각입니다. 미래의 성공한 리더가 되고 싶다면 생각의 크기를 키워야 합니다. 어제의 생각이 오늘을 만들었고 오늘의 생각이 내일을 만듭니다.

이어령 선생은 "검색하지 말고 생각하라"고 하셨습니다. 최윤식 소장은 "내가 미래를 만들면 행복과 부(富)를 주지만 미래가 나를 만들면 두려움과 고통뿐"이라고 조언했습니다.

이 책이 4차 산업혁명 시대를 맞아 미래의 리더를 꿈꾸는 젊은이들에게 소중한 인생 길라잡이 역할을 한다면 참으로 기쁜 일입니다.

세상일은 그가 가진 생각을 벗어나지 못합니다. 위대한 생각이 위대한 세상을 만듭니다. 생각이 곧 미래입니다. 지금은 생각을 축적하는 시대입니다. 새로운 인연에 감사하며 노트북을 닫습니다.

이현덕

목차

LEADER'S THINKING

3부 4차 산업혁명의 리더

6부 미래를 준비하는 리더

LEADER'S THINKING

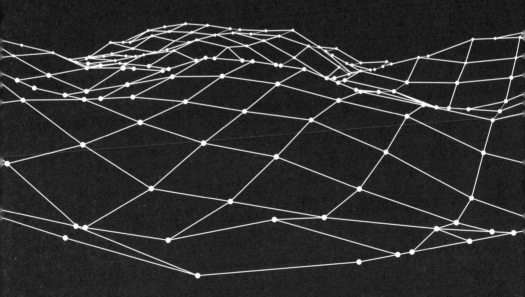

1부

미래를
꿈꾸는 리더

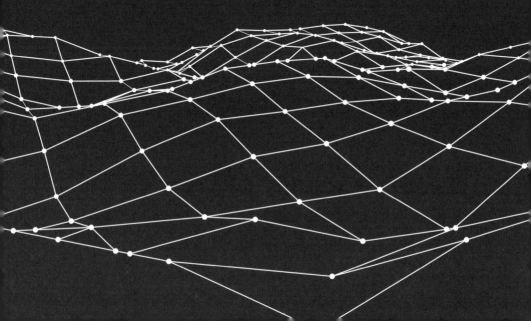

"검색하지 말고
사색하라"

이어령 전 문화부 장관

언론인, 교수, 문학평론가, 장관, 시인, 소설가, 기호학자로 활동했다. 특히 '산업화는 늦었지만 정보화는 앞서가
자'는 슬로건으로 한국을 정보기술(IT) 강국으로 발돋움하는 데 엔진 역할을 했다. 이 전 장관은 2006년 《디지로
그》를 통해 디지털과 아날로그 통합을 역설했고, 이후 '생명자본주의' 운동을 주창했다.

이 전 장관은 시대를 직관하는 통찰력으로 새 시대의 패러다임을 우리 앞에 제시한 창조의 아이콘이다. 그의 서재는 서울 종로구 평창동 영인문학관 안에 있다. 영인(寧仁)문학관은 이어령 전 장관과 부인 강인숙 교수의 이름에서 한 자씩 딴 명칭이다. 북한산 자락인 데다 주택가여서 공기는 맑고, 차량 왕래가 적어 조용했다. 서재는 한옥 대청마루처럼 넓고 아늑했다. 창밖으로 보이는 가을 북한산이 마치 한 폭의 산수화처럼 눈앞에 펼쳐져 있었다. 인터뷰는 그의 서재에서 3시간 넘게 이뤄졌다. 이 전 장관은 동서고금의 인문학과 첨단 기술 세계를 자유롭게 넘나들었다. 명불허전이었다.

창조의 아이콘으로 불리는 것에 대해 어떻게 생각하시나요?
언젠가 모 기자가 많은 호칭 가운데 하나로 정해야 한다면 뭐라고 하면 영광이겠느냐고 묻기에 '크리에이터', 즉 '창조하는 사람'이라고 말한 적이 있습니다. 저에게는 그만큼 가장 명예로운 호칭이지요.

그렇다면 창조란 무엇일까요?
어렵게 생각하면 안 됩니다. 그냥 하던 방식으로 살면 편하겠죠. 하지만 인간은 창조력과 생명력이 고갈되면 죽습니다. 창조가 없는 사회는 겨울이 왔는데 여름옷을 입고 사는 것과 같은 겁니다. (이 전 장관은 탁상 위에 놓인 손가락 길이만 한 몽당연필을 집어 들었다.) 이 연필은 독일산인데 이 홈에 손가락이 들어가 쓰기 편하게 만들어졌습니다. 이런 연필 하나도 창조의 산물입니다. (그는 자리에서 일어나더니 서재 안에서 작은 레고 인형을 들고 나왔다.) 이건 인형 USB입니다. 이렇게 인형 아랫도리를 잡아당기면 USB가 나타나고, 손을 들어올리면 다시 들어가는 방식입니다. 레고는 창조성이 가장 강한 기업입니다. MIT에서는 박사들도 레고 블록으로 집짓기를 한답니다. 우리는 '창조의 민족'입니다. 일본이 한자 귀퉁이를 떼어내고 음을 모방해 가타카나를 만들었다면, 세종대왕은 같은 한자를 놓고도 한글을 만들었습니다. 창조성은 인간의 머리와 마음에서 나오는 것입니다. 창조에는 기쁨이 있습니다.

'산업화는 늦었지만 정보화는 앞서가자'는 슬로건을 만드셨습니다.
조선일보 정보화 조찬 모임에서 '우리가 일본보다 산업화는 늦었지만 정보화 시대에는 모두가 똑같은 지점에서 출발한다. 오히려 우리가 유리하다'는 이야기를 했습니다. 그랬더니 조선일보 신년호에 '산업화는 늦었지만 정보화는 앞서가자'는 제목으로 실렸어요. 산업화가 늦어 일제 식민지가 된 뼈아픈 과거를 되풀이하지 말고, '정보화에서는 선진국들보다 앞서가자'는 취지에서 말했던 겁니다.

정보화 캠페인은 어떻게 시작하셨나요?
1997년 조선일보와 동아일보가 함께 전 국민 정보화 캠페인을 벌였습니다. 부총리를 지낸 오명 당시 동아일보 사장을 찾아가서 신문사끼리 담 쌓고 지내지 말고 정보화 운동을 함께하고, 사설도 함께 쓰자고 말했습니다. 정보화에 관심이 많던 방상훈 당시 조선일보 사장과 오명 동아일보 사장이 합의해서 두 신문이 공동으로 정보화 캠페인을 벌였지요. 두 신문이 같은 사설과 내용을 지면에 동시에 실었던 것은 언론 사상 처음 있는 일이었습니다. 그때 전국 학교에 컴퓨터 보내기 운동도 벌였습니다. 이 캠페인을 계기로 정부는 정보기술 발전에 전력을 기울었고, 한국이 IT 강국·인터넷 강국으로 급성장하는 시발점이 됐습니다. 이후 인터넷 문화가 뒷받침되면서 한류 열풍으로까지 발전한 겁니다.

'산업화는 늦었지만 정보화는 앞서가자'는 슬로건은 외국에서도 부러워했다. 일본 교토대 오구라 기조 교수는 2005년 일본 학술 잡지인 <대항해>에 쓴 '인터넷의 빛과 어둠'이라는 글에서 한국이 인터넷 강국으로 발전하는 데 이어령 교수의 슬로건이 가장 큰 역할을 했다고 썼다. 그 글에서 오구라 교수는 일본이 산업화는 잘했지만 정보화는 한국이 월등히 잘해서 앞으로 일본이 정보화에서 뒤질 것이라고 전망했다.

정부가 4차 산업혁명을 주요 국정 과제로 추진하고 있습니다.
4차 산업혁명은 두뇌와 연결하는 생각 혁명을 해야 합니다. 컴퓨터는 인간을 대신해서 탄도탄 발사 거리를 계산합니다. 컴퓨터가 발전한 과정을 보면 먼저 군에서 인공위성 발사 등에 컴퓨터를 이용했습니다. 초기에 컴퓨터를 발전시킨 것은 군대였는데, 이걸 기업에서 물자 만드는 데 사용하기 위해 시장에 내다 팔았습니다. 학교에서 컴퓨터를 만들고, 군에서 발전시키고, 그걸 기업이 사용해 이른바 학(學)·군(軍)·산(産) 복합체제로 발전한 겁니다. 군에서 IT나 컴퓨터를 사용하면 강병(强兵)이 되고, 이걸 기업들이 사용하면 부국(富國)이 됩니다. 지금까지 IT를 군과 기업에서 이용했었지만, 이제는 그 IT를 금융과 연결해서 금융공학을 만들어 파생상품을 팔고 있습니다. 결과적으로 리먼 브러더스 파산 사태가 발생하고 말았지요. 이제 산업 사회와 부국강병 패러다임은 끝났다고 생각합니다. 4차 산업혁명에서 노동과 작업은 인공지능(AI)이 하게 될 겁니다.

정보화 시대 이후는 어떻게 전망하십니까?
정보화 다음은 생명자본주의 시대가 도래할 거라 봅니다. IT는 생명과 결합해야 합니다. 개인의 행복과 생명을 자본으로 하는 시대가 생명자본주의 시대입니다. 저는 2006년 《디지로그》에서 생명자본을 설파한 바 있습니다. AI 왓슨은 퀴즈를 풀고, 음식을 요리하고, 암을 발견하고 치료한다고 합니다. 인간은 복지와 행복에 관심을 기울이는 존재입니다. 히지만 산업화 시대에는 생명과 관련된 것은 모두 낙후된 채로 신경을 쓰지 못 했지요. 생명이나 의료, 복지, 오락, 봉사, 인문학은 산업 사회에서 뒤로 순서가 밀렸던 겁니다. 만약 알츠하이머에 걸린 환자가 내 아버지나 내 아들이었다면 돈을 다른 데 썼을까요?

생명자본에 대해 좀 더 설명을 부탁드립니다.
생명자본이란 생명력입니다. 김용 세계은행(WB) 총재가 언젠가 TV에 나와 이야기하는 걸 본 적이 있습니다. 그는 "지구 최빈국에 살면서 피란민의 등에 업혀 겨우 살아났던 제가 이제는 전 세계의 오지를 다니며 봉사 활동을 하고 있습니다. 머지않아 아프리카 어린이 가운데 저처럼 세계은행 총재가 나올 수도 있습니다"라고 말하시더군요. 저는 10여 년 전에 디지털과 아날로그가 융합된 디지로그 시대를 예언했습니다.
어린이가 태어난 것은 생명 가치입니다. 그 목숨을 누가 줬을까요? 바로 부모님이고, 종교적으로는 신이겠지요. 생명을 존중해야 한다는 사실을 안다면 부모에게 불효를 하겠습니까? 자연에 효를 행하면 자연 파괴를 하겠느냐 말입니다. 사람들이 생명이 존엄하다는 것을 모르기 때문에 자연을 파괴하고 불효를 하는 겁니다. 어떤 아이들은 부모와 싸우면서 "내가 낳아 달라고 했어?"라고 한다는데, 생명이 귀한 줄 알면 그런 소리 못합니다. 10원을 넣어서 10원이 나오면 자본이 아닙니다. 10원을 넣었는데 100원이 나와야 자본입니다. 금덩이를 은행에 넣으면 이자가 나옵니다. 이자로 움직이는 사회는 무생물 사회지요. 봄에 씨를 뿌려서 가을에 수확하면 몇 배가 나옵니다. 돈은 기호와 종이에 불과합니다. 이제는 생명이 자본인 시대입니다. 생명체만이 정보를 필요로 하고, 증식을 합니다. 무생물인 돌은 정보가 필요 없지만, 살아 있는 것은 정보 없이는 못 삽니다. 정보는 곧 생명이고, 생명이 있는 자만이 정보가 필요합니다.

한국이 인공지능(AI) 시대 준비를 잘하고 있다고 보십니까?

AI는 미국이 단연 1위입니다. 한국은 IT 강국이지만 AI 분야는 중국과 일본에 한참 뒤처져 있습니다. 일본 신문을 보면 날마다 AI 강연이고, 빅데이터 기사가 넘칩니다. 중국은 딥러닝 연구 대가인 앤드루 응을 중국 바이두 책임자로 발탁해서, AI를 연구하고 있습니다. AI를 좋은 방향으로 사용할 나라는 바로 한국입니다. 국가 위기 사태를 맞으면 외국의 경우 가게를 털고 난리가 나지만, 우리는 4·19혁명을 비롯해 무정부 상태에 가까울 때에도 약탈은 없었던 대단한 민족입니다. 우리나라가 AI 강국으로 우뚝 서야 합니다.

알파고 대국을 어떻게 보셨나요?

알파고가 왜 한국에 와서 이세돌과 대국했을까요. 한국이 IT 강국, 인터넷 강국이기 때문입니다. 바둑의 종주국은 중국입니다. 바둑을 중국이 만들고 한국이 일본에 전수했습니다. 그리고 일본은 바둑을 상업화했지요. 만약 중국에서 대국했다면 현지 중계를 못했을 겁니다. 알파고의 '알파'는 영어 A에 해당합니다. '고'는 한자 '기(碁)'의 일본식 발음입니다. 중국식으로 하면 알파판, 한국식은 알파바둑인 거죠. AI는 딥러닝입니다. 쉽게 말해서 쥐를 미로에 집어넣고 무수한 시행착오를 거쳐 출구를 찾게 하는 겁니다. 기계가 경험을 축적해서 출구를 찾아내는 게 기계학습입니다. 그런데 어떻게 됐나요. 이세돌이 4번 대국에서 누구도 못 둔 78수를 둬 1승을 거뒀습니다. 알파고가 학습한 것이 소용이 없어진 것입니다. 알파고 대국은 호모사피엔스 이래 기능이 인간과 대등하거나 월등한 놈이 나왔다는 걸 대한민국 서울에서 선포한 것입니다. (이 교수는 탁자 위에 놓여 있는 스마트폰을 들더니 음성 인식 기술인 '시리'에게 말을 건넸다. "시리, 너 생일이 언제야?" 그러자 시리가 생일을 말했다.) 이제 인간이 아닌 게 인간처럼 생각하는 세상이 왔습니다.

AI 시대를 불안해하는 이들이 많습니다.

인간 두뇌, 즉 지능은 뭘까요? 알베르트 아인슈타인은 우리보다 지능이 월등히 높은 사람입니다. 그러나 알파고가 저보다 글을 잘 쓸 수 있을까요? AI가 효도를 하고, 사랑을 알겠습니까? AI가 아침 햇살의 따사로움을 알겠습니까? 지금은 병에 걸려야 병원에 갑니다. 그러나 AI 시대의 의학은 치료에서 예방-선제의학-정밀치료 시스템으로 바뀔 겁니다. 우리는 젓가락 문화입니다. 스마트 젓가락이 만들어지면 내가 먹는 음식을 빅데이터로 분석해서, 사전에 간이 나빠질지 당뇨가 발병할지를 알려줄 겁니다. AI가 발달했다고 무서워할 게 없습니다. AI가 못하는 심성이나 덕성, 아름다움, 봉사를 사람이 하면 됩니다. 소크라테스는 우리에게 '무지하다'는 걸 가르쳤습니다. 이제 가치의 패러다임을 바꿔야 합니다.

최근 한·중·일 3국 간 갈등이 심한데 어떻게 해야 할까요?

우리가 잘못하면 구한말처럼 될 수 있습니다. 10년 전에 한중일 비교문화연구소를 만들었습니다. 석학 30여 명이 모였지만 갈등 해결 방법을 찾기에는 역부족이었습니다. 가위는 보를 이기고 보는 바위를 이깁니다. 제가 말한 가위바위보 문명론입니다. 패권 다툼 속에서 공존의 비전을 제시한 것이지요. 한·중·일 가운데 한 나라가 싹쓸이하면 안 됩니다. 저는《지의 최전선》에서 '자신을 드러내지 않은 채 때를 기다리며 실력을 기른다'는 도광양회(韜光養晦)를 말했습니다. 중국은 우크라이나가 건조하다가 중단한 항공모함을 고철이라며 구입해서 항공모함으로 개조했습니다. 바로 중국 최초의 항공모함 랴오닝호입니다. 도광양회의 대표격이지요. 나뭇잎 하나 지는 걸 보고도 가을이 오고 있다는 것을 알아야 합니다. 이게 미래로 가는 지도 읽기입니다. 한국은 대륙 세력과 해양 세력이 맞부딪치는 곳에 자리 잡고 있습니다. 여기서 뭔가 풀리지 않으면 양대 세력이 충돌하는 최전선이 됩니다.

인생의 좌우명에 대해 말씀해 주시죠.
제 좌우명은 '두레박의 영원한 갈증'입니다. 물동이는 물을 채우면 그걸로 만족합니다. 그러나 두레박은 물이 차 있으면 안 됩니다. 두레박은 항상 비어 있어야 합니다. 비어 있는 두레박은 늘 목이 마릅니다. 그게 지적 호기심이고 갈망이지요. 두레박의 영원한 갈증, 그게 바로 제 삶입니다.

청년들에게 하실 말씀이 있으신가요?
요즘은 궁금한 것이 생기면 모두 인터넷으로 검색을 합니다. 숙제는 물론 심지어 친구와 밥 먹을 곳도 검색해서 찾습니다. 저는 검색하지 말고 사색을 해야 한다고 말하고 싶습니다. 사색으로 AI 시대에 살아가는 지혜를 얻어야 합니다.

<2017.10.19.>

"미래는 도전해서 창조하는 자의 것이다"

윤종용 전 국가지식재산위원장

서울대 전자공학과를 졸업하고 삼성전자에서 45년간 재직했다. 이 중 18년을 삼성전자 가전부문 대표이사, 삼성전기와 삼성전관 대표이사 사장, 삼성전자 총괄 대표이사 사장, 대표이사 부회장으로 일했다. 삼성전자를 세계 초우량기업으로 발전시킨 주역 중 한 사람이다. '세계 최고 경영인 17인(2004년 비즈니스 위크)'과 '가장 영향력이 큰 아시아 기업인 1위(2005년 포천)', '세계100대 CEO 3위(2013년 하버드비즈니스리뷰)'에 선정된 한국 최고의 경영인이다. 서울대와 고려대, 연세대, 성균관대 초빙교수로 후학을 지도했다. 한국전자정보통신산업진흥회장, 한국공학한림원 회장, 한국전자공학회장 등을 두루 역임했으며, 현재 한국공학교육인증원 이사장으로 일하고 있다.

윤종용 전 국가지식재산위원장을 수식하는 말은 차고 넘친다. 샐러리맨 신화, 창조와 혁신 리더, 가장 닮고 싶은 최고경영자(CEO), 존경받는 CEO 등의 수식어가 그림자처럼 따라 다닌다. 윤 전 위원장을 서울 강남구 역삼동 사무실에서 만났다. 사무실 두 개 벽면에 놓인 책장은 동서양 인문학과 과학기술 책으로 가득했다. 새 유럽의 역사, 근대의 탄생, 축의 시대, 우주의 구조, 사기열전, 사기본기, 손자병법, 국부론, 대항해시대, 주역에 이르기까지 다양했다. 벽에 격물치지(格物致知)라는 액자가 하나 걸린 것이 보였다.

샐러리맨 신화가 되신 비결이 궁금합니다.

무슨 비결이 있겠습니까?(웃음) 경청하고 독서하며 세상을 넓게 보고 훌륭한 경영자가 되고자 최선을 다했을 뿐입니다. 저는 삼성에서 18년 간 대표이사로 일했습니다. 신규 사업이나 어려운 일을 많이 맡았는데 그때마다 최선을 다하며 경영이 무엇인지를 배웠습니다. 천만금을 준들 삼성전자 같은 대기업을 경영할 기회를 얻을 수 있겠습니까. 저처럼 운이 좋은 사람은 없다고 생각합니다.

신규 사업에 차출 당했을 때 피하고 싶지는 않으셨나요?

저는 어릴 때부터 호기심이 많았습니다. 호기심이 있으니까 열정이 생기고, 그 열정이 있으니 도전하게 됩니다. 힘들지만 성취하는 게 더 즐겁고 재미있지요.

기업가 정신의 핵심은 무엇이라고 보십니까?

호기심과 열정, 창의력, 도전정신입니다. 성공한 사람은 호기심과 열정이 대단하다는 걸 알 수 있습니다. 위대한 기업가는 불굴의 도전정신과 승부사 기질, 시대 변화를 꿰뚫어 보는 통찰력과 창의력을 가졌습니다.

초일류 기업이 되려면 무엇을 어떻게 해야 할까요?

초일류 기업은 지속 성장하는 장수 기업입니다. 건전한 재무구조와 수익을 내는 제품, 사업구조를 구축해야 합니다. 그러자면 지금까지의 가치관, 일하는 방식, 사고방식을 모두 혁신해야 합니다. 유능한 인재를 양성하고 고객을 만족시켜 사랑과 신뢰를 받아야 합니다. 초일류 기업은 경영혁신으로 최고 경쟁력을 유지해야 한다고 생각합니다. 요즘 초일류 기업에 도전하는 우리 기업이 별로 보이지 않아 안타깝습니다. 현실에 안주하며 수성에 급급한 모습만 눈에 띕니다. 삼성그룹 창업주인 고 이병철 선대회장이나 고 정주영 현대그룹 창업주는 무에서 유를 창조한 분입니다.

혁신 리더로 불리시는데 혁신을 어떻게 추진해야 성공할 수 있을까요?

혁신 목표와 논리가 분명하고 구성원들의 공감을 얻어야 합니다. 최고경영자는 확고한 의지를 갖고 자기를 희생하며 솔선수범해야 합니다. 혁신은 작은 것에서 큰 것으로 확대해야 합니다. 구성원에게 지속적으로 교육을 실시하고 혁신 성과에 대해 적절한 보상을 해야 합니다.

"혁신 리더는 예측하는 게 아니라 창조하는 것"이라고 말하셨습니다.

미래는 예측하거나 기다리는 자의 것이 아닙니다. 도전해서 창조하는 자의 것입니다. 미래는 만드는 것입니다.

창조의 원동력은 무엇일까요?

호기심입니다. 이스라엘 교육은 질문하는 교육입니다. "왜"라고 세 번만 질문하면 밑천이 드러납니다. 4번 질문하면 본질로 들어가는 거지요.

과거에 인재를 선발할 때 우선한 기준이 있다면?

저는 성실하고 호기심이 많은 사람, 도전하는 사람을 우선했습니다. 기업에서 가장 중요한 게 사람입니다. 호기심이 있으면 열정이 생기고 도전합니다.

불투명한 미래를 어떤 자세로 극복해야 할까요?

미래는 늘 불투명하고 위기는 도처에 도사리고 있습니다. 위기는 잘나 거나 호황일 때 닥칩니다. 현실에 안주하여 미래 대비가 소홀하면 위기가 나타납니다. 항상 위기의식을 갖고 미래에 과감히 도전해야 합니다. 산업화 시대의 '새마을 운동' 같은 새 국가 건설 운동을 전개해 국가를 개조·개혁해야 합니다. 특히 정치인이 앞서서 변해야 한다고 생각합니다.

한국은 미래 성장동력을 어디서 찾아야 할까요?

과학기술 혁신과 경제 성장에서 찾아야 합니다. 그러자면 선택과 집중을 해야 합니다. 정보통신기술(ICT)과 신재생에너지, 나노 분야, 정밀 전기, 전기자동차 산업, 정밀화학, 바이오와 제약 같은 첨단 기술 분야에 집중해야 합니다. 재래 전통산업에서도 고부가가치 높은 명품을 만들어야 합니다.

중국의 추격이 거셉니다. 어떻게 대응해야 할까요?

중국은 세계 20%에 달하는 인구를 가진 세계의 생산 공장이자 가장 큰 단일 시장입니다. 이미 G2 국가가 됐고, 조만간 G1이 될 가능성이 있습니다. 중국은 13세기까지만 해도 서양에 종이와 인쇄술, 나침반, 화약이란 4대 발명품을 전수해 줄 정도로 과학기술이 앞서고 부유한 나라였습니다. 우리가 중국과 모든 분야에서 경쟁할 수 없습니다. 그래서 부가가치가 높고 쉽게 따라올 수 없는 세계 명품을 만들어야 합니다. 우수 인력을 양성하고 과학기술 개발과 혁신에 박차를 가해야 합니다.

CEO에게 필요한 덕목이 있다면?

지혜와 통찰력, 선견력이 있어야 합니다. 늘 위기의식을 갖고 변화를 주도할 리더십과 카리스마가 필요합니다. 인재를 양성하고 솔선수범하며 현장 경영을 해야 합니다. 수치에 밝고 산업사와 경제사, 세계사를 잘 알아야 합니다.

이공계가 살아야 나라가 산다고 합니다.

인류 역사는 도구 발명과 과학기술 혁신으로 발전했습니다. 이공계 인력 확보 없이는 사회 발전은 어렵습니다. 정부는 과학기술 인력 양성을 확대하고 해외 우수 유학생을 유치해야 합니다. 장학금 지급도 확대해야 합니다. 여러 부처에 흩어진 이민 업무를 통합해 '이민청'을 설립해야 합니다. 저출산과 인구 감소는 심각한 문제이니 해결방안을 모색해야 합니다.

대안은 무엇이 있을까요?

우선 과학기술인 정년을 65세로 늘려야 합니다. 우수한 과학기술계 인사들이 가능한 오래 전공 분야에서 연구 활동을 하도록 해야 합니다. 정부 산하 과학기술 기관장은 최소 5년 임기를 보장하고 중임할 수 있게 해야 합니다. 그래야 장기 구상을 갖고 일관성 있게 연구를 할 수 있습니다.

기업인에게 당부하실 말씀이 있다면?

위기는 반복되며 항상 우리 주변을 맴돌고 있습니다. 지나치게 위축하지 말고 자신감을 갖고 극복해야 하겠습니다. 위기는 극복할 수 있는 대상이니, 경영자는 항상 솔선수범하고 현장 경영을 해야 합니다.

<2016.01.07.>

"4차 산업은
빅뱅 혁명이다"

이상철 전 정보통신부 장관

서울대 전기공학과를 졸업하고 미국 버지니아 폴리테크닉 주립대에서 석사, 듀크대에서 전기공학 박사 학위를 각각 받았다. 6년 동안 미국에 머물면서 무선 분야 전문가로 명성을 떨쳤다. 1982년 국방과학연구소 책임연구원을 지내며 한국 군 통신지휘 체계 토대를 세웠다. 1991년 KT에 입사한 뒤 통신망연구소장과 KTF 사장, KT 사장을 지냈다. 김대중 정부 때 정통부 장관을 거쳐 광운대 총장을 역임했다. 2010년부터 5년 동안 LG유플러스 부회장을 지냈고, 한국장애인재활협회장과 한국산업융합학회장으로 활동했다. 청조근정훈장, 정보통신의날 정보통신 대상 등 많은 상을 받았다.

이상철 전 정보통신부 장관은 늘 시작하는 삶이다. 정년(停年)이나 은퇴와 거리가 멀다. 이력이 화려하다. 공학박사로서 KT통신망 연구소장과 KTF 사장, KT 사장, 장관, 대학 총장, 대기업 최고경영자(CEO) 등을 두루 역임했다. 한국 무선통신사의 산증인이자 '테크노 CEO'로 불리는 그는 2017년 말 CEO 교육기관인 IGM의 회장직으로 새 일을 시작했다. 이 회장을 서울 중구 장충단로 IGM 집무실에서 만났다. 이 회장은 여전히 일에 대한 열정이 넘쳤다.

늘 시작하는 삶을 사는 비결이 따로 있으신지요?

이제껏 저는 어떤 자리를 탐낸 적이 없습니다. 하지만 어디를 가든 최선을 다했습니다. KTF 사장직은 당시 내부에 무선통신 분야를 아는 사람이 없어서 발탁됐는데, 2000년 12월 KT 사장에 취임했을 때는 민영화가 큰 숙제였습니다. 민영화 과정에서 비화가 많지요.

어떤 일이 있으셨나요?

2001년 정부 주식을 매각하기 위해 미국에 갔습니다. 미국에서 당시 빌 게이츠 마이크로소프트(MS) 사장을 찾아갔습니다. 그가 KTF에 2억 달러를 투자할 때 제가 사장이었습니다. MS가 투자한다니까 KTF 주식이 18일 동안 상한가를 기록했었지요. 게이츠에게 "MS가 유무선에 투자하면 대박난다. 투자하라"고 했더니 5억 달러를 KT에 투자하더군요. 그때 A4 용지에 그림을 그려 가면서 설명했는데, 게이츠가 그 종이를 달라고 해서 줬더니 가져갔습니다. 뉴욕에서 한 시간 단위로 투자자를 만나 KT에 투자해달라고 설명했습니다. 그 방을 '워룸(War Room)'이라고 불렀는데, 하루에 10회 이상 기관투자가와 애널리스트들을 만나 질의응답을 했던 기억이 납니다. 하루에 25억 달러어

치나 매각한 적도 있습니다. 최고 거래액이었지요. 그때 나를 당황하게 한 질문이 "다 좋은데 그다음이 뭐냐"는 거였습니다.

앞으로 어떤 CEO 교육을 할 계획인가요?

지금은 4차 산업혁명이 시대의 화두입니다. 기업이 뭘 해야 할지, 일하는 방식과 경영 등에 관한 CEO 교육을 실시할 계획입니다. 4차 산업혁명은 빅뱅 혁명이라고 생각합니다. 1차 증기기관이나 2차 전기, 3차 인터넷 혁명과는 차원이 다릅니다. (그는 자리에서 일어나 칠판에 직접 글씨를 쓰면서 현상을 설명했다.) 컴퓨터와 통신 발달 속도, 모바일·네트워크 등이 정치 및 경제 등 모든 것을 확 바꾸고 있습니다. 지금이 빅뱅 포인트입니다. 세상에 없던 게 생기고 있는데, 우리는 아직 4차 산업혁명 준비가 미흡합니다.

기업은 어떻게 혁신을 해야 할까요?

지난날 기업은 모든 일을 내부에서 다 해결했습니다. 지금은 기업이 크라우드소싱(Crowd Sourcing)을 합니다. 자본이나 연구개발(R&D)도 외부 자원을 이용하고 있습니다. 미국 로컬모터스를 예로 들어 보겠습니다. 미국 제너럴모터스(GM)에는 디자이너가 1만 명입니다. 로컬모터스는 6만5,000명입니다. 하지만 외부 프리랜서가 대부분입니다. 크라우드소싱으로 기술과 디자인을 혁신하고 있는 거지요. 본사 직원은 수백 명에 불과합니다. 로컬모터스가 차 한 대를 만드는 기간은 무척 짧습니다. 비용은 기존 100분의 1 수준입니다. 누가 이기겠습니까. 중국 하이얼은 8만여 명의 직원을 2,000개 팀으로 나눠 일을 하고 있습니다. 중국 화웨이는 'X랩'이라는 조직이 있습니다. 큰 프로젝트는 구글, 아마존, MS, 시스코 같은 세계 대기업을 초청해 계약해서 함께 일합니다.

세계 최고 기술을 다 흡수하는 거지요. 중국 샤오미는 점포 없이 온라인 판매를 합니다. 한국 기업은 아직도 모든 걸 다 한다는 사고방식입니다. 이제 일하는 방식을 다 바꿔야 합니다. 이게 4차 산업혁명의 핵심입니다. 옛날식으로는 아무리 잘해도 망할 수밖에 없습니다.

강의도 하시나요?
과정별로 첫 강의를 합니다. 주제는 '네트워크 파워'이지요. 4차 산업혁명 시대의 핵심은 상상력, 인공지능(AI), 네트워크입니다. 블록체인은 기존과 전혀 다른 상상력에서 나왔습니다. 매매할 때 블록체인을 적용하면 계약서를 어디에 둘까 고민할 이유가 없습니다. 블록체인은 신뢰와 소유를 분명히 합니다. 이런 건 상상력에서 나오는 거지요. AI와 네트워크는 잘 사용하면 됩니다.

LG유플러스에 계실 때 '탈통신'을 강조했습니다.
통신업체가 망 구축에 얼마나 많은 돈을 투입했습니까. 수십 조 원을 쏟아 부었습니다. 통신선을 빨랫줄처럼 깔아서 망과 서비스를 빌려 줬습니다. 그런데 망을 이용해서 돈을 버는 기업은 따로 있습니다. 인터넷 TV(OTT) 서비스입니다. 구글, 페이스북, 우버, 카카오톡, 네이버 등은 통신업체보다 더 많은 돈을 벌고 있습니다. 요즘 잘나가는 기업은 OTT로 먹고삽니다. 탈통신은 새로운 가치를 만들어 내자는 것입니다. 빨랫줄 방식은 안 됩니다. LG유플러스는 비디오라는 가치를 만들어서 수익을 창출했습니다.

세계 1등 기업들의 공통점은 무엇이 있을까요?
1등 기업 CEO들은 몇 가지 공통점이 있습니다. 어떤 사안에 대해 생각을 많이 합니다. 성공 집념이 강하지요. 상상력을 발휘해서 조직을 벤처 스피릿으로 쪼갭니다. 혁신을 해야 성공합니다. 과거 30년 동안의 변화가 요즘은 5년으로 단축됐습니다. 혁신하지 않으면 1등 기업도 오래가지 못할 것입니다.

장애인재활협회장으로 오래 재직했습니다. 어떤 계기가 있었나요?
12년 동안 회장으로 일했습니다. 장애인들에게 정보기술(IT)은 밖으로 향하는 창입니다. 아내가 서울 성북구 정릉에서 사회복지법인 우리누리를 15년째 운영하고 있습니다. 부모님과 함께 살던 집인데 사회복지법인 설립을 하자고 했더니 형님들이 다 찬성했습니다(둘째 형님이 이상훈 전 국방부장관이다). 50년 이상 된 집이어서 3층으로 신축했습니다. 장애인 복지는 그들과 함께하는 게 가장 중요합니다. 어떻게 생각하면 우리 모두가 장애인입니다. 나이 들면 장애인 아닌 사람이 어디 있나요? 세상에서 가장 위대한 분이 장애인 보호자입니다. 장애인 어머니는 자기 인생이 없습니다. 요즘 복지시설에 기부해도 세제 혜택이 없습니다. 그러다 보니 기부가 줄고 있습니다. 정부가 살아 있는 복지 정책을 펼쳐야 합니다.

주역은 또 언제 배우셨나요?
멀미는 왜 하는지 아십니까? 멀미는 어디로 갈지 모를 때 합니다. 선장이나 운전자는 멀미를 하지 않습니다. 미래를 알면 괜찮은데 모르면 멀미를 하게 됩니다. 나는 인생 법칙이 뭔지 알고 싶어서 주역을 배웠습니다. 주역이 주는 가르침은 겸손입니다. 겸손하지 않은 사람이 잘되는 건 본 적이 없습니다. '적선지가필유여경(積善之家必有餘慶)'은 말 그대로 겸손은 덕(德)을 베푼다는 의미입니다. 특히 사회지도층은 '노

블레스 오블리주(noblesse oblige)'를 실천해야 합니다. 이게 사회 통합을 할 수 있는 유일한 방안입니다.

앞으로 꼭 하고 싶은 일이 있다면?

자격이 될지 모르지만 시골 초등학교 교장을 하고 싶습니다. 선친께서 초등학교 교장으로 오래 재임하셨습니다. 교육은 이제 디지털로 가야 합니다. 누가 얼마나 이 점을 고민하고 있는지 모르겠습니다. 어릴 때부터 AI와 어떻게 생활할지를 가르쳐야 합니다. 미국은 1,000여 개 대학이 대규모 온라인 강좌인 '무크(MOOC)'를 만들어서 전 세계에 배포했습니다. 미국 오클랜드에서 하위 70%를 대상으로 온라인 교육을 했더니 1년 만에 상위 2%로 바뀌었다고 합니다. 우리는 시험 문제를 풀기 위해 틀리지 않는 법을 가르칩니다. 이제는 우리도 어릴 때부터 잠재돼 있는 재능을 발휘할 수 있는 창의 교육을 해야 합니다.

특별한 시간 관리 노하우가 있다는 얘기를 들었습니다.

기업 CEO일 때는 바쁘니까 삼선(三先)을 했습니다. 남보다 먼저 보는 선견(先見), 남보다 먼저 결정하는 선결(先決), 남보다 먼저 행동하는 선행(先行)입니다.

젊은이들에게 하고 싶은 말이 있다면 말씀해 주세요.

조지 버나드 쇼가 "젊음은 젊은이들에게 주기 아깝다"고 말한 바 있습니다. 젊음을 낭비하지 말라는 의미입니다. 요즘 보면 젊은이들이 남 탓을 많이 합니다. 비록 현실이 힘들어도 열심히 자기 주도로 일을 해야 합니다.

<2018.03.29.>

"공익을 위한 사명감으로 일하라"

신재원 미 NASA 국장

1982년 연세대 기계공학과를 졸업하고 미국 유학길에 올라 캘리포니아주립대(롱비치)에서 석사 학위, 1989년 버지니아공대(버지니아폴리테크닉주립대) 기계공학과에서 유체역학으로 박사 학위를 각각 취득했다. 1989년 NASA 연구원으로 입사한 후 탁월한 연구 실적과 관리 능력을 인정받아 항공안전연구본부장, 항공연구기술개발 국장보로 고속 승진했다. 2008년에는 동양인 최초로 NASA 항공연구기술개발국장 자리에 올랐다. 2008년과 2016년 2회에 걸쳐 연방정부 고위 공직자에게 수여하는 최우수 공직자 대통령상을 비롯해 NASA 리더십 메달, 특별 서비스 메달, 그룹 성취상, 루이스 우수 성취상 등을 수상했다.

신재원 미국 항공우주국(NASA) 국장은 자랑스러운 한국인이다. 그는 NASA 항공 부문 행정최고책임자다. 한국계 미국인 가운데 최고위직 임원으로, 우주항공 기술 분야의 최고 권위자이기도 하다.

신 국장은 과학자이자 글로벌 리더답게 질문에 막힘이 없었다. 핵심 현안을 정확히 짚었고, 그에 대한 대안도 제시했다. 그는 NASA에서 28년 동안 일하며 축적한 지식과 경험을 바탕으로 한국이 21세기 이노베이션 강국으로 가는 길을 제시한《이노베이션 코리아 어떻게 이룰 것인가?》라는 저서도 펴냈다.

4차 산업혁명의 거센 물결에 한국이 잘 대응하고 있다고 보십니까?

나라 밖에서 보는 입장이라서 정보가 부족해 조심스럽습니다. 기업이나 정부가 새로운 사업이나 정책을 계획할 때, 비슷한 분야에서 어떤 성공한 사례가 있다면 벤치마킹을 하는 경우가 많습니다. 그런데 이런 벤치마킹을 심층적이고 정확하게 하지 않고 잘못된 분석을 가지고 일을 시작하면, 유행을 따라 결정을 하는 실수를 초래할 수 있습니다. 이런 현상을 영어 표현으로 구급차 뒤쫓기(ambulance chaser)라고 합니다. 정부가 사전에 철저한 준비 없이 남을 따라가는 식으로 하는 건 바람직하지 않습니다. 제가 싱가포르에 가서 느낀 게 많습니다. 싱가포르는 도시 국가이고, 부존자원이 부족한 나라입니다. 싱가포르는 특이하게 기업에서 하듯 국가 차원에서 장기 국가발전 전략을 수립합니다. 국무총리실 산하에 미래전략센터를 두고 그곳에서 정치와 경제 같은 분야별 세계 동향을 분석해서 다양한 미래 시나리오를 준비해놓고 어떤 상황이 발생하면 성공률이 가장 높은 시나리오를 선택해서 맞춰서 대응하는 거지요. 4차 산업혁명은 21세기형 이노베이션이라 할 수 있습니다. 4차 산업혁명은 새로운 것이 등장한 게 아니라 기존 기술이 융합해서 각 분야를 변화시키는 현상입니다. 그렇기 때문에 4차 산업혁명은 융·복합 지식과 통찰력을 바탕으로 사전에 철저히 준비를 해야 합니다.

우리는 어떻게 미래를 준비해야 할까요?

가장 중요한 게 국가 과제를 정하고, 기업과 연구기관·대학이 협력하는 이노베이션 생태계를 구축하는 일입니다. 21세기에는 첨단 기술이 국가 발전과 운명을 좌우한다고 생각합니다. 기업과 연구기관, 대학이 국가가 정한 첨단 기술 개발 목표에 따라 역할을 분담해야 성과를 낼 수 있습니다. 우선 대학은 기초과학 연구와 인재 양성을 해야 합니다. 정부와 연구기관은 대학이 연구한 기초과학을 더 발전시켜야 합니다. 기업은 이 기술을 넘겨받아 상품화해야 합니다. 미국은 이런 방식으로 기술을 발전시키고 있습니다. NASA가 이런 모델의 대표 격입니다. 마치 톱니바퀴 돌아가듯 많은 대학과 기업이 연계해서 첨단 기술을 개발하고 실용화합니다. 정부는 장기 계획 아래 과제를 정해서 대학과 기업이 이를 잘 실행할 수 있는 협력 생태계를 만드는 것이 최우선입니다.

NASA는 워싱턴 본부 외에 미국 안에 10개의 연구센터와 비행센터를 두고 있다. 1년 예산이 190억 달러, 직원은 1만 8,000여 명이다. 신 국장은 NASA 민간항공 연구 전체를 계획하고 관리한다. 항공 연구 방향을 설정하고 그에 따른 정책, 예산, 연구 관리, 성과 평가를 담당한다. 이를 위해 백악관과 미국 상·하원을 비롯한 항공사, 대학과 연구소, 다른 연방 정부기관, 해외 연구기관과 긴밀히 협조한다. 항공 전략 결정, 항공 비행 및 안전 등 항공학 관련 모든 연구는 물론 백악관과 민간 항공업체에 가서 연구 예산을 직접 브리핑하는 것도 그의 몫이다.

소통의 달인으로 불리시는데, 어떻게 소통을 하고 계신가요?

늘 상대방 입장에서 생각하려고 합니다. 예를 들면 미국에는 맞벌이 부부가 많은데, 그들 각 가정의 사정에 따라 남편과 부인의 출퇴근 시간이 서로 다르고, 불규칙적인 경우가 많습니다. 나는 개개인의 그런 사정을 다 듣습니다. 그런 다음 상대 입장에서 생각하고 해법을 찾습니다. 누구나 회사를 망치려고 출근하는 사람은 없습니다. 열심히 일해서 회사에 도움을 주겠다는 사람이 전부이죠. 그 사람의 사정은 일단 들어 봐야 문제를 해결할 수 있습니다. 해법이 당장 없다면 다시 상의해서 방안을 찾습니다. 그런 과정을 통해 상호 신뢰가 생기는 겁니다. 서로 불신하면 진정한 소통은 불가능해집니다. 서로 신뢰하면 그 다음부터 소통이 원활해지고, 문제를 해결할 수 있습니다.

이노베이션을 위해 해야 할 일이 있다면 어떤 것이 있을까요?

21세기의 화두는 이노베이션입니다. 누구나 '왜'라는 질문을 지위와 무관하게 할 수 있는 분위기를 조성해야 합니다. 많은 조직에서 직원들이 말을 자유롭게 하지 못하는 분위기가 있는데, 이런 조직에서는 이노베이션 아이디어가 나오지 않습니다. 이노베이션은 열린 마음으로 서로 협력해야 가능합니다. 나와 다른 의견을 낸 사람을 윽박지르면 안 됩니다. 연구기관일수록 다양한 의견을 내고 수용하는 분위기를 조성하는 게 중요합니다. 연구 결과는 누구도 알 수 없습니다. 연구라는 것은 남이 안 가는 길을 가는 것입니다. 연구 결과를 안다면 그건 연구가 아니지요. 예를 들어 2년 안에 연구 결과가 생각했던 목표에 미달하더라도 새로운 지식이나 과정을 배웠다면 그건 실패가 아닙니다. 결과가 나빠도 과정을 통해 배운 게 있다면 그 실패는 자축해야 합니다. 조직 문화라는 게 하루아침에 바뀌지는 않지만 소통하고 협

력하는 문화를 만들어야 합니다. 최고경영자(CEO)는 열린 리더십을
발휘해야 이노베이션을 할 수 있습니다.

연구기관에서 하면 안 될 일은 무엇이 있을까요?

연구기관에서 연구 결과가 기대에 못 미쳤다고 해서 연구 인력을 문책
하거나 연구비를 삭감하는 일은 사라져야 합니다. 성과를 내지 못했
다고 연구비를 줄이고 인사에서 불이익을 주면 그다음부터는 누구도
새로운 일에 도전하지 않습니다. 실패 부담이 없고 책임지지 않을 안
전한 일만 골라서 하겠지요. 그런 조직에서 세상을 놀라게 할 기술을
개발하는 것은 불가능합니다. 기술 문제가 아니라 관리를 잘못해서
실패하는 일도 절대 없어야 합니다. 이건 완전한 실패입니다.

유망 항공 분야에 대해 이야기해 주시죠.

세계 항공 산업의 핫이슈는 드론과 소형 비행기입니다. 드론과 소형
비행기는 초기비용이 적게 들어갑니다. 2~4인용 소형 비행기는 활주
로 같은 게 필요 없습니다. 수직 이착륙이 가능하기 때문입니다. 자가
용처럼 도심에서 택시 대용으로 사용할 수도 있습니다. 소형 드론을
시작으로 에어택시 같은 새로운 항공 시대가 열릴 것이라고 봅니다.
자율 주행 비행기도 등장할 것입니다. 한국은 정보통신기술(ICT) 강국
이니 경쟁력이 충분합니다. 현재 NASA 항공도 드론의 항법 시스템을
연구개발(R&D)하고 있습니다. 비행체는 5~6년 안에 나올 것으로 생
각합니다. 인증과 항법 법제 제정이 숙제입니다. 이미 여러 연구기관
과 기업들이 소형 비행기 개발에 박차를 가하고 있는 실정입니다.

21세기 인재상에 대해 하실 말씀이 있다면?

크게 다섯 가지를 말하고 싶습니다. 일을 할 때는 창의성과 유연성이 있어야 합니다. 다음은 기존 패러다임이나 통념에 '왜'라는 질문을 하는 호기심과 배짱이 있어야 합니다. 또 자신의 생각을 간결하고 명확하게 표현할 수 있어야 합니다. 다른 사람의 의견을 잘 경청해야 합니다. 끝으로 개인기보다 팀플레이를 해야 합니다.

이노베이션의 조건은 무엇이 있을까요?

아이디어가 새롭고 실현 가능성이 있어야 합니다. 또 경제성과 함께 사회가 필요한 수요를 만족시킬 수 있어야 합니다. 그게 조건입니다.

청년들에게 전하고 싶으신 말씀이 있다면?

가장 중요한 게 소통이라고 생각합니다. 화술이 좋아야 한다는 말이 아닙니다. 자기 생각을 논리적으로 타당하게, 상대방이 이해할 수 있도록 간결하게 말하는 능력을 길러야 합니다. 공학이나 기초과학의 경우 하루아침에 배울 수 없습니다. 인내심을 발휘해서 늘 노력해야 합니다. 공익을 위한 사명감으로 임해야 합니다. 개인의 명예나 돈이 아니라 공익을 위한 자세로 일하길 바랍니다.

좌우명이 있다면?

'우선순위를 확실히 하자'와 '원칙을 세워서 일관성 있게 결정하고, 겉과 속이 같은 사람이 되자', '사회와 국가를 생각하는 큰 그림을 그리고 이를 실현한다'가 좌우명입니다.

<2017.06.01.>

"미래학은 복수의 새로운
대안을 찾는 것이다"

서용석 미래학자

고교 시절 미국으로 건너가 대학에서 동양사를 전공하고 일본에서 국제정치학 석사학위를 받았다. 미국 하와
이대에서 <후기 정보사회>라는 논문으로 정치학 박사학위를 받았다. 이곳에서 앨빈 토플러와 더불어 세계 미
래학 대부로 불리는 짐 데이터 교수를 지도교수로 만나 '화성 정착'이란 과목을 수강하면서 미래학을 공부했
다. 2004년에는 짐 데이터 교수와 공동으로 한류에 관한 논문을 발표했다. 2006년에 KT경제경영연구소 미래
사회연구센터 창립 멤버로 출발했다. 2008년에 한국행정연구원으로 자리를 옮겨 연구위원을 역임하고 현재
KAIST 문술미래전략대학원 교수로 재직 중이다. 기획재정부 중장기전략위원, 서울시 미래준비위원으로도 활
동하고 있다. 2013년부터는 에티오피아를 비롯한 개발도상국을 대상으로 행정발전 컨설팅과 교육을 하고 있다.

미래학자 서용석 박사는 세계 미래학의 대부(代父)로 불리는 짐 데이터 미국 하와이대 교수의 한국인 1호 제자다. 정치학 박사이자 미래학자로서 2004년 짐 데이터 교수와 공동으로 한류(韓流) 관련 논문을 발표한 바 있다. 짐 데이터 교수는 "꿈과 상상이 지배하는 미래의 드림 소사이어티(Dream society)를 한국이 이끌 것"이라고 기회가 있을 때마다 말했다. 서 박사는 현재 한국행정연구원 연구위원, KAIST문술미래전략대학원 겸임교수로 재직 중이다. 미래를 알고 싶은 건 인간 본능이다. 서 박사와 만나 현실로 등장한 저출산과 고령화, 직업 변화, 미래 삶에 관해 이야기를 나눴다. 서 박사는 "미래학은 하나가 아닌 복수의 새로운 대안(代案)을 찾는 것"이라며 "다양한 가정(假定) 아래 어두운 미래 불확실성을 줄여 나가야 한다"고 강조했다.

인구가 계속 줄면 한국이 지구상에서 소멸할 수도 있습니까?

출산율이 지금과 같이 낮다면 그럴 수도 있습니다. 하지만 추세라는 것은 언제나 변합니다. 세월이 흐르면 출산율이 높아질 수 있습니다. 인구구조 변화는 '성비(性比)'와 '연령대별 구성비' 같은 점에서 우리가 알지 못하는 자정(自淨)작용을 합니다. 인간이 자정능력을 다하지 못하면 자연이 인간을 대신해서 그런 일을 합니다.

한국의 인구 변화 추세는 어떻습니까?

현재는 출생자가 사망자보다 많은 실정입니다. 2027년까지는 출생자와 사망자가 균형을 이루고 이후부터는 사망자가 출생자보다 더 많은 저출산, 다사망(多死亡)시대가 도래할 겁니다. 2030년부터는 매년 78만여 명이 자연사(自然死)할 것입니다. 2010년에는 85세 이상이 37만 명이었습니다. 2060년이면 450만여 명으로 늘어납니다. 65세 이상이 전체 인구의 40%에 달할 겁니다. 2명 중 한 명은 지하철을 무료로 타는 세상이 되는 거죠. 소수 젊은 층이 다수 노인을 부양해야 하는 시대가 도래합니다. 한국은 전 세계적으로도 저출산과 고령화가 가장 빠르게 진행되는 나라입니다. 2003년 출산율 1.18명에서 2015년 1.20명으로 0.02명 증가했습니다. 정부는 이 기간에 66조 원을 투입했습니다. 인구 대체율 2.1명에 크게 밑도는 수준입니다. 인구구조는 불가역성이 강해서 한 번 추락하면 회복하기 어렵습니다. 보통 60년 지체 효과가 있다고 봅니다.

노인 인구가 늘어나면 노인이 시대를 주도하겠지요?
고령화시대에는 노인 지지를 못 받으면 집권(執權)도 못할 겁니다. 정치권은 노인의 이익 대변에 적극 나설 것이라고 봅니다. 노인을 위한, 노인에 의한, 노인의 정치가 현실로 등장하는 겁니다. 세대 간 불균형은 불가피합니다. 일본은 고령화에 따라 젊은 층에 가중치를 줘야 한다는 정책 제안까지 나왔을 정도입니다.

100세 시대가 멀지 않았습니다.
100세 시대가 축복이긴 하지만, 준비가 안 된 100세 시대는 재앙입니다. 고령화 시대에는 삶의 질도 중요하지만 앞으로 어떻게 삶을 마감할지 이른바 '죽음의 질'에 관한 관심이 높아질 것입니다. 정부나 개인이 답을 찾아야 하는데 쉽지 않습니다. 고령화 시대에는 장의사나 장례 지도사, 호스피스, 죽음 설계사 같은 실버산업 분야 인력이 늘어날 것으로 예측합니다.

인구 감소로 인해 어떤 문제가 발생할까요?

인구가 줄면 경제 규모도 줄어듭니다. 대신 연금, 보험 같은 사회복지 지출은 증가합니다. 청년 고용이나 정년 연장, 일자리를 둘러싼 세대 간 갈등이 더욱 심해질 수 있습니다. 고령화 시대에 고령자들이 더 많은 경제활동을 해야 하지만 청년도 일자리가 줄어드는 상황에서 과연 고령자에게 일할 자리가 남아 있을지 의문입니다. 인류가 해결해야 할 난제라고 할 수 있습니다.

불확실한 미래를 어떻게 준비해야 할까요?

미국 경제학자 앨버트 허시먼은 《엑시트, 보이스, 로열티(exit, voice and loyalty)》라는 저서에서 구성원의 선택지는 셋이라고 말했습니다. 탈출하거나 목소리를 내거나 충성하는 것입니다. 요즘 헬조선이란 말이 유행인데, 과거에는 청년들이 목소리를 냈습니다. 요즘은 그런 게 없는 것 같습니다. 청년들이 목소리를 내야 합니다. 미래는 복수로 표현합니다. 미래는 불확실해서 구체적으로 단언(斷言)할 수 없습니다. 예측하는 순간 굴절하거든요. 다양한 가능성을 찾으면서 미래의 불확실성을 줄여 나가야 합니다.

현재 지구상에 직업은 몇 종류나 되나요?

미국은 약 3만 개, 일본은 2만 개, 한국은 1만 개가 조금 넘습니다. 직업 종류가 많다고 좋은 건 아닙니다. 문제는 양질(良質)의 일자리지요. 직업이 없어 일자리를 구하지 못하는 게 아닙니다. 대우 좋고 안정적인 일자리를 구하기 어렵다는 게 문제입니다. 미국은 소매업 종사자가 가장 많습니다. 우리도 비슷한 상황이라고 봅니다. 하지만 소매업은 미래에 가장 먼저 사라질 직업입니다.

국내 직업의 변화 추이를 어떻게 전망하시나요?

우리 직업은 산업 변화와 함께 변했습니다. 농업사회, 산업사회, 정보화 시대를 거치면서 경공업, 중공업, 정보통신기술산업 분야 직업이 늘었습니다. 다음 세대인 후기정보화 시대에는 산업화나 정보화 시대와 달리 대량고용 시대가 오지 않을 것입니다. 이건 다수 미래학자들의 공통적인 전망입니다.

사라지는 직업에는 어떤 것들이 있을까요?

단순 반복 업무를 하는 직업입니다. 소매점 점원이나 전화 상담원, 약사, 변호사, 세무사 같은 직업이 대표적입니다. 택시나 버스 운전자도 자율차의 등장으로 사라질 가능성이 높습니다. 앞으로 생각하고 판단하는 직업도 기계가 대체할 수 있습니다. 대표적인 게 판사(判事)가 아닐까요.

그게 가능한 일입니까?

2015년 7월 미국 샌프란시스코에서 열린 세계미래학회 콘퍼런스에 참석했습니다. 미국 판결 시스템은 보통 2~3년이 걸리는데 빅데이터를 이용해 인공지능이 판결하면 3~4분 안에 끝난다고 하더군요. 미국 판사와 변호사들이 한 이야기인데, 그들은 지금도 기계 판결을 더 신뢰한다고 합니다.

로봇이 인간의 노동시장을 얼마나 대체할 것으로 보십니까?

단순 반복 업무는 물론이고 인간만 할 수 있다고 생각하던 일을 로봇과 같은 기계가 대체할 수 있습니다. 경제학자 프랭크 레비와 리처드 머네인은 2004년 《노동의 새로운 분류》라는 저서에서 기계가 할 수 있는 일과 인간이 할 수 있는 일을 분류한 바 있습니다. 당시 자동차 운전은 당분간 기계가 대체할 수 없다고 단정했습니다. 그러나 10여 년도 안 돼 구글은 자율자동차 운행에 성공했습니다. IBM의 슈퍼컴퓨터 왓슨은 퀴즈에서 사람을 이겼습니다. 진화한 왓슨은 조만간 의사나 변호사를 대체할 수 있을 겁니다. 수 년 전만 해도 이 일은 기계의 영역이 아니었습니다.

일자리를 기계에 빼앗기면 인간은 뭘 해야 할까요?
인간의 본질은 "유희(遊戱), 즉 노는 것"이라고 네덜란드 철학자 요한 하위징아가 저서 《호모 루덴스》에서 말했습니다. 미래 인간은 일은 기계에 맡기고 풍요를 누리면서 예술이나 문화 활동만 하면 됩니다. 고대 로마에서 귀족은 노예에게 일을 시키고 자신들은 시를 짓고 예술을 즐기며 놀았습니다. 그 당시 예술은 '유희'로부터 시작했습니다.

인간만이 할 수 있는 영역에는 무엇이 있을까요?
그동안 창작은 인간만의 영역이라고 생각했습니다. 그런데 인공지능으로 알고리즘을 응용해 창작을 할 수 있는 세상이 되었습니다. 창작이란 것도 기존의 것을 변형하거나 응용하는 일입니다. 기계가 인간을 대체할 수 없는 영역은 감수성이나 감성을 활용하는 분야입니다. 심리상담사 같은 직업이 그 예가 되겠지요.

인간이 근육이나 지능을 기계에 의지할 경우 기능이 퇴화하지 않을까요?
우리가 스마트폰을 사용하다 보니 전화번호를 잘 기억하지 못합니다. 미디어 미래학자 마셜 매클루언은 "문자와 미디어 기술 발전이 인간이 본래 갖고 있던 기능을 퇴화시켰다"고 주장했습니다. 시각과 청각 중심으로 미디어가 발전하면서 인간의 고유 기능인 촉각이 퇴화했다는 것입니다. 근육이나 지능을 기계에 의지할 경우 인간 기능이 퇴화합니다. 우리는 과학기술 분야 연구개발(R&D)도 산업이나 경제에 치중합니다. 미국은 줄기세포나 인공장기 개발 같은 윤리 문제도 연구합니다. 우리도 윤리 문제를 연구해야 한다고 생각합니다.

미래의 개인정보 유출이나 해킹 같은 역기능은 어떻게 막아야 할까요?
게놈 지도 같은 의료 유전자 정보를 해킹할 수 있습니다. 이는 심각한 문제입니다. 역기능 방지를 위한 대비를 해야 합니다. 1995년 일본에서 〈공각기동대〉라는 SF 애니메이션이 나와서 전 세계에 충격을 줬습니다. 인간의 뇌가 통신 네트워크 일부로 작용하는 어두운 미래사회에서 다른 사람의 기억이나 생각을 조작하고 변경하는 범죄를 막고 해결하는 정보기관의 활동상을 그린 작품인데 인기가 대단했습니다. 이런 문제가 발생하기 전에 국가가 나서서 어두운 미래에 적극 대비해야 한다고 생각합니다.

<2016.02.25.>

"미래는
식탁도 변한다"

박영숙 유엔미래포럼 한국 대표

34년간 미래학에 전념한 국내 대표 미래학자다. 경북대학교 사범대학에서 불어를 전공한 후 서던캘리포니아 대학교 교육학 석사, 성균관대학교 사회복지학과 박사과정을 수료했다. 주한 영국대사관과 호주대사관에서 29년간 공보관, 홍보실장, 수석보좌관으로 근무했다. 현재 18개 미래 관련 국제기구의 한국대표 및 세계기후변화종합상황실 대표, 한국수양부모협회장을 맡고 있다. 이화여대 디자인대학원 겸임교수며, 연세대 생활과학대 실내건축학과에서 미래예측을 강의하고 있다.

예측할 수 없는 시대가 우리 앞에 다가오고 있다. 인간의 수명은 130세를 넘고 국가와 가족은 해체한다. 인공지능(AI) 로봇이 인간 노동시장을 대체하고 사물인터넷(IoT)이 형사 사법제도조차 바꿀 수 있다는데 실제 가능한 일일까.

박영숙 유엔미래포럼 한국대표를 만난 것은 이런 점이 궁금해서다. 그는 2045년 미래상을 예측한 《유엔미래보고서》를 펴낸 저자다. 박 대표는 이 책에서 인간 4.0과 국가 해체, 인터넷 대기업, 디지털 통화, 인간두뇌 업로드, 몰입 인생, 인공지능 로봇, 사물인터넷, 합성생물학, 가족 해체와 같은 10가지 메가트렌드를 제시했다. 그의 책상에는 컴퓨터 두 대가 쌍둥이처럼 놓여 있다. 한쪽 벽에는 제롬 글렌 세계미래연구기구협의회장과 피터 디아만디스 싱귤래리티 대학장, 지미 웰스 위키피디아 회장, 영생학자인 오브리 드 그레이 박사와 같은 세계 미래학자와 ICT 기업인들과 함께 찍은 사진액자 21개가 걸려 있었다. 그는 컴퓨터를 켜고 마치 학생에게 강의하듯 급변하는 미래상을 조곤조곤 설명했다.

2045년이면 미래를 예측하지 못한다는데 왜 그런가요?

각종 첨단 기술이 예측이 불가능할 정도로 발전하는 시작점이 될 것이라고 보기 때문입니다. 기술이 인간을 넘어 새로운 문명을 만들고 있습니다. 미국 미래학자인 레이 커즈와일은 2045년이면 그런 시점이 온다고 주장했습니다. 레이 커즈와일은 '제2의 에디슨'으로 불리는 인물입니다. 그는 열일곱 살에 미국 MIT를 졸업했고 명예박사 학위만 18개입니다. 인공지능의 대가로 음성인식기기와 관련한 특허 300개 보유자입니다. 현재 구글 글로벌브레인 기술 이사입니다. 지난번 한국에서도 상영한 〈트랜센던스〉는 컴퓨터가 스스로 발전하는 모습을 그린 영화입니다. 인간의 통제를 받지 않고 스스로 진화하는 컴퓨터의 미래상을 보여준 영화였습니다. 그게 우리가 만날 미래상입니다.

2045년이면 인터넷 기업이 대기업으로 등장한다고 예측했는데 근거가 있으신가요?

대기업은 몸집이 무겁습니다. 의사결정 과정이 복잡하고 느립니다. 코닥을 보십시오. 디지털 변화에 제대로 적응하지 못해서 쓰러졌습니다. 세계 시가총액을 보면 1위가 애플이고 2위는 엑슨모빌입니다. 3위 자리를 놓고 구글과 MS가 다투고 있습니다. 현재 인터넷 접속 인구가 20억 명입니다. 피터 디아만디스 싱귤래리티 대학 학장은 2018년 접속 인구가 70억 명에 달할 것으로 예측합니다. 20억 명에도 인터넷 기업이 1위인데 세 배 가량 접속인구가 늘어나면 시가총액은 더 증가할 것입니다.

국내 대기업은 어떻게 해야 할까요?

삼성이나 현대자동차, 한전, 포스코도 미래 예측을 하고 변화에 대비해야 합니다. 애플이나 구글 같은 기업은 다양한 첨단 분야에 진출했습니다. 애플은 5년 전에 편리하고 안전한 애플페이를 내놓았습니다. 구글은 수수료가 들지 않고 편리한 무료결제 서비스인 월렛을 선보였습니다. 이런 일이 보편화되면 은행과 카드사는 사라질 수 있습니다.

삼성도 삼성페이를 선보였습니다.

삼성페이는 삼성의 수종사업 중 하나입니다. 그래핀 사업과 바이오 의료 사업이 삼성 주력산업으로 발전할 분야입니다.

인공로봇이 인간의 노동시장도 대체할 것이라고 보시나요?

로봇이 제조 현장에 도입된 것은 오래된 일입니다. 인공지능의 발달로 인간 역할을 대체하는 로봇이 우리 앞에 등장할 것입니다. 구글은 로봇업체인 보스턴 다이내믹스 같은 기업 8곳을 인수했습니다. 그리고 50만 원대의 개인 로봇을 출시하고 있습니다. 10년 안에 상용화가 목표라고 합니다. 아마존은 드론을 이용해 30분 이내에 물건을 배송한다는 구상을 현실화하고 있습니다. 로봇 외과의로 유명한 다빈치 시스템은 인간보다 더 정확한 외과 수술을 한다고 합니다. 손 떨림이 없고 센서를 탑재해 시간을 정확히 맞출 수 있습니다. 이런 실정이니 머지않아 의사와 약사도 사라질 수 있습니다.

언론 분야도 영향을 받을까요?
이미 로봇저널리즘이 등장했습니다. 컴퓨터가 간단한 기사 작성을 하고 있습니다. 주식시장 시황과 경기 토너먼트, 기술보고서는 컴퓨터가 기사를 씁니다. 2030년이면 뉴스의 90%를 로봇이 작성할 것입니다. 2013년 3월 17일 LA타임스에 진도 4.4의 지진이 로스앤젤레스에서 발생했다는 기사가 실렸습니다. 이 기사는 컴퓨터가 작성했는데, 손볼 데가 없었다고 합니다. 데이터와 관련한 기사는 인공로봇이 기자들보다 더 정확한 기사를 작성합니다. '2017년에는 컴퓨터가 퓰리처상을 받고 2030년이면 기사 90%를 인공지능이 작성할 것'이라고 내러티브 사이언스의 창업자인 크리스티안 해먼드가 말한 적도 있습니다.

컴퓨터도 사라질까요?
2020년이면 몸속에 이식하는 바이오컴퓨터가 등장합니다. 2025년이면 상용화가 가능하리라고 전망하고 있습니다.

새롭게 등장하는 산업과 소멸하는 분야에는 어떤 것이 있을까요?
자율자동차와 무인기 드론, 3D프린터, 인공로봇 기술, 대용량 에너지

저장기술이 새롭게 등장합니다. 이렇게 되면 택배업이나 제조업, 목수, 건축 노동자, 재고 관리자 같은 직업은 사라질 것입니다.

자동차 업체는 어떻게 될까요?

자율자동차가 등장하면 기존 자동차업체는 위기에 직면하게 될 겁니다. 자율자동차 사업에 구글과 애플 같은 업체가 뛰어들었습니다. '자동차는 네 바퀴 달린 컴퓨터'라고 합니다. 배터리로 한 번 충전하면 장거리를 달릴 수 있습니다. 소재 개발로 수명도 늘어나고 있습니다. 기존 기름이나 엔진, 부품을 교환할 필요가 없고, 부품은 100분의 1로 줄어듭니다. 테슬라는 엔진이 단순합니다. 2020년이면 자율자동차가 보편화될 텐데, 이렇게 되면 석유업계도 위기입니다. 1인 자동차업체도 등장할 거라 전망합니다.

무선전력전송 기술이 발전하면 한전은 어떻게 될까요?

2030년이면 한전의 역할도 변하게 됩니다. 가정마다 에너지를 생산하는 시대가 옵니다. 그래핀 기술로 포스코도 위기를 맞을 수 있습니다. 애플과 인텔은 무선전력전송 기술 개발에 투자를 했고, 실험 중인 기술만 6종입니다. 영화 〈아바타〉에 등장하는 형광식물도 상용화합니다. 이렇게 되면 한전이 어떻게 되겠습니까? 미국은 한전 같은 전력업체를 민영화했습니다.

국가와 가정이 사라진다고 전망하셨습니다.

글로벌화하면 국경이 사라질 겁니다. 기술 발달로 동시동역이 가능해 학교나 교수, 교사가 필요 없어집니다. 진공 열차가 등장하고 1인 가구가 대다수를 차지해 2040년이면 결혼제가 붕괴할 겁니다.

수명도 130세로 늘어난다고 하셨습니다.

그렇습니다. 과학과 의학 발달로 평균수명이 130세로 늘어납니다. 유전자 정보시스템은 질병을 방지해 줄 것입니다. 2050년이면 인간의 뇌를 슈퍼컴퓨터에 다운로드할 수 있습니다. 영생학자인 노브리 드 그레이 박사는 "인간은 천년을 살 수 있다"고 했습니다. 그는 《노화의 종말》을 쓴 저자입니다. 구글은 영생 연구에 2조 원을 투자했습니다. 수명 연장으로 종교관도 변하게 될 것입니다.

식탁은 어떻게 변화할까요?

미래에는 알약을 먹거나 나노봇을 몸 안에 삽입하면 한 끼만 먹어도 될 거라 봅니다. 또 배양육이 보편화될 것입니다. 네덜란드에서 국가 프로젝트로 시작했는데, 마크 포스트 마스트리히트 대학 교수가 이 분야의 일인자입니다. 2주간 배양하면 친환경적인 방법으로 햄버거용 고기를 만들 수 있습니다. 더 발전하면 고기 가격이 폭락하겠지요. 그뿐이 아닙니다. 인공우유도 개발하고 있습니다. 생물공학을 전공한 미국 대학생 두 명이 생산업체를 설립했습니다.

삶의 형태도 변할까요?

그렇습니다. 인간 수명이 늘어나면 한 사람과 100년을 함께 살기가 어려워질 겁니다. 그래서 사람들은 평균적으로 생산 파트너, 사랑 파트너, 생활 파트너 세 명과 살게 될 것입니다. 미래를 알아야 생존이 가능한 세상이 되었습니다.

<2015.03.19.>

"미래를 만들면 행복과 부가 온다"

최윤식 아시아미래인재연구소 소장

40대의 젊은 나이에 아시아와 한국을 대표하는 미래학자로 주목받고 있다. 미국의 권위 있는 미래학 정규 과정인 휴스턴 대학교 미래학부에서 한국인 최초로 석사 학위를 받았으며, 피터 비숍, 크리스토퍼 존스, 웬디 슐츠 등 미래학의 대부들로부터 가르침을 받았다. 피닉스 대학교에서 경영학 박사 학위를 받았으며, 철학과 경영학, 윤리학, 신학도 공부했다. 《2030 대담한 미래 1·2》《2030 기회의 대이동》《부의 정석》《생각이 미래다》《그들과의 전쟁》《10년 전쟁》 등의 저서가 있다. 현재 아시아미래인재연구소 소장, 전경련 국제경영원 최고위과정(CIA) 주임교수, 세계전문미래학자협회(APF) 정회원으로 활동하고 있다.

미래학자 최윤식 소장의 얼굴은 해맑았다. 그는 한국을 대표하는 40대 미래학자로 인기 상종가다. 하지만 그가 예측한 한국의 미래 지도는 온통 지뢰밭이다. 섬뜩할 정도도. "'현재 30대 그룹 중 10~15년 안에 절반은 사라진다." "삼성전자 스마트폰 사업을 이대로 두면 위기다." "통신 3사 중 한 곳은 망한다." "한국은 앞으로 10년 내 두 번의 외환 위기를 당할 수 있다." 그가 예측한 한국 미래의 위기에 대한 처방전이 궁금했다. 그는 필자의 질문에 막힘이 없었고, 제시하는 해법 또한 분명했다. 최 소장은 "내가 미래를 만들면 행복과 부(富)가 나에게 오지만 미래가 나를 만들면 두려움과 고통뿐"이라고 강조했다. 그는 "다가오는 위기를 피할 수 없지만 어떻게 극복할지 그 선택은 우리들의 몫"이라며 "어떤 선택을 하느냐에 따라 미래가 달라질 수 있다"고 말했다.

우리나라 30대 기업 중 절반이 10~15년 안에 사라진다고 예측하셨습니다.

2008년 이후 우리나라 전체 기업 중 최소 3분의 1은 마이너스 성장률을 기록했습니다. 앞으로 2~3년 내에 탈출구를 찾지 못한다면 30대 그룹 중 절반이 사라지는 것은 가능성이 충분한 시나리오입니다. 이미 그런 조짐이 시작됐습니다. 성공 신화를 기록했던 STX와 동양그룹이 사실상 사라졌습니다. 2013년 기준 30대 그룹 절반 이상이 한 해 순수익으로 겨우 대출이자를 내고 있는 상황입니다.

한국 경제 회복 시나리오는, ①망하는 기업이 없고 ②금융권 건전성이 좋아지며 ③기업 해외시장 점유율과 매출이 급증하고 ④부동산 시장 활성화로 중산층의 자산가치가 증가하며 ⑤청년 일자리가 두 배 증가하면서 은퇴 베이비붐 세대 창업 대박이 5년간 지속되는 길뿐입니다. 사실 이런 시나리오는 불가능합니다. 기업은 선제적 구조조정으로 기업 체질을 개선하고 미래 산업을 육성하기 위한 투자를 서둘러야 합니다. 기업 구조도 큰 틀의 변화가 필요합니다. 앞으로는 지방자치단체의 부도 도미노가 시작될 가능성도 높습니다. 국민도 버는 것 못지않게 지출을 줄여야 합니다.

삼성전자는 한국을 대표하는 세계적 기업이고, 스마트폰 세계 1위를 다툽니다. 삼성전자의 위기 전개 시나리오를 발표한 이후에 공교롭게도 2014년 삼성전자의 실적이 급감했습니다. 혹시 삼성전자에서 연락이 있었나요?

여러 사람이 그런 질문을 하더군요. 혹시 항의를 받지 않았느냐는 얘기죠. 그런 전화는 없었고, 오히려 강의 요청이 왔습니다. 삼성전자는 세계적 기업입니다. 삼성에 가서 위기 시나리오에 대해 자세히 소개했습니다. 저는 삼성전자의 위기는 이미 시작됐다고 봅니다. 삼성전자, 그중에서도 스마트폰 사업은 이대로 가면 위기일 수밖에 없습니다. 이 위기를 극복하지 못하면 노키아, 소니, 야후, 모토로라 같은 운명에 처할 수도 있다고 봅니다.

삼성전자 위기의 본질은 무엇인가요?

틀의 위기라고 생각합니다. 삼성전자는 틀을 바꿔야 합니다. 사람 문제, 조직문화의 문제입니다. 아무리 군대 조직을 창조적으로 혁신하더라도 군대라는 본질은 변하지 않습니다. 이제 삼성전자에서 스마트폰은 더 이상 주력상품이 될 수 없다고 생각합니다. 아무리 잘 만들고 발전시켜도 중국의 추격을 따돌리기는 어렵지 않을까요? 이미 중국이 바짝 뒤쫓고 있습니다. 삼성전자의 위기는 삼성그룹 전체의 위기이고 이는 국가 위기로 발전할 수 있습니다.

그렇다면 삼성전자 위기의 해법은 무엇일까요?

과거의 틀에 안주하면 위기는 현실이 될 것입니다. 저는 삼성전자 스마트폰 사업부를 팔아야 한다고 생각합니다.

돈을 잘 버는 사업부를 어디에 판다는 건가요?

중국입니다. 만약 5년이 지나면 살 업체가 없을 것입니다. 팬택이 그렇습니다. 아무리 팔고 싶어도 사겠다는 기업이 나타나지 않고 있습니다. 스마트폰 사업부를 팔고 그 돈으로 미래의 신성장산업에 투자해야 한다고 생각합니다. 저는 미국의 전기차 기업인 테슬라를 사라고 삼성에 권하고 싶습니다. 자동차에 투자하는 게 더 미래전략에 가깝다고 생각합니다. 이 밖에도 바이오, 생명, 나노 신소재, 특허기반 산업 등에 주력해야 한다고 봅니다.

현대자동차그룹이 있는데 자동차에 투자하라는 얘기인가요?

현대차그룹은 지금 상태라면 2020년 초반에 위기에 직면할 것입니다. 크게 세 가지 위기 시나리오가 있습니다. 하나는 3D프린터고, 다음은 전기자동차, 마지막으로 자율자동차입니다. 자율자동차는 정보기술(IT)이 필수입니다. 구글은 자율자동차를 시범 운행하고 있고, 2017년이면 자율자동차를 내놓을 것입니다. 2030년이 되면 전체 자동차의 70%가 자율자동차 기술을 탑재할 텐데, 지금 현대차그룹은 이런 기술이 뒤져 있습니다. 이에 대비하지 않으면 5년 후 본격적인 위기와 만나게 될 것입니다. 자율자동차는 안전이 가장 중요한 만큼 1등이 시장을 독식하는 구조가 될 가능성이 높습니다.

통신 3사 중 한 곳은 없어진다고 예측하셨는데 그런 징후가 있나요?

통신 3사의 주 시장은 내수(內需)입니다. 인구 변화에 가장 민감하고 직격탄을 맞는 게 통신 분야입니다. 한국 인구 구조는 2030년이면 감소할 것으로 예측되는데, 이런 상태가 지속된다면 통신기업 3사 중 하나는 망하게 되지 않을까요.

통신 3사가 이 위기를 극복할 시나리오가 있을까요?

두 가지가 있습니다. 하나는 내수 경쟁을 할 게 아니라 통신 인프라를 플랫폼으로 활용해 신규 사업을 찾는 일입니다. 3사가 계속 경쟁하면 결국 매출이 3분의 1씩 줄어들 것입니다. 세 명이 돌아가면서 의자 두 개로 자리 빼앗기를 하면 한 사람은 탈락하고 맙니다. 탈락하기 싫으면 의자를 하나 더 만드는 방법이 있습니다. 다른 하나는 1등 기술을 개발해 해외에 진출해야 합니다.

기업 CEO의 최고 덕목은 무엇이 있을까요?

통찰력입니다. 사물과 사건, 상황을 직시하는 능력을 말합니다. CEO의 통찰력은 기업의 운명을 바꿀 수 있습니다. 만약 통찰력이 부족하다면 그 기업의 성장도 없을 것입니다.

ICT 재도약을 위해 정부가 해야 할 일이 있다면 무엇일까요?

한국의 정보기술(IT)은 세계적인 수준입니다. IT는 그동안 자체 산업으로 발전해 왔지만 이제는 다른 분야와 융합해야 한다고 생각합니다. IT와 자동차, IT와 BT, IT와 금융, IT와 헬스 등 무궁무진합니다. 그러자면 융합하는 데 걸림돌이 되는 법과 제도를 개선하는 것이 우선입니다. 미국과 중국은 금융과 IT를 결합한 새로운 금융서비스인 핀테크

⟨Fintech⟩를 운영 중입니다. 우리는 이제야 핀테크 분야를 추진 중인 실정입니다. 산업은 타이밍이 가장 중요합니다. 정부 조직에 칸막이 행정이 없어야 한다고 생각합니다. 그러려면 정부 조직을 융합형 구조로 개편해야 합니다. 이게 미래를 위한 틀을 마련해 주는 일입니다.

한국 위기의 핵심은 무엇일까요?

시스템의 한계라고 봅니다. 지금 한국의 시스템은 국민소득 2만 달러 수준에 머물러 있습니다. 국민소득 4만 달러를 달성하려면 그에 맞는 시스템으로 바꿔야 합니다. 기업도 매출 10억 원 시스템은 리더의 생각과 조직, 기술력이 10억 원에 맞춰진 구조입니다. 그 시스템으로 20억 원을 달성할지는 몰라도 30억, 40억 원을 달성하기는 어렵습니다. 조직이 견디지 못합니다. 한국은 1970년대 산업화 시스템을 1990년대에 정보화 시스템으로 바꿔 '인터넷 강국'이 되었습니다. 현 단계에서 시스템을 바꾸지 못한다면 2만 달러의 틀을 벗어나지 못합니다.

우리의 가장 큰 수출시장인 중국 위기를 예측하셨습니다. 중국 경제에 영향을 받고 있는 한국 기업은 어떻게 해야 할까요?

중국은 그동안 계획경제와 통제경제로 계속 성장했습니다. 압축 성장한 만큼 거품이 빨리 꺼질 수 있습니다. 그러므로 이제는 중국에 대한 전략을 수정해야 합니다. 고부가 기술로 중국 시장을 지속적으로 점령해야 합니다. 1등 기술만이 우리의 살길이라고 생각합니다. 또 중국이 위기를 맞아도 중국에 진출한 한국 기업이 살아남도록 대비해야 합니다. 위기가 닥쳐도 살아남는 기업은 있는 법입니다.

정보화사회 다음이 초연결사회라고 말합니다. 사물인터넷을 기반으로 하는 제2의 가상혁명인데요. 초연결사회가 되면 편리함 못지않게 역기능도 더 증가하는 것 아닌가요?

당연합니다. 정보화 사회는 크게 금융정보와 개인신상 정보 유출이 문제가 됐습니다. 하지만 초연결사회는 차원이 다를 겁니다. 초연결사회는 개인 소유물과 생체정보까지 연결되어 있습니다. 이것이 외부로 유출되면 생명과 직결되는 문제가 될 것입니다. 초연결사회의 가장 큰 문제는 보안과 안전입니다. 한국의 정보 보안의식이나 기술은 외국에 비해 크게 뒤져 있는 형편입니다. 전문인력 양성이나 기술 개발에 대한 투자를 대폭 늘려야 합니다. 초연결사회의 완성까지는 대략 10년 이상 걸릴 텐데, 그 안에 대비를 해야 합니다.

왜 시간이 걸리는 건가요?

기존 가전기업 매출에 큰 도움을 주지 않기 때문입니다. 어떤 산업이건 시장이 형성돼야 기업이 투자를 하고 시장이 커집니다. 냉장고에 사물인터넷 기능을 추가하는 것이 기업에는 필수지만 소비자는 그렇지 않습니다. 기존 냉장고나 TV, 세탁기를 사용하는 데 큰 불편이 없으면 인공지능 제품이 나와도 구입하지 않을 것입니다. 기업은 사물인터넷 기능을 넣는 게 필수지만, 제품 구매 여부는 소비자의 선택이고 결정인 탓입니다.

최 원장은 "지금은 새로운 경계가 형성되는 대이동의 시대이므로 미래의 기회를 잡아 대담하게 승부수를 띄워야 한다"고 강조했다. 그는 "사람의 생각이 곧 미래"라며 "앞으로는 생각의 시대가 될 것"이라고 단언했다.

<2015.01.08.>

LEADER'S THINKING

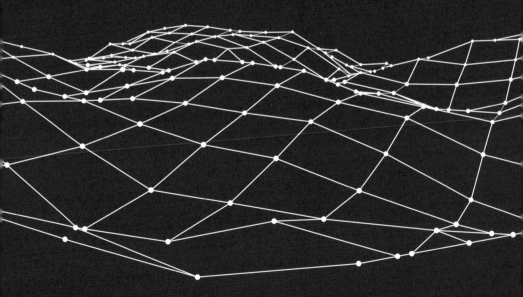

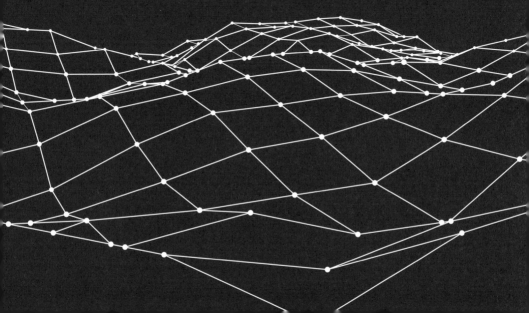

2부

리더의
남다른 생각

"독서경영은 남는 장사다"

조병호 디와이 회장

경기중·고와 서울대 기계공학과를 졸업하고 독일 정부의 초청으로 독일 부퍼탈공대에서 수학했다. 대우중공업을 거쳐 대기정밀 대표이사, 동양기전 대표이사를 거쳐 현재 디와이 대표이사 회장이다. 세계일류상품과 월드클래스 300 기업에 선정됐다. 1993년 책의 인물, 자랑스러운 서울시민 600명, 경제정의기업상 대통령 표창, 독서문화상 대통령 표창, 금탑산업훈장, 한국의 경영자상 등을 받았다.

조병호 디와이 회장은 국내 부품소재산업 국산화의 주역이다. 2018년 매출 예상액은 8,600억 원이다. 그런 회사에 회장실이나 사장실이 없다. 성과는 공정하게 배분하며 전문경영인 체제다. 조 회장은 아들이 셋인데도 누구도 경영에 참여하지 않는다. 직원 창의력 향상을 위해 사내에 독서대학을 설치했다. 올해 24년째다. 한 해 책 구입비만 5,000여만 원이다. 인천 사옥 1층에는 북카페를 만들었다. 독서 업무를 전담하는 '책읽기 지도사'를 두고 있다. 생각의 리더가 아니라면 어느 것 하나 실천하기 어려운 일이다. 조 회장을 만난 인천시 남동공단 내 회사 1층 접견실도 회장 전용이 아닌 공용(共用) 공간이다. 직원 안내도 없이 혼자 접견실로 들어왔다. 감색 상의에 노란 티셔츠, 줄무늬 바지 캐주얼 차림이었다. 건네받은 명함이 아니었다면 그가 회장인 줄 알기 어려웠다.

독서경영을 시작한 이유가 있다고 들었습니다.
일본의 영향을 받았습니다. 일본은 지하철을 타면 누구나 책을 읽습니다. 심지어 현장 직원도 독서를 하더군요. 우리 직원들이 책을 많이 읽었으면 좋겠다는 생각에서 시작했습니다. 경영학에 독서경영이란 건 없습니다. 경영학 서적이 많은데 그걸 읽는다고 경영을 잘하는 건 아닙니다. 언론이 그렇게 부르긴 했는데 아무튼 독서경영의 원조는 우리입니다. 책을 많이 읽고 좀 더 똑똑해지고 가치관을 바르게 정립하면 선진국민이 되는 길 아니겠습니까? 독서경영은 남는 장사라고 생각합니다.

독서대학은 언제 설립하셨나요?
1991년 사내에 4년제 독서대학을 설립했습니다. 1기 독서대학 졸업생은 저를 포함해 10명에 불과했습니다. 그때 받은 졸업패가 이것입니다. (그는 자리에서 일어서더니 진열대에서 받은 패를 꺼내왔다.) 독서대학에서는 1년에 25권씩 4년간 100권을 읽어야 졸업이 가능합니다. 평균 한 달에 2권을 읽습니다. 사장인 저도 예외가 없었습니다. 이문열, 최인훈, 김동길, 이청준, 신경숙 씨 등 유명 인사를 초청해 강의도 들었습니다. 충남도에서 주말에 독서대학을 운영했는데, 그곳에 가서 강의도 했습니다. '디와이 독서 문학제'는 올해로 23년째입니다. 책 읽는 문화를 가정으로 확산하기 위해 2년마다 독서캠프도 개최하고 있습니다.

독서경영이 사내에 어떤 변화를 가져 왔나요?

창의력과 사고력 향상에 도움을 줬습니다. 결과론이지만 회사 경영에 도움이 됐습니다. 책을 읽으니까 직원들의 통찰력도 좋아졌습니다. 한번은 하계 CEO 모임에 초청받아 독서경영을 주제로 강연한 적이 있습니다. 그때 "독서경영은 남는 장사다. 여러분이 독서경영을 하고 싶다면 꼭 해야 할 게 세 가지다. 첫째, 돈을 써야 한다. 둘째, 책을 사주고 독서 지도사를 채용해 독서 업무를 주관하고, 셋째, CEO가 책을 읽어야 한다"고 말했습니다. 그 후 한 달 동안 회사 전화통에 불이 났습니다. 많은 기업체에서 "하계 모임에 다녀오신 사장님이 느닷없이 뭘 어떻게 하는지 보고 오라고 지시했다"면서 많은 사람이 다녀갔습니다. 문재인 대통령도 더불어민주당 대선후보 시절인 2016년 10월에 회사를 방문한 적이 있습니다.

주로 어떤 책을 읽으시나요?

우리는 학습이 필요한 책은 독서라고 생각하지 않습니다. 소설과 시, 역사, 철학 등 교양서적 위주로 필독서를 선정합니다. 독후감 제출과 독서토론은 의무입니다. 시 낭송회도 하고 연극도 관람합니다. 자기

직무와 관련한 책을 읽는 건 학습이지 독서가 아닙니다. 독서는 습관입니다. 일정기간이 지나면 책을 읽지 말라고 해도 책을 읽습니다.

읽을 책은 누가 선정하나요?

우리 회사에는 독서 업무만 전담하는 독서 지도사가 있습니다. 그분이 책 선정과 독후감, 독서 토론회, 문학제와 독서캠프 등을 총괄합니다. 문학을 전공한 사람이 공장마다 한 명씩 근무하고 있습니다.

책값을 지원하시나요?

당연하지요. 책 읽기가 남는 장산데 왜 책을 안 주겠습니까. 직원들이 읽고 싶은 책을 신청하면 회사에서 사주고 있습니다. 연간 도서 구입비만 5,000여만 원입니다. 그뿐이 아닙니다. 신입사원 공채 시 1차 서류심사 합격자에게 필독서를 우편으로 보내주고 있습니다. 면접 시 회사측 간부와 독서토론을 하기도 합니다. 승진할 때도 독후감을 제출해서 평가를 받는, 우리만의 독특한 제도를 갖고 있습니다.

회사에 소장하고 계신 장서는 어느 정도인가요?

인천 사옥에만 4,000여 권입니다.(회사 1층 50여 평 독서실에는 소파와 책상이 놓여 있다. 서가에는 철학, 문학 등 분야별로 책을 분류해 놓았다. 대출은 책상 위에 놓인 도서대출대장에 기록한 뒤 책을 가져가면 된다. 신간은 구입대장에 책 이름을 적어 놓으면 사준다.)

회사 책을 직원이 가져가면 어떻게 합니까?

저는 회사 책을 직원이 가져가도 좋다고 생각합니다. 대신 저는 직원에게 3가지를 당부합니다. 첫째, 책을 들고 다녀라. 둘째, 선물은 책으로 하라. 셋째, 친구와 만날 때 약속 장소는 서점으로 정하라고 합니다.

회장님께서는 요즘 어떤 분야 책을 읽고 계신가요?

역사에 관심이 많아서 역사책을 읽습니다. 기억에 남는 책은 제주 4·3사건을 다룬 《화산도》입니다. 우리가 잊고 있던 가슴 아픈 역사가 담겨 있습니다.

경영철학이 있다면?

바른 경영을 통해 탁월한 가치를 창출해 공동체 행복과 사회 발전에 기여한다는 게 경영이념입니다. 회사의 비전은 즐거움이 있는 100년 기업입니다. 100년은 영속기업의 상징입니다. 핵심가치는 깨끗한 일터, 즐거운 사원, 튼튼한 회사입니다.

회사 현황은?

올해로 창립 40년입니다. 올해 매출액은 8,600억여 원입니다. 10년 전 매출이 4,765억 원 정도였습니다. 최근 수출이 줄었습니다. 해외법인은 중국에 3개, 인도 2개, 멕시코 1개 등이 있습니다. 연구소는 미국에 1개가 있습니다. 생산품은 유압실린더, 자동차 부품, 세차기, 크레인, 골프카트 등입니다. 유압실린더는 세계일류상품으로 뽑혔습니다. 수출이 70%, 내수는 30%입니다.

노동조합이 없다고 들었습니다.

그렇습니다. 아마도 회사에 노동조합이 없는 건 삼성과 우리뿐일 것입니다. 20년 전부터 노조가 없었습니다. 그전에는 노조가 있었고, 노사 갈등도 겪었습니다. 노사 갈등은 상대에 대한 불신이 주원인이라고 생각합니다. 사장과 직원은 서로 신뢰하고 존경해야 합니다. 경영자가 바른 경영을 하고 직원과 서로 존중하고 협력하면 노사 갈등은 없을 겁니다. 회사에 출근부가 없습니다. 일체감 조성을 위해 직종 간 구분 없이 단일호봉제를 도입했습니다. 직원이 회사 주인입니다. 우리는 임금 협상할 때도 독서토론을 합니다. 바른 경영은 출발점이자 지향점입니다. 직원 정년도 연장했습니다.

그러면 노사 협상은 어떻게 하시나요?

1991년부터 전원참여 경영, 집단의사결정, 공정성과 배분을 경영방침으로 정했습니다. 경영자 대표 7명과 근로자 대표 7명으로 경영협의회를 구성해서, 협의회에 모든 걸 넘겼습니다. 한 해 목표와 임금, 성과급 지급, 경영전략 검토 같은 모든 걸 협의회에서 결정합니다. 경영성과를 공개하고 성과 배분제도 도입했습니다.

성과는 어떻게 배분하고 계십니까?

연초 협의회에서 성과 배분 기준을 정합니다. 대략 10월이나 11월쯤이면 직원이 자신이 받을 금액을 다 알게 됩니다. 성과급을 계산하는 방식이 있습니다. 지난해 성과급을 700% 넘게 받은 공장도 있습니다.

회사는 전문경영인이 운영하는 건가요?

그렇습니다. 저는 아들이 셋인데 처음부터 회사 일에 관여하지 않았습니다.

사회 공헌 활동도 하신다고 들었습니다.

장학재단을 설립했는데, 초·중·고교생 100명을 선발해 매년 장학금을 지급하고 있습니다. 지난달에도 장학금을 전달했습니다. 그리고 사내 복지기금도 조성했습니다.

앞으로 꼭 이루고 싶은 일이 있으신가요?

전문경영인 체제로 즐거움이 있는 100년 기업을 만드는 일입니다. 그런 모델을 만들고 싶습니다. 일본의 경우 전문경영인제와 세습제가 공존하는데 우리는 전문경영인제가 거의 없습니다. 국내에서는 풀무원과 마이다스아이티 정도일 겁니다.

<2018.07.05.>

"안전한 길을 가면
절대 혁신할 수 없다"

데니스 홍 로봇공학자

미국에서 태어나 3살 때 한국으로 들어와 고려대학교 기계공학과에 진학했다.(부친은 한국항공우주학회장을 지낸 홍용식 박사다.) 대학 3학년 때 미국 위스콘신대학교 매디슨에 편입해 1994년 같은 대학에서 기계공학 학사 학위를 취득했다. 이후 퍼듀 대학원에서 기계공학 석사와 박사 학위를 받았다 2003년 버지니아테크 기계공학과 교수로 취임했고, 그해 로멜라 연구소를 설립했다. 2014년부터 미국 UCLA대 기계공학과 교수와 로멜라 연구소장으로 재직 중이다. NSF 젊은 과학자상과 GM 젊은 연구자상, 미국자동차공학회 교육상, 타임지 선정 최고 발명품상, 협성재단 사회공헌상 등 수많은 상을 받았다. 세계 최초 시각장애인용 자동차와 미국 최초 휴머노이드 로봇을 개발했으며, 2012년엔 펩시 선정 '세계 최고 두뇌 6인', 한국을 빛낼 100인 등에 뽑혔다. 저서로 《로봇 다빈치, 꿈을 설계하다》와 《데니스 홍, 상상을 현실로 만드는 법》이 있다.

데니스 홍 미국 UCLA(캘리포니아대학교 로스앤젤레스 캠퍼스) 기계공학과 교수를 수식하는 말은 많다. 세계가 주목하는 최고 로봇공학자, 젊은 천재 과학자 10인, 세계 최고 두뇌 6인, 세계 최초 시각장애인용 자동차 개발, 미국 최초 휴머노이드 로봇 개발, 로봇 공학계의 레오나르도 다빈치 등이다. 한국에 온 데니스 홍 교수를 본사 사무실에서 만났다. 검은 티셔츠에 청바지, 운동화 차림으로 나타난 그의 얼굴에는 빽빽한 국내 일정에도 피곤한 기색 대신 흥과 활력이 넘쳤다.

페이스북 친구는 몇 명이신가요?

저를 팔로우하는 사람은 8만여 명입니다. 다른 사람들이 올린 글들을 다 보지는 않습니다. 제가 올린 글에 달린 댓글만 봅니다. 페이스북은 양방향 소통을 위한 재미있는 도구라고 생각합니다.

인간에게 로봇은 무엇인가요?

저에게 그런 질문을 하는 이들이 많습니다. 개인 입장에 따라 다양한 의견이 있겠지만 로봇은 인간을 돕는 유용한 도구입니다. 인간이 할 수 없거나 해서는 안 될 일을 대신해 주는 지능적인 기계입니다.

로멜라 연구소에 대해 설명해 주시죠.

2004년 문을 연 로멜라 연구소 인력은 대학원생이 22명이고 학부생은 20여 명입니다. 모두 각 분야의 전문가들입니다. 로봇공학은 융합 학문입니다. 로멜라 연구소에서 만드는 로봇은 이들이 분야별 업무를 다 담당하고 있습니다. 연구비는 일정하지 않고, 매년 금액이 다릅니다.

기존 연구소와 다른 점이 있다면?

로멜라 연구소는 상상을 현실로 만드는 곳입니다. 첫째로 재미있는 곳입니다. 24시간 개방하기 때문에 새벽 2시에 와도 학생이 있습니다. 이곳에서 일하는 게 재미있기 때문입니다. 인근에 디즈니랜드가 있는데, 로봇을 좋아하는 사람이라면 그곳보다 더 재미있는 곳이 바로 우리 연구소입니다. 창의력은 즐거움에서 나온다고 생각합니다. 둘째, 우리 연구소는 로봇을 직접 만들고 있습니다. 그런 시스템을 갖추고 있습니다. 과거 제가 대학원생 시절 어떤 이론적 논문을 읽고 실험을 해봤는데 실제 결과가 그 논문과 맞지 않은 경우가 있었습니다. 전제(前提)가 잘못이었습니다. 이론으로만 연구를 하면 이처럼 실제와 다른 경우가 많습니다. 그래서 우리는 실제 로봇을 만듭니다. 정말 많은 로봇을 만들고 있습니다. 셋째, 우리 연구소는 로봇을 고장 나게 합니다. 일반 연구소의 경우 만든 로봇이 잘못될까봐 애지중지하지만, 우리는 그 반대입니다. 고장이 나지 않으면 배울 게 없고 개선할 수 없습니다.

실패를 허용해야 한다는 말인가요?

그렇습니다. 연구소는 실패를 허용하는 문화가 절대 필요합니다. 안전한 길을 가면 절대 혁신할 수 없습니다. 실패를 두려워해 안전한 길을 가는 연구소에서 혁신은 기대할 수 없습니다. 실패하면 다시 일어설 수 없는 문화 속에서 창의력은 발휘할 수 없습니다. 정부에서 하는 연구개발은 성과 위주인 경우가 많습니다. 연구에 실패하면 연구기금도 못 받고 보따리를 싸야 하는데 누가 미지에 도전하겠습니까. 실패를 허용해야 합니다. 실패를 안 해본 사람은 도전하지 않는 사람입니다. 도전은 불가능한 일에 대해 하는 것입니다. 실패도 경험입니다.

그동안 개발한 로봇에 대해 설명해 주세요.

제가 로봇 분야에서 이름을 날리게 된 게 2007년 DARPA 자율주행 자동차 대회에서 3위를 차지하면서부터입니다. 그 후 기업과 연구소가 자율주행차 분야 연구에 집중했습니다. 저는 남들도 다 하면 흥미가 사라집니다.(웃음) 그래서 시각장애인용 자동차를 개발했습니다. 당시 워싱턴포스트는 "달 착륙에 버금가는 성과"라고 극찬했습니다. 이어 소프트 로보틱스 개발을 시작했고 암벽등반용 로봇 같은 새로운 분야의 로봇을 개발했습니다. 지난 10년간 휴머노이드 로봇 개발에 집중하면서 수많은 종류의 로봇을 만들었습니다.

2011년 시각장애인용 자동차를 개발한 이유가 있으신가요?

일반인의 시각장애인에 대한 편견을 깨고 싶었습니다. 일부에서 자율 자동차가 등장하면 시각장애인 문제도 해결될 텐데 하는 이들도 있습니다. 저는 시각장애인들과 함께 소통하고 일하면서 로봇을 만들었습니다.

최근 개발 중인 로봇은 어떤 것이 있나요?

요즘은 사람처럼 생기지 않은 이족 보행 로봇을 만들고 있습니다. 스파이더맨처럼 벽 사이를 타고 다니는 다리가 6개인 로봇도 만들었습니다. 고정관념을 깬 로봇을 만들고 있습니다.

꼭 개발하고 싶은 로봇이 있으신가요?

어떤 로봇을 개발할지 저도 모릅니다. 목표가 계속 바뀝니다. 분명한 점은 인간에게 행복을 주고 사회를 따뜻하게 해 주는 로봇을 만들고 싶습니다.

재난구조 로봇은 언제쯤 상용화가 가능할까요?

2014년 4월 일본 후쿠시마 지진 현장에 초청을 받아서 간 적이 있습니다. 일본은 로봇 강국으로 불리지만 재난 현장에서 로봇을 사용하지 못했습니다. 최첨단 로봇이 고농도 방사능에 노출되자 작동이 멈췄습니다. 가장 효율적인 기술은 현장에 가서 보고 체험하면서 만들어야 합니다. 사용자들과 소통하지 않으면 제대로 된 기술을 개발할 수 없습니다. 언젠가는 재난구조 로봇이 나오겠지만, 그에 특화한 로봇을 개발해야 합니다.

로봇이나 인공지능(AI)이 인간 일자리를 대체할 것이라는 우려가 많습니다.

4차 산업혁명 시대를 맞아 로봇이나 AI가 인간 일자리를 빼앗아 갈 것이라는 비관론이 적지 않다는 걸 잘 알지만 그런 걱정을 할 필요는 없습니다. 이유는 두 가지입니다. 4차 산업혁명은 위기가 아니라 기회입니다. 첫째, 지금 우리는 로봇이나 AI에 대한 기대치가 너무 높습니다. 언젠가 그런 시대가 올지 모르지만 아직은 시기상조이고 먼 미래의 일입니다. 둘째, 그런 시대가 되면 새로운 직업이 등장합니다. 자동차가 처음 등장했을 때를 생각해 보십시오. 자동차가 등장하자 주유소와 자동차 정비소 등 자동차와 관련한 업종이 새로 등장했습니다. 그전에는 그런 업종이 없었습니다. 새 기술이 많이 생기면 새로운 일자리가 그만큼 많이 생깁니다. 새 기술을 이해 못하면 두려움이 생깁니다. 우리는 새로운 기술이 등장하면 그 기술이 잘하는 일은 넘겨주고 잘 활용하면 됩니다. 오지 않는 기술을 놓고 두려워 할 필요가 없습니다.

미국의 로봇 개발 실태는 어떻습니까?

미국의 로봇 개발은 눈에 확 띄는 게 없습니다. 그 대신 원천기술에 엄청난 투자를 하고 있습니다. 원천기술을 확보하면 필요한 로봇을 금세 만들 수 있습니다. 가시적 성과보다는 내실을 중요시합니다.

특이점이 올 것으로 보시나요?

미래학자들이 특이점이 온다고 하던데 올 수도 있을 것입니다. 하지만 그건 한참 멀었다고 생각합니다.(웃음)

다원 설계도와 SW를 공개한 이유가 궁금합니다.

교육과 로봇 연구를 위해 만든 로봇이어서 공개했습니다. 처음에 공개 여부를 놓고 고민을 한 게 사실입니다. 주위에서도 돈을 벌 수 있는데 왜 공개하느냐고 말하더군요. 공개를 안 했으면 아마 큰 돈을 벌었을 것입니다. 하지만 설계도와 SW를 공개하고 나서 더 많은 걸 얻었습니다. 로봇 역사상 가장 로봇 발전에 기여한 과학자라는 칭찬도 받았습니다. 제가 로봇 커뮤니티에 주는 선물이라고 생각하는 로봇입니다.

난관을 어떤 마음으로 극복하시나요?

저도 일생일대의 위기를 맞이한 적이 있습니다. 로멜라 설립 11년 후 버지니아폴리테크 주립대에서 UCLA로 가면서 그동안 개발한 로봇을 하나도 가져 오지 못했습니다. 제 삶의 위기였는데, 이걸 긍정의 힘으로 극복했습니다. 위기는 새로운 출발이고 도전입니다. 아버님은 "인생을 살면서 갈림길이 나타나면 언제나 정도(正道)를 가라"고 늘 말씀하셨습니다. 당시 불법은 아니지만 편법으로 로봇을 가져올 수 있었습니다. 아버님은 "지금은 네가 잃은 것처럼 보이지만 훗날 자랑스럽게 생각하게 될 것"이라며 힘을 주셨습니다. 제 아들에게 "너에게 자랑스럽게 말할 수 없다면 절대 하지 않겠다"고 한 약속도 제게 힘이 됐습니다. 모두 사랑이고 긍정의 힘이라고 생각합니다.

한국에서 일할 의향은 없으신가요?

저는 속은 한국인이고 서류상으로는 미국인입니다. 한국엔 저보다 훌륭한 과학자가 많이 있다고 알고 있습니다. 저보다 더 일을 잘할 수 있는 분들입니다. 하지만 미국에는 저와 비슷한 자리에 있는 사람이 많지 않습니다. 저는 미국에서 세계적 공학자로 열심히 일하면서 한국의 이름을 세계로 떨치는 일을 하겠습니다.

<2018.06.28.>

"지금 여기에서
행복하자"

미산 스님 KAIST 명상과학연구소장

불교계의 대표적 학승이자 명상 전문가다. 12살에 단명한다는 말을 듣고 백양사로 동진(童眞) 출가해 동국대 선학과를 졸업했다. 운문선원과 봉암사 등지에서 참선수행을 했다. 12년간 인도와 영국, 미국 등지에서 공부했다. 스리랑카와 인도에서 5년간 공부했고 옥스퍼드대 대학원에서 철학박사 학위를 받았다. 1년간 미국 하버드대 세계종교연구소에서 선임연구원으로 재직했다. 하트스마일명상을 창시했다. 귀국 후 백양사 참사람 수행원장과 대한불교 조계종 사회부장, 중앙승가대학 교수를 역임했다. 현재 상도선원 선원장이다. 저서로 《미산 스님 초기경전강의》와 《인생교과서(공저)》가 있다.

한국과학기술원(KAIST) 명상과학연구소가 문을 열었다. 국내에 처음 생긴 연구소다. 소장은 학승(學僧)이자 선승(禪僧)으로 불리는 미산 스님이 맡았다. 스님은 영국 옥스퍼드대에서 철학박사 학위를 받았고 미국 하버드대학 세계종교연구소 선임연구원을 역임한 명상 전문가다. 현대인을 위한 명상 프로그램인 '하트스마일 명상'의 창시자다. 미산 스님을 서울 상도동 상도선원에서 만났다. 도심 속 상도선원은 외형은 현대식 4층 건물이지만 법당과 내부 바닥은 마루여서 한옥 전통미가 물씬 풍겼다. 스님이 직접 우려낸 백차(白茶)를 마시며 연구소 운영과 명상과학 이야기를 나눴다.

연구소에서 스님을 어떻게 부르나요?

소장이라고 부릅니다. 소장은 종교인의 정체성보다 공동체의 일원으로서 역할이 중요하다고 생각합니다. 저는 소장이자 초빙교수입니다. 과학 공동체의 일원으로서 소장 소임에 충실해야 합니다.

거처는 어디이신가요?

KAIST 교수 아파트에서 생활합니다. 영국 옥스퍼드대학에서 6년간 공부할 때 기숙사 생활을 했습니다. 그래서 공동생활에 익숙합니다. 마치 유학시절로 되돌아간 기분입니다. 하루하루가 즐겁고 행복합니다. (스님은 인터뷰와 다른 일정을 끝내고 저녁에 KAIST 숙소로 내려갔다.)

어떻게 소장직을 맡게 되셨나요?

다양한 명상 프로그램이 우울증과 강박, 스트레스 해소, 자비심을 훈련시켜 삶을 윤택하게 만듭니다. 이미 과학적으로 성과를 검증했습니다. 3년 전 현대인에게 적합한 명상 프로그램이 필요하다고 생각해서 전문가와 명상 프로그램을 만들었습니다. 그게 하트스마일명상입니다. 저는 명상과 과학화를 병행해야 한다고 생각합니다. 소장직 제안은 연구소 재원을 지원하는 플라톤 아카데미에서 받았습니다.

앞으로의 포부를 밝혀 주시죠.

거듭 말하지만 스님이 아니라 과학 공동체의 일원으로 일하고 있습니다. 우수한 과학자와 지혜를 모아 좋은 명상 프로그램을 만들고 세계화하는 일에 전념할 생각입니다. KAIST는 47년간 한국 과학기술 발전과 지식정보강국이라는 첫 번째 큰 꿈을 이뤘습니다. 두 번째 꿈은 글로벌 인재를 양성해 4차 산업혁명 시대의 리더로 키우는 일이라고 생각합니다. KAIST의 3가지 핵심 가치는 ①도전 ②창의 ③배려입니다. 이런 가치가 없으면 4차 산업혁명 시대에 글로벌 리더로 큰 역할을 할 수 없습니다. 과학기술은 연구 결과로 승부하는 것입니다. 지금은 남을 뒤따라가는 연구가 아닌 남이 하지 않는 새로운 분야를 개척해야 합니다. 명상과학을 통해 새롭고 획기적 연구를 할 수 있다고 봅니다. 구성원끼리 다양성을 인정하면서 융복합으로 과학적 명상 프로그램을 개발해 4차 산업혁명을 주도할 글로벌 가치를 창출하는 일에 기여할 수 있어서 기쁩니다. 앞으로 명상의 과학화를 위한 다양한 융합 연구를 수행할 계획입니다.

올해 주요 계획은 무엇인가요?

연구소를 개소했지만 아직 사업을 확정한 건 없습니다. 조직이나 구성원, 주요 계획을 마련 중입니다. 지금 세부 연구과제를 마련하기 위해 명상과학 리포트를 준비하고 있습니다. 세계 명상과학 연구 실태를 조사하고 KAIST가 어떤 방향으로 어떤 연구를 할 것인지 세부과제를 마련할 방침입니다. 서양에서는 명상에 대해 많은 연구를 진행하고 있습니다. 미국 유수 대학인 스탠퍼드나 버클리, 브라운 등이 명상연구소를 운영하고 있고, 하버드대학도 병원과 연계해 명상 연구를 하고 있습니다. 영국 옥스퍼드와 독일 막스 플랑크 연구소에서도 명상과학 연구가 활발합니다. 주요 계획을 확정한 뒤 인터뷰를 해야 자세한 내용을 이야기할 수 있는데요.(웃음)

주요 명상 시설은 무엇이 있습니까?

명상실과 상담실, 감성지능실, 행정실 등을 비롯해, 최적화한 명상 환경을 구현하기 위해 명상 교재와 프로그램, 의자나 방석 등도 개발할 계획입니다. 일반인들이 불교에서 하는 가부좌가 쉽지 않습니다. 구체적인 명상 프로그램을 마련해 진행하고 지도자 교육도 해야 합니다. 앞으로 할 일이 많습니다.

외국 명상 프로그램은 어떤 것이 있나요?

명상은 동양 수행의 정수(精髓)입니다. 서양 1세대 명상학자가 40년 전부터 명상을 과학적으로 연구했습니다. 우리보다 앞서 현대인의 정서에 맞게 재구성한 명상 프로그램을 만들었습니다. 대표적인 게 미국 MIT 존 카밧진이 불교 명상법을 이용해 만든 MBSR(Mindfulness Based Stress Reduction) 프로그램입니다. 그는 분자생물학자입니다. 처음에는 스트레스 해소를 위해 8주간 미국 매사추세츠 주립대에서 시작했는데 탁월한 효과를 거두자 지금은 한국과 중국, 일본, 싱가포르 등으로 퍼졌습니다. 1970~80년대는 명상 관련 논문을 발표하지 않았습니다. 2000년대 들어 명상 연구가 활발해지면서 지금은 매년 1,200여 편의 명상 관련 논문이 나옵니다. 다양한 명상 프로그램도 나와 있습니다.

명상을 하면 어떤 성과를 거둘 수 있나요?

명상 효과의 연구 결과는 많이 나와 있습니다. 일상이 아닌 특수한 방법으로 명상을 하면 몸과 마음이 움직입니다. 인간은 ①탐욕 ②성냄 ③어리석음이리는 3개 습관에 물들어 있습니다. 명상의 목적은 풍요로움과 행복함입니다. 명상은 몸과 마음을 고유 상태로 회복시키는 과정입니다. 늘 감사와 사랑하는 마음으로 살아가면 스스로 몸과 마음이 따뜻해지고 밝아집니다. 4차 산업혁명을 이끌 인지과학이나 뇌과학 같은 연구를 하려면 명상을 해야 합니다. 그러면 한 차원 높은 연구를 할 수 있습니다. 마음과 몸이 고요하면 편안해집니다. 이때 자신을 깊이 배려할 수 있습니다. 자신을 배려할 수 있는 사람만이 상대를 배려할 수 있습니다. 명상은 자기 배려로 시작하는데, 자기 배려를 위한 구체적 행법(行法)이 바로 명상입니다. 도전하다 실패하면 많은 이가 포기합니다. 포기하지 않고 창의적인 일을 할 수 있게 하는 게 명상의 힘입니다. 내면에 충실할 때 4차 산업혁명 시대를 이끌 창의적이고 통찰력 있는 글로벌 인재로 성장할 수 있습니다.

하트스마일은 어떤 명상 프로그램인가요?

일단 체화하는 구조로 만들었습니다. 크게 다섯 가지 행법으로 구성했습니다. 명상은 집중력 향상과 스트레스 완화, 편안함과 감사함을 느끼게 합니다. 상대방을 배려하고 자비를 나누는 것이 명상입니다. 감사와 사랑 호흡이란 것도 있습니다. 들숨에 감사, 날숨에 사랑하는 수행입니다. 명상은 쉽게 접근할 수 있어야 합니다. 그런 목표로 만들었습니다. 운동법도 있습니다. 매뉴얼도 만들고 국제화도 추진할 계획입니다. 주말에 2박 3일 일정으로 종교와 무관하게 일반인을 대상으로 실시하고 있습니다. 지금까지 22회 프로그램을 진행했습니다.

난관이 닥쳤을 때 어떤 마음으로 극복해야 할까요?

세상살이에 난관 없는 삶은 없습니다. 삶은 어려움의 연속입니다. 일이 잘 풀린다 싶으면 또 다른 복병이 도사리고 있습니다. 이때 "왜 나한테만 이런 일이 생기나" 하면서 남 탓을 하거나 자책하지 말고 당연한 일이라고 생각하면 마음이 가볍습니다. 근심과 걱정, 불평을 할 시간에 이를 어떻게 해결할 것인가를 생각하고 행동하면 고민의 시간도 줄이고 에너지도 낭비하지 않을 것입니다. 해결을 위해 행동하면 실마리가 보입니다. 긍정적으로 생각하고 행동하면 그에 상응하는 긍정의 관계가 형성됩니다. 어려움이 닥쳤을 때 해결 방식은 사실 간단합니다. 긍정 에너지를 사용하면 긍정 조건이 보입니다. 이런 게 명상의 지향점입니다. 제 경험인데 지난달 연구소 개소를 앞두고 예상치 못한 난관에 부딪쳤습니다. 긍정적으로 생각하고 행동했더니 길에서 우연히 아는 이를 만나 팀을 꾸려 개소식을 잘 끝냈습니다. 불평과 불만, 원망, 갈등 같은 부정적 마음으로 살면 될 일도 안 될 것입니다.(웃음)

하고 싶은 말씀이 있으신가요?

러시아 대문호 톨스토이는 "친절은 세상을 아름답게 만들며 모든 비난을 해결한다. 얽힌 것을 풀어헤치고 곤란한 일을 수월하게 하고 암담한 것을 즐거움으로 바꾼다"고 말했습니다. 저는 이 말을 좋아합니다. 요즘 취업난 등으로 사람들이 고민이 많습니다. 그러다 보니 자기 비하나 비난을 많이 합니다. 이건 자신의 에너지만 소진시키는 것입니다. 긍정 에너지를 사용해야 합니다.

<2018.04.13.>

"몰입은 행복한 삶을
사는 지름길이다"

황농문 서울대 교수

서울대 공대 금속공학과를 졸업하고 한국과학기술원(KAIST)에서 석·박사 학위를 받았다. 한국표준과학연구원 선임과 책임연구원, 미국 국립표준기술원과 일본 금속재료연구소 객원연구원으로 근무했다. 서울대 신소재공동연구소장과 한국금속재료학회 부회장을 역임했다. 현재 서울대 재료공학과 교수와 한국창의성학회 의장이다. 저서로 《공부하는 힘》과 《몰입1》, 《몰입2》 등 다수가 있다.

황농문 서울대 재료공학부 교수는 국내 최고의 몰입 전문가로 요즘 인기 상종가다. 그의 주장은 간단명료하다. "몰입은 잠자는 두뇌를 깨우는 최고의 방법이며, 스스로 창조력을 발휘해 행복한 삶을 사는 지름길이다. 두뇌를 최대한 활용할 때 최고의 삶을 살 수 있다." 그는 7년간 몰입을 경험했고, 이를 토대로 독자적인 문제해결 방안을 정립했다. 몰입을 통해 연구논문과 학생지도, 기업 경영까지 다양한 분야에서 문제를 해결했다. 사람들은 그를 '난제 해결사'라고 부른다. 그는 "4차 산업혁명 시대에 성공하고 행복하려면 무턱대고 열심히 일하는 방식에서 벗어나 열심히 생각하는 삶으로 패러다임을 바꿔야 한다"고 강조했다.

언제부터 몰입에 대해 연구하셨나요?

1990년부터 1997년까지 7년간 몰입 상태에서 연구를 진행했는데, 그때 특별한 경험을 했습니다. 몰입을 하면 능력과 행복감을 최고로 끌어올릴 수 있었습니다. 1986년 박사 학위를 받고 난 뒤 첫 직장이 한국표준연구원이었습니다. 1989년 미국 국립표준연구원(NIST)에 포스트닥(박사후 과정)을 갔는데, 가족을 한국에 남겨놓고 혼자 지냈습니다. '어떻게 살아야 후회가 없을까?'를 평소에 화두(話頭)처럼 늘 생각했습니다. 열심히 사는 것이 후회 없는 삶이라고 판단해 밤 11시까지 연구실에서 연구만 했습니다. 미국 석학들은 몸 대신 머리를 쓰고 있더군요. 그때 두뇌를 쓰면서 살아야겠다고 다짐했습니다. 이후 문제가 생기면 1초도 쉬지 않고 의도적으로 그것에 대해 생각했습니다. 며칠 지나자 기적 같은 일이 일어났습니다. 해법이 생각나고 창의적 아이디어가 나오는 겁니다. 기분이 좋아서 천국에 사는 느낌이었습니다. 고도의 몰입 상태에 들면 두뇌를 100% 활용할 수 있다는 사실을 그때 확인했습니다.

몰입과 화두 참선이 비슷한가요?

화두 참선과 비슷합니다. 스님들이 화두 참선에 들었다가 돈오(頓悟, 단번에 깨달음)하는 것과 다름없습니다. 스님들은 앉으나 서나 한 생각만 한다는 동정일여(動靜一如)와 꿈속에서도 그 생각만 한다는 몽중일여(夢中一如), 잠을 자면서도 그 생각만 한다는 숙면일여(熟眠一如)를 실천합니다.

몰입하실 때 부작용은 없었나요?

몰입 상태가 계속되자 부작용으로 잠이 안 왔습니다. TV를 봐도 온통 문제 생각만 났습니다. 잘못하면 머리가 돌겠다는 생각까지 들었습니다. 그러던 어느 날 아침 준비를 하다가 한국 대중음악을 들었습니다. 그때 몰입에서 빠져나올 수 있었습니다. 이후 매일 테니스를 단식으로 30분간 치니까 부작용이 없어지더군요.

몰입에 이르는 과정과 자세를 소개해 주시죠.

우선 몰입 의자에 편안하게 앉아 문제를 생각합니다. 불교는 가부좌를 하는데 저는 편한 자세로 몰입을 시작합니다. 두뇌는 1초도 쉬지 않지만 몸은 편안해야 합니다. 참선 중 스님이 졸면 죽비로 내려치는데 몰입할 때 졸리면 선잠을 자는 게 좋습니다. 자고 나면 아이디어가 떠오릅니다. 비몽사몽(非夢似夢) 상태에서 아이디어가 나옵니다. 편안히 앉아 천천히 생각(slow thinking)해야 집중이 잘 됩니다.

황 교수가 몰입 상태에서 나온 영감이나 아이디어를 기록한 노트만 수십여 권에 달했다. 그는 그게 바로 세렌디피티의 특징인데 창의성의 원천이라고 했다.

왜 선잠이 창의력에 도움이 되나요?

어려운 일은 의식 깊은 곳에 있습니다. 그걸 끄집어내는 의식 인출이 가장 어려운 일입니다. 깨어 있을 때는 인출을 못 합니다. 잠이 들면 저장은 못하고 끄집어 낼 수는 있습니다. 그래서 밤낮으로 생각하면 창의적 아이디어를 낼 수 있습니다. 역사적으로 꿈속에서 발견한 게 많습니다. 벤젠 고리는 꿈에서 뱀이 자기 꼬리를 무는 것을 보고 발견 했습니다. 닐스 보어는 진기한 태양계의 모습을 보고 이를 본 딴 원자 구조 이론을 만들었습니다. 《지킬 박사와 하이드》를 쓴 로버트 루이스 스티븐슨이나 《개미》를 쓴 베르나르 베르베르도 꿈에서 영감을 얻었다고 합니다.

몰입 준비는 어떻게 해야 하나요?

먼저 목표를 설정해야 합니다. 다음은 최소한 일주일 이상 한 가지 문제에 집중할 수 있는 환경을 만들어야 합니다. 혼자만의 공간이 있는 게 좋습니다. 외부 활동은 중단하고 날마다 규칙적인 운동을 해야 합니다.

바쁜 직장인들이 어떻게 몰입을 할 수 있나요?

자투리 시간을 이용하면 가능합니다. 약한 몰입도 성과가 있습니다. 기업의 경우 토론식 회의도 업무 효율을 높일 수 있습니다.

몰입으로 문제를 해결한 사례가 있나요?

수십 년간 해결 못한 난제에 도전해서 모두 해결했습니다. 미해결로 남아 있던 난제 중 하나인 '세라믹의 비정상 입자 성장'을 2개월 만에 해결했습니다. 논문을 발표하자 사람들이 믿지 않았습니다. 이 분야의 권위자인 김도연 서울대 교수(현 포스텍총장)가 "당신 연구 결과가 맞다"면서 같이 논문을 40여 편 썼는데, 2006년 세계 최고 학술지 미국 세라믹학회지 8월호 특집 논문으로 선정됐습니다. 〈저압 다이아몬드 생성 원리〉도 이 과제를 맡은 연구원이 이직하는 바람에 제가 그걸 맡았습니다. 제 전공도 아니었습니다. 1년 6개월 만에 문제를 해결했습니다. 답을 찾고 보니 교과서가 틀렸다는 걸 발견했습니다. 〈하전단 나노입자 이론〉이란 논문을 발표했더니 아무도 안 믿었습니다. 4년간 게재를 거부당했습니다. 뒤에 외국 저널에 게재했습니다. 2016년 세계에서 가장 큰 출판사인 엘세비어에서 재료백과사전을 만들면서 교과서가 틀렸으니 이를 바로 잡아달라고 해 새로운 개념으로 지난해 책을 냈습니다. 이는 선진국보다 몇십 년 앞선 결과입니다. 또 현택환 서울대 교수가 단분산 나노 입자를 만드는 방법을 개발했습니다. 미국 CNN이 뉴스로 보도할 정도로 대단한 개발이었습니다. 현 교수가 나노입자가 형성되는 원리를 밝혀달라고 요청해 일주일간 몰입해 밝혀낸 적이 있습니다.

몰입을 실천하면 삶이 어떻게 변하나요?
몰입은 인간이 할 수 있는 최대의 집중 상태입니다. 그런 상태로 두뇌를 100% 활용하면 자신의 일에 소명의식을 갖고 삶을 의미 있게 살 수 있습니다. 삶이 변하고 가치관도 바뀝니다. 생각과 몰입은 4차 산업혁명 시대 최고의 경쟁력입니다. 현대인들에게 삶을 바꾸는 새로운 패러다임이 바로 몰입입니다.

몰입을 방해하는 잡념은 어떻게 극복하면 좋을까요?
잡념이 생기는 것은 자연스러운 현상입니다. 잡념과 싸우면 안 됩니다. 신경 쓰지 말고 문제만 계속 생각해야 합니다. 꾸준히 집중하면 잡념은 극복하게 됩니다.

학생 지도에도 몰입을 적용하시나요? 성과가 있다면 함께 소개해 주시죠.

몰입 능력이 곧 연구 능력입니다. 같은 학점이지만 학생마다 차이가 있습니다. 몰입은 생각의 마라톤입니다. 어릴 적부터 마라톤을 안 해본 사람에게 42.195km를 뛰게 할 수는 없습니다. 1km부터 시작해야 합니다. 몰입을 지도했던 한 학생은 사법고시에 합격해 저에게 주례를 부탁하기도 했습니다. 또 한 학생은 몰입으로 창의성 로봇대회에서 대상을 받았고, 대학에서 명예학생으로 선정됐습니다. 대학원생 중 한 사람은 몰입 훈련으로 취업한 회사에서 해결사로 인정받았습니다. 또 한 사람은 회사에서 3년 연속 최우수 평가를 받았습니다. 제가 바빠서 직접 사람을 만나지는 못하지만 이메일이나 전화로도 몰입 지도나 상담을 해주고 있습니다.

몰입도를 높이는 방법은 무엇이 있을까요?

몰입의 창시자로 불리는 미하이 칙센트미하이 시카고대학 심리학 교수는 '몰입의 3요소'를 ①목표가 명확해야 하고 ②일의 난이도와 실력의 균형이 맞아야 하며 ③피드백이 빨라야 한다고 말했습니다. 몰입은 목표가 명확해야 합니다. 몰입 장벽을 넘는 데 최소 3일이 걸립니다. 몰입도를 높이는 일은 마치 담배 연기가 퍼지는 것을 한곳으로 모으는 것처럼 쉽지 않은 일입니다. 첫째 날은 몰입도가 30% 수준이고, 둘째 날은 60~70%, 셋째 날은 100%가 됩니다. 몰입도는 노력으로 올릴 수 있습니다. 장벽은 위기감으로 넘어야 합니다. 100이 돼야 장벽을 넘을 수 있습니다. 1초도 쉬지 않고 생각하면 몰입도가 올라갑니다. 몰입은 훈련입니다. 처음에는 10~20분씩 하면서 성공 경험을 쌓고 차츰 시간이 길어지면 몰입도는 올라가게 되어 있습니다. 기업 CEO나 대기업 임원들은 몰입도가 높습니다. 늘 중요한 문제를 생각해서 그렇습니다. 처음에는 쉬운 문제부터 시작하고 차츰 시간을 늘려야 합니다.

기업 경영에 몰입을 도입한 사례가 있습니까?
모 제조업체의 경우 20년간 해결 못한 문제를 일주일 만에 해결한 사례도 있습니다. 직원 몰입을 도와 기업 문제를 8일 만에 해결한 적도 있습니다. 이 밖에도 사례가 많습니다. 누구나 몰입을 실천하면 절망을 희망으로 바꿀 수 있습니다. 직장인의 경우 업무에 흥미를 가져 기업 매출 증대와 인간관계도 개선할 수 있습니다. 기업 CEO부터 몰입을 실천했으면 좋겠습니다.

미래 교육에 몰입을 적용할 수 있나요?
우리 교육은 주입식입니다. 생각을 안 합니다. 앞으로 교육은 창의성 교육을 해야 합니다. 서울대 교수들도 창의성 교수 모임을 만들면서 한국 창의성학회를 출범했습니다.

<2018.02.28.>

"창조는 익숙함과의 결별이자 모험의 결과다"

최진석 건명원 원장

서강대 철학과를 졸업하고 동 대학원에서 석사 학위를 받은 뒤 중국 베이징대 대학원에서 도가철학 박사 학위를 받았다. 미국 하버드대 옌칭 연구소 방문학자와 캐나다 토론토대 방문교수를 거쳐 1998년부터 서강대 철학과 교수로 재직했고 현재 명예교수다. 저서로《인간이 그리는 무늬》,《저것을 버리고 이것을》,《탁월한 사유의 시선》,《생각하는 힘 노자》,《경계에 흐르다》 등 다수다. 역서도《장자철학》,《중국사상 명강의》 등 여러 권이다. 《노자의 목소리로 듣는 도덕경》은 중국에서 번역 출판했다.

최진석 건명원 원장은 시대의 반역자를 꿈꾸는 청년들의 창조(創造) 멘토다. 훈고(訓詁)의 삶으로는 지도자, 일류 국가, 선도국이 될 수 없다고 단언한다. 최 원장을 서울 마포구 서강대 정하상관 연구실에서 만났다. 그를 인터뷰 상대로 정한 것은 4차 산업혁명 시대를 이끌 창조 인재상이 궁금해서다. 그는 짧은 스포츠형 머리에 머리카락이 하얗게 샜다. 별명이 최 도사다. 인터뷰는 그가 다기에서 우려낸 경주 황차를 마시며 2시간여 동안 이어졌다.

별명이 최 도사라고 하시던데요?
중국의 도교 사원을 도관(道觀)이라고 합니다. 남자는 도사 또는 진인, 여자는 여관이나 여진이라고 일컫습니다. 흔히 도사라고 하면 도술을 부리는 걸로 생각하는데 그런 의미는 아닙니다.

창조를 하려면 어떻게 해야 할까요?
익숙함과 결별해야 합니다. 창조하는 인재는 언제나 그랬던 것 같습니다. 창조는 과거를 뒤집어서 얻는 일입니다. 스마트폰은 기존의 전화기에 대한 반역입니다. 성숙은 불편을 자초하는 일이지요. 수행이나 수련이 얼마나 불편한 일인지 알고 계실 테지요. 횡단보도에서는 차가 오지 않지만 기다려야 합니다. 담배꽁초를 아무 데나 버리지 못하는 일은 불편합니다. 성숙한 사회는 불편함을 자초한 사람들의 놀이터입니다.

4차 산업혁명 시대를 이끌 미래형 인재는 어떤 인물일까요?
과거형, 현재형, 미래형 인재가 따로 있는 게 아닙니다. 인재는 언제나 인재입니다. 미래에 도전하려는 의식이 있고 새로움을 제공할 수 있는 사람이 바로 인재입니다. 이질성의 존재 안에서 동질성을 발견해서 연결해 내는 은유 능력이 있어야 합니다. 이런 사람은 어느 시대건 새로움을 만들어 낼 수 있습니다. 그게 창조력이지요. 우리는 그동안 사상이나 기술을 외부에서 수용해 발전시켰습니다. 그렇게 중진국 상위 수준에 올랐습니다. 좋은 선례를 참고하는 벤치마킹 방식이었습니다. 이런 익숙한 방식은 쉽고 편하지만 이제는 최고점을 찍었다고 봅니다. 다음 단계는 선도 능력을 갖춰야 합니다. 선도 능력을 갖추려면 창의력이 있어야 하지요. 창의력이 만든 결과가 선진국입니다. 창의력은 경계선이 있습니다. 경계선을 올라서면 번영하고 못하면 후퇴합니다. 창의력을 발휘하는 인재들이 많아야 선도 능력을 갖추게 될 것입니다.

우리가 철학 수입국이 된 이유는 무엇일까요?

철학은 보편 이론을 들여와서 그 시대에 적용하는 게 아닙니다. 그 사회의 특수한 문제를 보편 문제로 승화시키는 것이지요. 플라톤, 칸트, 카를 마르크스의 사상을 이 사회에 그대로 적용하는 게 아닙니다. 자기 문제를 철학으로 승화시키는 것이지요. 우리는 그렇게 하지 않고 따라 하기로 한 측면이 있습니다. 남을 따라 하는 삶은 훈고의 삶입니다. 지식 수입국은 일류나 선도 국가가 될 수 없다고 생각합니다.

창조력을 갖춘 인물이 되려면 어떤 노력을 해야 할까요?

늘 '나는 누구인가'를 물어야 합니다. 어떤 일을 하기보다 어떤 사람이 될 것인가를 질문해야 합니다. 다른 사람의 꿈을 수행하는 사람인가, 내 꿈을 꾸는 사람인가의 차이입니다. 내 길을 제대로 걷고 있는가를 끊임없이 질문해야 합니다. 이미 정해진 기준대로 세상을 보는가, 내가 정한 기준으로 태초의 길을 걷는가를 추궁해야 합니다. 창조자는 오지 않는 문법에 담긴 내용을 먼저 보고 반응하는 사람입니다. 사람이 죽을 고비에 처했다는 건 처음으로 자신을 봤다는 이야기입니다. 자기를 죽음 앞에 세우면 자신이 가장 잘 보입니다. 기존의 틀을 뛰어넘는 사람이 창조자이고 지도자이며 지배자라고 할 수 있습니다.

선진국과 후진국 간 사유의 차이는 무엇이라 할 수 있을까요?
선진국은 선진국 수준을 유지하는 시선의 높이가 있습니다. 시선의 높이와 사는 방식의 차이가 그것입니다. 지금까지 서양이 선진국의 주도권을 잡았고, 과학기술, 문명, 지식에서 앞섰습니다. 동양은 수입국이었습니다. 지식, 과학기술, 생각, 철학 등 이 모든 것은 모험과 탐험의 결과입니다. 위대한 인류 탐험가 가운데에는 동양인이 적습니다. 서양은 탐험가가 직업으로 존재했습니다. 모험심이 강해서 지식과 이론을 생산했습니다. 동양은 상대적으로 모험심이 약했습니다. 창의성은 모험에서 시작됩니다. 질문도 모험입니다. 선도 국가가 되고자 한다면 모험심을 품어야 합니다. 모험심은 누구나 인정하는 보편적인 생각에서 벗어나는 일이기도 합니다. 기존 생활의 틀에서 벗어나야 합니다. 그러자면 고독한 존재가 돼야 합니다. 새로운 도전이나 위대한 일은 한계를 극복한 결과입니다. 나약한 존재는 강자가 되지 못합니다. 불가에서 말하는 금강석(金剛石) 같은 사람이 돼야 합니다. 무소의 뿔처럼 혼자 가야 합니다. 하지도 않고 왜 남 탓을 하는 걸까요. 모든 건 다 자신 탓이라고 생각합니다. 탓을 습관화하면 안 됩니다.

삶의 주인이 되려면 어떤 자세를 취해야 할까요?

자기가 희망하는 일, 좋아하는 일을 해야 합니다. 안타깝게도 우리는 하고 싶은 일을 하지 않고 남들이 좋아하는 일을 하고 있습니다.

한국에서도 스티브 잡스 같은 인물이 나올 수 있을까요?

지금 같으면 나오기 어려운 토양인 것이 사실입니다. 그런 인물이 나오려면 교육 시스템을 먼저 개선해야 합니다. 지금은 부모가 자랑하기 좋은 자식으로 기르려고 합니다. 서양은 가정에서 독립된 행복한 자식으로 기릅니다. 학벌이나 성적을 따지는 사회는 자신감이 약해서 모험을 하지 않습니다. 정부가 수차례 혁신을 강조하지만 무엇이 얼마나 달라졌습니까? 나부터 혁신해야 합니다. 연구만 하고 혁신은 하지 않는 현실이 안타깝습니다.

멘토를 죽이라고 말씀하신 적이 있습니다.

기존의 틀을 벗어나라는 의미에서 한 말입니다. 불교에서 '부처를 만나면 부처를 죽이라'고 하지 않습니까? 책 속에 길이 있다고 하는데 그건 거짓말입니다. 그 책에는 저자의 길이 있을 뿐입니다. 그건 독자의 길이 아닙니다. 저자의 길을 엿보기 위해 책을 읽는 것입니다. 그 길을 엿보고 내 길을 만드는 것이 독서의 목적입니다. 멘토를 죽이라고 하는 것도 같은 이치입니다. 멘토가 시키는 대로 하면 멘토의 길밖에 안 됩니다. 멘토에게 힌트를 얻고 내 길을 가야 합니다.

건명원은 어떤 곳인가요?

건명원(建明苑)은 '밝은 빛을 세우는 들판'이란 의미입니다. 원(苑)자는 들판 원자입니다. 생각이 다른 젊은이들이 만나 마음껏 뛰놀며 새로운 미래를 준비하자는 취지에서 설립했습니다. 창조력을 발휘하고 도전하는 인재를 기르자는 게 목표입니다. 한 해 교육을 하면 시어(詩語) 구사 능력을 갖추게 됩니다. 3기 수료식에서 19명이 연시조를 작성하듯 글을 썼는데 뜻이 통했습니다. 이건 지식 문제가 아니라 지식을 다루는 태도의 문제입니다.

어떤 인재를 양성하고 싶으신가요?

학문은 인간이 세계를 관리하고 통제하기 위해 만든 매우 고효율적인 지적 체계입니다. 한국이 다음 단계로 도약하려면 철학과 예술·과학 같이 대립하는 학문 소양을 갖춘 통섭형 인재가 나와야 합니다. 창의력을 갖춘 리더를 키우는 게 궁극적인 목표입니다. 이를 위해 인문, 과학, 예술 분야의 석학 11명이 강의하고 있습니다.

입학생을 만 19~29세로 제한한 이유가 있습니까?

처음에는 10대만 하려고 했는데 미성년자는 관리에 문제가 있을 것 같아서 19~29세로 한 것입니다. 앞으로는 성인반도 개설할 계획입니다.

입학 시험을 어떻게 치르십니까?

학력이나 스펙은 전혀 보지 않습니다. 온라인으로 시험을 치르고, 시간도 딱 3시간입니다. 에세이 문제를 내면 3시간 안에 자기 생각을 정리해서 인터넷으로 제출해야 합니다. 남녀 구분 없이 이름과 전화번호만 적습니다. 1기 때는 경쟁률을 공개했지만 이후 미공개로 하고 있습니다. 모집 인원은 30명 안팎입니다. 이들은 3월에 입학해서 12월까지 일주일에 두 번씩 하루 4시간 교육을 받습니다. 다섯 차례 결석하면 퇴학입니다. 3기 입학생이 38명인데 19명만 수료했습니다.

건배사를 '반역자'라고 하신다면서요?

그렇습니다. 옛날에 이런 소리를 했다간 교도소로 직행했을 것입니다. 반역자란 이미 있는 모든 것과 결별하자는 의미입니다. 과거, 직업, 지식, 사회 시스템 등 모든 것을 버려야 새로움과 만날 수 있습니다. 오정택 건명원 이사장께서 입학식 때 "젊은이들을 반역자로 길러 달라"고 당부하셨습니다. 반역은 기존의 것에 저항하는 것입니다.

동양철학을 전공하신 이유가 있나요?

처음에는 칸트 철학을 공부하기 위해 독일로 유학 갈 생각이었습니다. 독일어도 공부했는데, 어느 날 책장 아랫단에 있는 장자를 발견하고는 너무 재미가 있어서 한 번에 다 읽었습니다. 재미있는 공부를 해야겠다고 마음먹고 중국으로 유학을 갔습니다. 결국 즐거움을 준 책이 평생 학문이 됐습니다.

<2018.01.04.>

"기업 경영도
예술처럼 하자"

김효근 이화여대 교수

서울대 경제학과를 졸업하고 동 대학원에서 경영학 석사 학위를 받았다. 미국 피츠버그대 MBA에서 경영학 박사 학위를 받았다. 1992년 이화여대 교수로 부임한 이래 기획처장, 국제교류처장, 대통령 자문 정책기획위원, 정보통신연구소장, 첨단정보통신교육원장을 역임했다. 현재 경영학과 교수로서 이화여대 경영예술연구놀터장을 맡고 있다. 저서로 《정보화전략》, 《신지식인》, 《경영예술, 철학과 방법론》이 있다.

경영을 예술처럼 해야 한다는 경영예술론이 등장했다. 김효근 이화여대 경영학과 교수가 주창자(主唱者)다. 그는 경영에 예술을 접목시킨, 이른바 경영예술이 미래 경영의 새 패러다임이라고 주장했다. 김 교수는 "과학 및 논리 방식의 경영은 이제 한계에 도달했다"면서 "그 대안이 노동이 아닌 예술 활동을 하듯 경영에 예술을 접목시킨 경영예술"이라고 강조했다.

경영예술의 내용이 궁금합니다.

예술가는 다수가 가난한 편입니다. 소득 분포로 따지면 하위권이지만, 삶의 만족도는 상위 5위 이내입니다. 자기가 좋아하는 일, 자신의 창작 활동을 하기 때문입니다. 그들은 남을 따라 하지 않습니다. 예술 작품을 보면 소비자들이 감동하지요. 예술가들이 세상에 없는 가치를 창출하고 있는 것입니다. 유명 가수나 배우에게는 열광적인 팬인 팬덤(Fandom)이 있습니다. 팬은 자기가 좋아하는 예술가의 작품을 구입합니다. 이런 예술 원리를 경영에 도입한 것이 바로 경영예술입니다. 일을 노동이 아닌 예술처럼 하자는 것입니다. 이런 점에서 경영예술은 경영의 새 패러다임이라 할 수 있습니다.

경영예술론은 언제부터 연구하셨나요?

대략 3년 전부터입니다. 경영학과 인연을 맺은 지 35년이고, 이후 교수로서 학생을 지도했지만 그동안 이런 점을 간과했습니다. 저는 40년 넘게 음악 활동을 했습니다. 가곡을 작사·작곡해 발표한 곡만 20곡입니다. 앨범도 3집을 냈고, 곧 4집을 발표합니다. 경영학과 교수로서 음악을 하면서 경영에 예술을 접목시키는 경영예술 연구를 시작했습니다. 이달 초 국내 최초로 경영예술론을 발표했습니다.

김 교수의 연구실에는 미국 유학 시절에 구입한 오래된 피아노가 한 대 놓여 있다. 착상이 떠오르면 즉시 피아노 앞에 앉아서 작사·작곡을 한다고 했다.

과학경영의 문제점은 무엇일까요?

현대 경영학의 효시는 테일러의 과학경영론입니다. 모든 걸 측정해서 숫자로 정해 관리하는 것입니다. 기업은 모든 걸 이런 식으로 경영합니다. 이런 경영은 특징이 있습니다. 모든 걸 숫자로 측정하고 원인의 행위를 찾는 것입니다. 어떤 일이 발생하면 분석하고 논리화해서 해답을 찾습니다. 사람과 재료 등은 관리 대상입니다. 기업 최고경영자(CEO)는 직원을 자신이 원하는 방향으로 가도록 숫자로 측정해 관리하고 성과를 평가합니다. 이 같은 계산 및 전략 방식의 경영은 한계에 도달했다고 생각합니다. 이런 방식으로는 더 이상 창의와 혁신이 불가능합니다.

왜 그럴까요?

경영 방식 때문입니다. 동양철학은 동학의 인내천(人乃天) 사상처럼 사람을 소중한 존재로 봅니다. 반면에 서양은 사람을 도구로 인식합니다. 철학의 충돌이지요. 한국 기업 1세대인 이병철 삼성그룹 선대 회장, 박승직 두산그룹 창업자, 조홍제 효성그룹 창업자는 한학을 공부해서인지 사람을 귀하게 여겼습니다. 그들은 무(無)에서 유(有)를 창조하는 예술가의 직관과 상상력을 발휘했습니다. 그러나 2세 경영인은 미국식 과학 관리론을 배웠습니다. 그들은 측정하고 분석하는 과학경영을 합니다. 인력도 필요할 때 뽑고, 필요 없으면 해고하는 식입니다. 이런 경영을 하면서 세상에 없는 혁신 기술이나 제품을 창조할 수 있겠습니까?

경영예술은 왜 창조경영인가요?

예술에는 모방이나 짝퉁이 없습니다. 예술은 창의성과 독창성이 생명입니다. 자기만의 특성과 주체성이 있어야 합니다. 예술가는 이것을 중하게 여깁니다. 기업도 그래야 재도약할 수 있습니다. 그동안 우리 기업은 패스트팔로어 전략으로 성장했습니다. 남을 따라가기만 하면 이 세상에 없는 제품을 만들거나 기술을 개발할 수 없습니다. 애플은 남들이 못 만드는 신제품 또는 세상에 없는 것을 선보였습니다. 만약 직원이 제품을 예술 작품처럼 만들고 새로운 서비스를 창출한다면 소비자는 감동을 받을 것입니다. 기업 경영을 예술로 승화시키면 그게 바로 경영예술이고 창조경영이 아니겠습니까?

경영예술은 어떻게 실천해야 할까요?

창의력과 상상력을 발휘해야 합니다. 그러려면 정체성과 감수성이 있어야 합니다. 감수성을 높이려면 먼저 시각(視覺)을 달리해야 합니다. 관점을 바꾸는 것입니다. 다음은 상대 입장에 빙의(憑依)가 돼야 합니다. 왜 상대가 그런 말을 하는지, 그런 느낌을 갖는지를 상대방의 입장에서 파악하는 일입니다. 이와 더불어 본질을 이해하는 통찰력이 있어야 합니다. 이런 능력이 없으면 상상력을 발휘할 수 없습니다. 그동안 우리 기업은 이런 노력을 별로 하지 않았습니다. 이제는 기업 CEO가 관점을 바꿔서 기업 경영을 예술 작품 만들 듯 예술 기반으로 전환해야 합니다.

예술을 경영에 적용하면서 어떤 변화를 기대하시나요?

예술가는 소비자를 팬으로 만듭니다. 그들은 생활이 궁핍해도 최선을 다해서 자기만의 독창성 강한 작품을 만듭니다. 직장인의 행복도 자체 조사 결과 50% 이하가 불만족이라는 반응을 보였습니다. 이런 직장인의 의식을 바꾸면 일하는 철학과 자세가 바뀔 것이라 생각합니다. 자긍심을 갖고 정체성을 확보하고 고객이 욕구를 파악해 서비스를 혁신하면 고객을 감동시킬 수 있습니다. 예술가는 자신의 작품에 혼을 담습니다. 직원들이 예술가처럼 일한다면 업무는 자아를 실현하는 창작 활동이 될 것이고, 그만큼 열성을 다할 것이라 생각합니다.

기업에 실제 적용해 보신 적이 있으신가요?
소프트웨어(SW) 업체 날리지큐브(대표 김학훈)에서 7개월간 경영예술을 시범 적용했습니다. 이런 방식으로 제품을 만들었더니 단순히 SW만 만들어서 파는 게 아니라 사람을 위한 SW라는 개념으로 변했습니다. 경영예술의 첫 성공 사례입니다. 지난해 컨설팅을 하고 이어서 7개월 동안 경영예술을 도입해서 운영했습니다. 이달 1일 직원 의식과 행동이 변한 성공 사례를 발표했습니다.

기업에서는 어떤 식으로 도입해야 할까요?
CEO의 결단이 필요합니다. 한 부서 또는 작은 프로젝트를 시범 사업으로 시작하는 것이 좋습니다. 그 성과를 바탕으로 점차 확대하면 됩니다. CEO가 월급을 더 주지 않아도 신명나게 일하는 회사 분위기를 만들고, 직원 근무 평가도 기존의 정량 항목에서 예술성을 포함시켜야 합니다. 그렇게 하면 이윤 추구 기업이 행복 추구 기업으로 변할 것입니다.

경영예술의 최종 목표는 무엇인가요?
창조경영입니다. 경영예술론은 미래 경영의 모델입니다. 앞으로 기업은 윤리경영, 과학경영, 예술경영을 해야 합니다. 유한양행 설립자인 유일한 박사는 한국 최초의 경영예술가라고 할 수 있습니다.

경영예술의 관건은 무엇이라 생각하십니까?
CEO의 철학이 관건입니다. 직원이 예술가처럼 일할 수 있는 조직으로 변화시켜야 합니다. 예술가는 자기 이름을 걸고 제품을 만들거나 서비스를 제공합니다. 예술가처럼 자기 이름을 걸고 일을 할 수 있는 경영을 해야 합니다. 장인은 역사에 남을 작품을 만드는 게 평생 과업입니다. 예술가는 장인정신과 선비정신에 맞닿아 있습니다.

신지식인이란 용어를 처음 사용하셨지요?
그렇습니다. 김대중 정부 시절 국민보고대회에서 처음 신지식인이란 용어를 사용했습니다. 그랬더니 김대중 대통령이 수석비서관 회의에서 "신지식인 운동을 하라"고 지시하셔서, 전국에서 이 운동이 벌어졌습니다. 그로 인해 대통령 자문 정책기획위원으로 활동했습니다.

앞으로의 계획에 대해 말씀해 주시죠.
두 가지가 있습니다. 손님을 감동시키는 신제품 개발 방법론과 과거에 최적화한 조직을 경영예술을 할 수 있는 조직으로 만드는 조직변화 방법론을 연구할 생각입니다.

<2016.11.17.>

"일단 해보자"

장준연 KIST 차세대반도체연구소장

연세대 금속공학과를 졸업하고 같은 대학에서 석사와 박사 학위를 받았다. 1990년부터 KIST 연구원으로 출발해 미국 캘리포니아주립대(UCLA) 반도체 재료연구실 박사후 연구과정을 거쳐 KIST 스핀트로닉 연구팀장으로 일하며 세계 최초로 스핀트로닉스 소자를 개발했다. 미국 매사추세츠공대(MIT)에 파견돼 KIST-MIT 현지랩 책임자, KIST 스핀 융합연구센터장을 역임했다. 기초기술연구회 대상, 과학기술진흥 대통령 포장, 미래 100대 기술 주역, 이달의 과학기술자상, 21세기 대상 기술부문 대상을 비롯한 각종 상을 받았다. 세계 3대 인명사전인 마르퀴즈 후즈후, ABI, IBC에 이름을 올렸다. 세계 최고 권위지인 네이처, 사이언스, 자매지 등에 10여 편을 비롯한 총 160여 편의 논문을 주요 SCI저널에 게재하였다.

장준연 한국과학기술연구원(KIST) 차세대반도체연구소장은 1990년부터 반도체 외길만 걸었다. 국내외 반도체산업의 겉과 속을 손바닥 보듯 샅샅이 안다. 그는 2009년 세계 최초로 스핀트로닉스 소자를 개발한 주역이다.

제2의 반도체 기술혁명을 주도하는 차세대반도체연구소는 반도체 공장의 축소판이었다. 장 소장의 안내로 내부시설을 돌아봤다. 방마다 반도체 장비를 설치해 연구원들이 신기술 개발에 열중하고 있었다. 유리로 밀폐한 클린룸에서는 방진복을 입은 연구원이 부산하게 움직였다. 반도체 장비 가운데 클러스터 MBE시스템은 세계에서 단 하나뿐이라고 한다. 반도체 소자를 제작하는 이 장치는 한국산 1개, 프랑스산 3개, 미국산 1개인 박막 제작용 MBE를 5개 연결한 제품이다. 15년 전 당시로는 싼 가격인 20억 원에 구입했다고 한다. 장 소장은 "기술혁신을 못하면 우리 주력 제품인 메모리 반도체 주도권이 중국에 넘어갈 수 있다"며 "최대 단일 효자 품목인 메모리 반도체 기술은 중국과의 격차가 1년 정도로 국가 장래가 걱정"이라고 우려했다. 장 소장은 "공공연구기관에 연구비를 지원해 차세대 혹은 차차세대 반도체 개발로 제2의 반도체 기술혁명을 이룩해야 한다"고 강조했다.

한국 반도체산업 위기의 본질은 무엇이라고 보시나요?

우리는 그동안 메모리 반도체에 주력하면서, 로직 쪽은 손을 대지 못했습니다. 휴대폰 AP(애플리케이션 프로세서)도 칩 설계는 애플이 하고, 국내 기업은 공정만 합니다. 실리콘 반도체 집적도를 높이려면 두 가지 방법이 있습니다. 하나는 높이 쌓는 것과 작게 만드는 것입니다. 이 기술은 새로운 게 아니라 기존의 기술을 최적화하는 방식입니다. 7나노미터가 한계라고 봅니다. 7나노미터는 실리콘으로 만들 수 없습니다. 실리콘을 이용한 반도체 기술은 이제 한계에 도달했습니다. 실리콘 반도체 기술의 끝이 왔고, 위기가 시작됐습니다.

반도체 업계가 이런 점을 모르고 있을까요?

물론 알고 있습니다. 알지만 기업들은 당장 코앞에 닥친 크기 축소 경쟁에만 집중하고 있습니다. 가령 10나노미터 기술 개발에 이어 7나노미터 기술을 경쟁업체보다 먼저 개발해야 돈을 벌 수 있지요. 장기 연구보다는 1~2년이 고작입니다. 새로운 패러다임이니 새로운 소재, 롱타임(long time) 연구는 기업에서 절대 못합니다.

해법은 무엇일까요?

실리콘 반도체와 다른 미래 기술을 연구해야 합니다. 실리콘 반도체는 4족 원소이지만 3족과 5족 원소를 결합한 차세대화합물 반도체는 물성(物性)이 좋습니다. 빛을 전기로, 전기를 빛으로 바꾸는 겁니다. 이 제품은 장점이 많지만 제조원가가 비싼 게 단점입니다. 양산 시 수율이 낮고, 싸게 만드는 기술이 없습니다. 기존 라인 하나를 바꾸는 데 10조 원이 필요합니다. 만약 10개 라인을 교체한다면 100조 원을 투입해야 합니다. 기술 발전은 돈과 사람에 비례합니다. 기술 발전 주기(週期)는 갈수록 빨라지고 있습니다. 중국은 반도체 굴기를 선언한 상태입니다. 중국이 반도체를 자급자족한다면 우리에게는 엄청난 타격이 될 것입니다. 인텔도 메모리사업에 뛰어들었습니다. 이런 상황에서 정부와 기업이 역할 분담을 해야 합니다. 산업체는 실리콘 반도체 집적도를 높이고 반도체연구소나 학계는 차세대 혹은 차차세대 반도체를 개발해야 합니다.

세계 반도체 시장 규모는 얼마로 보시나요?

세계 시장은 3,000억 달러 정도로 봅니다. 그 가운데 우리 기업이 1, 2위를 차지하는 메모리 반도체 시장은 전체의 25%인 700억 달러 정도입니다. 삼성이 시장점유율 45%로 세계 선두를 달리고 있고, 2위는 SK하이닉스입니다.

중국이 왜 메모리 반도체를 적극 육성하고 있을까요?

메모리 반도체 최대 소비 시장이 중국입니다. 세계 생산량의 60% 정도를 중국이 소비하고 있습니다. 중국 입장에서는 당연히 기술과 자본을 투입해 자체 생산하려고 할 것입니다.

중국과 한국의 기술 격차는 어느 정도로 보시나요?

메모리 반도체의 경우 1년 정도입니다. 중국은 세계 3위 D램 업체인 미국 마이크론을 인수하려고 했지만, 미국이 전략산업이라며 승인하지 않았습니다. 만약 중국이 마이크론을 인수했다면 기술 격차는 1년 이내로 줄어들었을 것입니다. 중국은 이미 상당한 기술을 축적했습니다. 중국은 로켓에 들어가는 칩도 생산하고 있는데, 이 칩은 기술 유출을 우려해서 외국에는 절대 안 팔고 있습니다.

중국은 얼마나 투자하고 있나요?

100조 원 이상을 투자합니다. 우리와 비교할 수 없습니다. 해외에서 기술 인력도 적극 유치합니다.

KIST가 차세대반도체연구소를 설립한 이유가 있나요?

국가 미래의 신성장산업을 육성하기 위해서입니다. 과거 KIST는 반도체 기술을 연구했습니다. 연구소에서 개발한 D램을 기업체에 넘겨 메모리 반도체 강국을 이룩했습니다. 1978년에 당시 이병철 삼성그룹 창업주가 반도체 기술 시연을 보기 위해 이곳을 방문한 바 있습니다.

KIST에 미래 신성장산업 육성을 위해 태스크포스(TF)를 구성해 논의한 결과 지난해 1월 차세대반도체연구소를 발족했습니다. 연구소는 융합 연구를 통해 정보처리 속도는 10배, 전력 소모는 10분의 1로 줄여서 현재보다 100배 우수한 차세대반도체를 개발하는 것이 목표입니다. 기업이 하는 실리콘 반도체는 연구를 하지 않습니다. 현재 가격이 싼 실리콘 반도체 위에 화합물 반도체를 올리는 기술을 개발하고 있습니다. 내년 말께 완성할 예정입니다. 남과 차별화한 독창적 기술 개발로 차세대반도체 시장에서 기술 주도권을 확보할 계획입니다. 반도체 재료를 바꿔도 괜찮다는 유인(誘引)기술이지요. 우리가 세계 최초로 기술을 개발하면 로열티도 받을 수 있습니다. 우리가 한 해 애플에 내는 로열티가 1조 원을 웃돌고 있습니다.

반도체연구소의 미래 연구 과제는 무엇인가요?

KIST 창립 50주년을 맞아 2066년까지의 모토를 'MIRACLE(기적)'로 정했습니다. MIRACLE은 현재 KIST가 총력을 기울이고 있는 분야의 앞 글자를 딴 것입니다. 차세대반도체(Material), 양자컴퓨팅과 나노 신경망 모사(模寫)(Information), 인공지능 로봇(Robotics), 스마트 팜과 천연물을 포함한 미래농업혁명(Agriculture), 신재생에너지와 에너지 네트워크(Carbon), 치매 진단과 바이오닉스(Life), 녹색도시 구현(Environment)입니다. 이 가운데 차세대반도체, 양자컴퓨팅과 나노 신경망 모사 2개 부문 기술 개발을 반도체연구소가 담당하고 있습니다. 양자컴퓨터는 미래첨단 컴퓨터입니다. 지금의 제품과 성능이나 역할을 비교할 수 없는 수준입니다. 신경망 모사 기술 개발을 위해 60%는 외부 인력과 드림팀을 구성했습니다. 이 기술은 선진국도 진입하지 못한 미지의 영역에 속합니다. 반도체연구소는 전자재료연구단, 스핀융합연구단, 광전

자소재연구단, 양자정보연구단을 구성하여 적극적으로 미래에 대비하고 있습니다.

정부에 바라는 점이 있으신가요?

정부가 반도체에 관해 착시 현상에 빠진 게 아닌가 하는 생각입니다. 메모리 반도체 시장에서 우리 기업이 계속 잘한다고 믿는다면 착시에 불과합니다. 지금 상태라면 위기 경고등이 켜진 상황입니다. 정말 심각한 것은 반도체 연구기관에 연구비가 없다는 사실입니다. 정부가 지금까지 배정하던 예산을 삭감했습니다. 차세대반도체연구소의 경우 학생이 200여 명입니다. 연구비와 과제가 없으면 연구는 물론 인력도 양성할 수 없습니다. 반도체는 국내총생산(GNP)의 14%를 차지하며, 단일로는 최대 효자 품목입니다. 공공기관이나 대학의 반도체 연구소를 파악해 보니 KIST와 서울대 두 곳뿐인 실정입니다. 서울대도 구인난에 시달리고 있습니다. 정부가 공공 연구소에 연구비를 적극 지원해야 합니다. 메모리 반도체 분야의 성장이 기울기 시작하고 있습니다. 돈과 사람이 없으면 미래 기술을 개발할 수 없고, 국가 미래도 잿빛이 되고 말 것입니다.

반도체 인력과 기술 유출 방지책이 있을까요?

법과 제도가 있지만 근절하기 어렵습니다. 모든 인력을 기업에서 채용하지 않는 한 중국이 좋은 대우를 하면서 스카우트하는 걸 어떻게 막겠습니까. 과거에 우리도 일본 기술자를 데려오기도 했습니다. 설계도는 머릿속에 있으니 유출을 막기가 어렵습니다.

<2016.02.18.>

LEADER'S THINKING

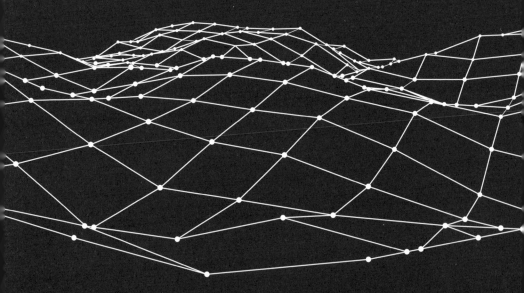

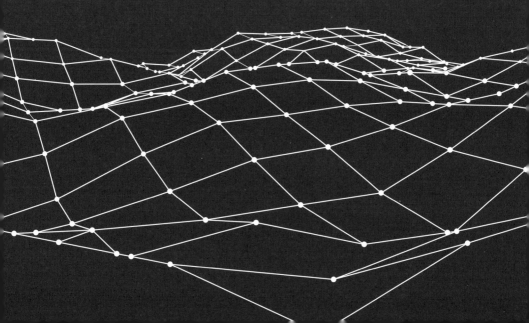

3부

4차 산업혁명의
리더

"실패에서 얻은 경험은 성공으로 가는 지름길이다"

장병규 4차산업혁명위원회 위원장

한국과학기술원(KAIST) 전산학과를 졸업했다. 이후 같은 대학원에서 전산학 석사 학위를 받고 박사 과정을 수료했다. 1996년 인터넷 기업 네오위즈를 공동 창업했으며, 2005년 검색엔진 업체 첫눈을 창업했다. 2007년 게임업체 블루홀과 스타트업 투자 전문 회사 본엔젤스벤처파트너스를 창업했다. 창업에 모두 성공, '미다스의 손'이라는 별칭을 얻었다. 현재 크래프톤(구 블루홀) 이사회 의장이다.

장병규 위원장은 가보지 않은 길 앞에 섰다. 창업이 아니라 미래 세상인 4차 산업
혁명 시대의 국가 전략을 수립하는 일이다. 여정은 짧지만 할 일은 태산이다. 문
재인 대통령은 그를 "국내 정보기술(IT)업계의 살아 있는 전설이자 스타트업 기업
인들의 우상"이라면서 "풍부한 실전 경험과 혁신 소통 리더십으로 새 정부의 4차
산업혁명 대응을 위한 정책 방향과 국가 전략을 구현할 적임자"라며 위원장에 위
촉했다. 그는 네 번이나 창업해서 모두 대박을 터뜨렸다. 장 위원장은 문재인 정부
의 초대 중소벤처기업부 장관직 제안도 받았지만 주식 백지신탁 문제로 거절했
고, 그런 절차가 필요 없는 위원장직을 맡았다. '업무 중압감으로 표정이 어둡지
않을까' 하는 생각을 하며 그를 만났지만 의외로 표정이 밝았으며, 말에는 거침이
없었다. 장 위원장은 "모든 걸 테이블에 올려놓고 논의하겠다"면서 "민·관 팀플레
이로 관련 부처와 긴밀히 협력해서 4차 산업혁명의 국가 전략이라는 큰 그림을
그리고, 작은 일이라 하더라도 하나씩 성과를 내보이겠다"고 다짐했다.

위원장으로서 위원회 운영 방침이 궁금합니다.

모든 걸 테이블에 올려놓고 논의하고 있습니다. 민·관 팀플레이로 관
련 부처와 긴밀히 협력하고, 4차 산업혁명이라는 국가 산업 지도를 그
려서 작은 일이라도 하나씩 하나씩 성과를 내보이겠습니다. 큰 꿈을
꿔야 작은 일도 성공할 수 있습니다. 국민이 성과를 체감하고 지지해
야 동력을 얻어서 다른 분야로 업무를 확대할 수 있다고 생각합니다.
무엇보다 성과를 내는 게 시급한 일입니다.

위원회는 정책 심의와 조정만 하게 됩니까?

그렇습니다. 4차 산업혁명 관련 국가 종합 전략, 부처별 실행 계획, 지
능화 추진을 위한 주요 정책 등을 심의·조정합니다.

권한이 제한된다는 지적이 있습니다.

그런 측면도 있습니다. 위원회는 예산권이나 집행권이 없습니다. 주어진 조건과 환경에서 최선을 다해 성과를 내겠습니다.

인공지능(AI)이나 로봇 같은 첨단 분야는 관련법이 없는 실정입니다.

한국은 포지티브 규제 방식입니다. 4차 산업혁명 시대의 첨단 분야 관련법이 없어 새로운 산업과 비즈니스에 제약을 받는 것이 사실입니다. 이에 따라서 법이 제한하지 않으면 가능하도록 하는 네거티브 규제를 도입해야 합니다. 위원회도 이와 관련한 대안을 마련할 생각입니다.

4차 산업혁명 시대의 인재상에 대해 말씀해 주시죠.

두 가지 키워드가 있습니다. 하나는 현명한 시행착오입니다. 이 경우에는 회복 탄력성이 있었습니다. 아날로그 시대는 기술이나 지식 축적이 필수였고, 배우는 시스템은 도제식이었습니다. 그러나 디지털 시대에는 아날로그 시대와 달리 복사 비용이 들지 않습니다. 인간은 시행착오를 통해 가장 빨리 배울 수 있다고 생각합니다. 프랑스의 에콜42 같은 교육기관이 우리도 필요합니다. 이 학교는 자율성을 토대로 창의성, 협력, 기술성, 문제 해결 능력 등에서 전문 능력을 기르는 게 교육 목표입니다. 우리도 시대가 요구하는 인재를 길러야 한다고 봅니다.

4차 산업혁명 시대의 교육은 어떻게 변해야 할까요?

큰 담론이어서 정답은 없다고 봅니다. 다만 초등학교부터 대학교를 졸업할 때까지 가성비(가격 대비 성능) 교육을 하는가를 생각해봐야 합니다. 과거에는 대학 졸업 후 배운 지식으로 몇십 년 살았지만, 지금은 평생교육 시대입니다. 시대에 맞게 교육도 변해야 합니다.

개선해야 할 4차 산업혁명 관련 제도 정비는 어떤 것이 있을까요?

현재는 주무 부처에서 제도 정비를 추진하고 있습니다. 위원회도 이 문제를 최우선으로 다룰 방침입니다. 위원회가 이 일을 주도하기보다는 주무 부처에서 하는 일을 지원하고, 이견이 있으면 중간에서 사회 합의를 거쳐 조정할 계획입니다. 헬스케어특위는 보건복지부와 협업하면서 제도를 정비할 방침입니다.

혁신 해커톤으로 다룰 주제는 무엇인가요?

해커톤으로 모든 걸 다룰 수는 없습니다. 해커톤은 4~5주 걸리는 프로젝트를 진행하다가 1박 2일 동안의 끝장 토론이 백미(白眉)가 될 것입니다. 4차 산업혁명은 사안에 따라 부처 간 협업, 해커톤, 사회 합의 과정 등 논의의 틀이 다양합니다. 해커톤은 여러 포맷 가운데 하나라고 할 수 있습니다.

위원회가 논의한 사항은 정책에 어떻게 반영합니까?

두 가지가 있습니다. 주무 부처가 의지를 내서 추진하는 정책은 해당 부처가 정책에 반영하면 되니까 반영이 쉽습니다. 다만 소관 부처가 없는 업무는 위원회 내부 논의를 거쳐 방안을 마련할 방침입니다.

스타트업 생태계는 지금 선순환한다고 보시나요?

선순환 구조가 시작됐습니다. 보통 스타트업으로 성공한 기업이 엔젤 투자자로 나서는 것이 선순환의 시작입니다. 미국 실리콘밸리에는 후배 창업자를 위해 투자하는 이른바 페이 잇 포워드(Pay it forward)라는 말이 있습니다. 받은 이익을 후배에게 돌려준다는 의미이지요. 우리도 이미 시작했는데 앞으로도 지속 발전시켜야 합니다. 아직은 미국이나 중국에 비해 미흡한 실정입니다.

중국의 추격이 거센데 어떻게 보시나요?

중국의 추격이 기센 정도가 아니라 우리보나 앞선 게 많습니다. 2년 전 외부 강연에서 "중소기업은 중국에서 창업하면 안 된다. 스타트업이 중국 가서 성공하는 일은 정말 어렵다"고 말한 적이 있습니다. 저는 당시 중국보다 인도나 동남아시아 지역으로 가라고 조언했습니다. 만약 중국에 가려면 절대 베낄 수 없는 핵심 기술을 보유하고 있어야한다고 말했습니다.

어떻게 해야 창업에 성공할까요?

창업과 관련해서 구성원의 실패와 스타트업의 실패는 구분해야 한다고 생각합니다. 회사는 망해도 그 구성원을 실패자로 만들면 안 됩니다. 실패에서 얻은 경험은 성공으로 가는 지름길입니다. 모두 성공을 꿈꾸지만 실제 성공률은 극히 낮습니다. 과거 연대보증인 제도를 개선하자고 한 것도 기업은 망해도 구성원은 성공할 수 있게 하자는 취지였습니다.

청년들에게 당부하실 말씀이 있으신가요?

각자의 삶을 살아야 합니다. 성공한다는 게 안정을 지향하는 것은 아닙니다. 대기업에 취업하면 성공한 것이라고 할 수 있을까요. 사회는 다원화·다가치 형태를 취합니다. 그러므로 자기 삶을 살아야 합니다.

<2017.12.14.>

"인류의 미래를 책임질 새로운 농업 혁신을 주도하라"

이정훈 서울대 교수

서울대 기계설계학과를 졸업하고 동 대학원에서 석사 학위를 받았다. 미국 UCLA 대학원에서 멤스 전공으로 공학 박사 학위를 받았다. 미국 노스웨스턴대 기계공학과 교수로 재직하다 2004년 서울대 공대 교수로 옮겼다. 그때 연봉이 절반으로 줄었다. 그로 인해 다른 교수들은 연봉이 크게 올랐다. 2006년 젊은 과학자상을 받았다. 텔로팜은 '2017 대학창의적자산 투자유치설명회'에서 최우수상을 받았다.

이정훈 서울대 기계항공공학부 교수는 '농업계의 스티브 잡스'로 불린다. 그는 세계 최초로 멤스(MEMS) 기술을 이용해 최첨단 '리얼 스마트팜(Real Smart-Farm)'을 개발했다. 이 기술은 의사가 환자를 진단하듯 나노 기술을 이용해 식물 상태를 센서로 실시간 측정해 처방하는 시스템이다. 그는 2017년 2월 텔로팜이란 주식회사를 창업했다. 이 회사 대표이자 교수로서 1인 2역을 맡았다. 이 교수를 서울 관악구 낙성대동 강감찬 텃밭 입구 '리얼 스마트팜'에서 만났다. 리얼 스마트팜은 50여 평 규모의 비닐하우스다. 하우스 안에 들어가자 풍경이 기존 스마트팜과는 달랐다. 우선 흙이 없는 무토양(無土壤) 수경재배방식이다. 두 줄 받침대 위 화분에 심은 토마토 줄기에 링거를 꽂듯 주사바늘보다 가는 생체정보 센서를 연결해 놓았다. 마치 병원 입원실에 들어선 느낌이 들었다. 입구에는 작물에 물과 비료를 공급하는 양액자동공급기를 설치했다. 토마토 받침대 중간에 노트북을 놓아 실시간 토마토 상태를 점검하고 물이나 영양분이 부족하면 자동으로 배액을 공급하는 곳이다. 재배 토마토는 128그루다. 이 교수가 하우스 안에서 밀짚모자를 쓰자 영락없는 농부였다. 이 교수는 "이 기술은 무토양 농업이어서 넥타이를 매고 영농을 할 수 있는 새로운 도시농업 모델"이라면서 "앞으로 4차 산업혁명시대를 맞아 세계 농업혁명을 주도하는 글로벌 기업으로 발전하겠다"고 말했다.

텔로팜은 언제 설립하셨나요?

2017년 2월 21일 창업했습니다. 구성원은 11명인데, 이 중 6명은 유급자고 5명은 무급입니다. 대표인 저도 무급입니다. 센서와 공정, 전자회로 개발자, 원예전문가가 구성원인 이상적인 팀 구성이라 할 수 있습니다.

멤스를 이용한 스마트팜은 세계 처음인가요?

제가 아는 한 그렇습니다. 국내외에서 유용한 시스템이란 평가를 받았습니다. 왜 이런 기술을 일찍 개발하지 못했는지 의아하네요.

지금까지 특허가 몇 건인가요?

직접 개발해 받은 특허가 4건이고, 농촌진흥청 과제로 개발한 특허가 1건입니다. 농진청 특허는 기술을 이전받았습니다. 그리고 추가로 특허 받을 게 10여 건에 달합니다.

기존 스마트팜과 차이점이 있다면 어떤 게 있을까요?

멤스 기술은 지난 40여 년간 좋은 센터를 만드는 데 최적의 기술임을 여러 분야에서 이미 입증했습니다. 스마트폰에도 최소 10여 가지 멤스 센서가 들어가 있습니다. 기존 스마트팜과의 차이라면 멤스 기술을 식물 재배에 이용한 점입니다. 기존 스마트팜은 온도나 습도 같은 외부 조건을 식물에 맞추는 방식이었습니다. 이 시스템은 식물 줄기에 머리카락 같은 마이크로칩 센서를 꽂아 식물체 내부 영양 흐름과 농도를 실시간으로 측정해 물과 비료를 공급합니다. 비유하자면 의사가 병실 환자 상태를 측정해 처방하는 것과 같습니다. 센서가 소형이고 정밀해서 가격 경쟁력이 있고 최적 생육조건을 조성해 작물 생산성과 품질을 높일 수 있습니다. 멤스 기술을 이용하면 낭비하는 배액이 전혀 없습니다. 만약 1헥타르(㏊)에서 하루 비료와 물을 30톤 공급한다면 이 중 10톤인 30%를 허비하지만, 이 기술을 사용하면 낭비가 제로(0)입니다. 아주 경제적이고 친환경적인 영농 방법입니다. 단점이라면 아직 초기 단계라서 입증 결과가 부족한 상황입니다.

멤스를 모든 작물에 다 적용할 수 있을까요?

지금은 토마토와 파프리카, 오이, 상추 같은 과채류에 적용하고 있습니다. 애기장대처럼 얇고 가는 식물에서 단단한 나무까지 적용이 가능하다고 보고 있으며, 그런 용도로 개발 중입니다.

기존에 비해 작물 생산성을 얼마나 높이셨나요?

생산성에 관한 부분은 관악구에서 마련해 준 연구시설에서 측정 중입니다. 이번이 세 번째 토마토 농사인데, 토마토의 생산성을 두 번 측정한 결과 20% 가량 증가했습니다. 실험 재배 결과가 그랬습니다. 앞으로 농진청 산하 연구소와 함께 생산량 증가가 기존에 비해 어느 정도인지 측정할 예정입니다. 우리의 목표는 작물 품질이나 생산량에서 네덜란드를 추월해 세계기록을 세우는 일입니다.

농업용 센서는 어디서 만들고 있나요?

서울대 반도체공동연구소에서 설계하고 제작하고 있습니다. 모든 걸 내부에서 해결하니 얼마나 편한지 모르겠네요.

노동력 절감 효과는 어느 정도입니까?

식물 생육 상태를 센서를 이용해 컴퓨터로 실시간 모니터링하고 자동으로 배액과 물을 공급해 노동력 절감 효과가 큽니다. 농사는 노동력을 기반으로 한 경험 축적 산업입니다. 이제는 농업도 조상들의 지혜가 담긴 기술과 ICT가 융합한 첨단 신산업으로 발전해야 한다고 생각합니다. 농업도 대중화 시대이며, 이번이 그런 기회입니다.

이 시스템을 구축할 경우 비용은 어느 정도 드나요?

아직 신생 기업이어서 구체적으로 말하기는 어렵습니다. 센서만의 가격은 의미가 없지요. 앞으로 전체 재배 시스템을 턴키 방식으로 공급하는 방안도 검토 중입니다. 그밖에도 다양한 비즈니스 모델을 연구 중입니다.

ICT 문외한은 어디서 교육을 받아야 하나요?

별도 ICT 교육을 해야 할 만큼 어려운 기술이 아닙니다. 이곳에 견학 온 중학생들도 설명하면 금세 이해할 정도입니다. 개발이나 설계 같은 전문 지식이 필요 없습니다.

수출도 하실 계획인가요?

그렇습니다. 현재 아랍 에미리트(UAE)와 베트남, 중국 등지에 수출을 타진 중입니다. 일본에서도 구입 문의를 해왔습니다. 2018년 1월 15일 UAE 아부다비에서 열리는 세계미래에너지회의 차세대 농업부문 전시와 투자 유치에 초청을 받았습니다. 이를 기회로 사막 등지에 과채류 재배기술을 수출하는 글로벌 비즈니스에 나설 방침입니다. 해외 기업과 협업도 준비 중입니다.

한국 첨단 영농 수준은 농업 선진국과 비교하면 어느 정도인가요?

통계로 보면 한국은 시설 원예 면적이 중국 다음으로 넓습니다. 전국 어디를 가나 비닐하우스나 온실을 볼 수 있을 정도입니다. 원예 수출도 많이 하고 있습니다. 다만 ICT를 농업과 접목한 영농은 아직 네덜란드나 이스라엘에 뒤져 있습니다. 앞으로 하드웨어만 모방할 것이 아니라 소프트웨어를 따라잡아야 합니다. 우리가 농업 선진국으로 발전하려면 외국에 앞선 반도체 제조 기술을 농업에 적극 활용해야 합니다.

첨단 스마트팜 보급에서 보완해야 할 제도나 규제가 있다면?
첨단 기술을 개발하면 테스트를 해야 하는데, 농민들이 이런 테스트를 할 수 있게 지원을 강화해야 합니다. 농가 실증이나 시범사업에 최첨단 기술을 쉽게 적용하고 추진할 수 있게 제도를 보완해야 합니다. 자금 지원도 중요하지만 정부가 보증하고 농민들이 적용할 수 있는 절차를 빨리 만들어야 합니다.

앞으로의 계획에 대해 이야기해 주시죠.
하드웨어 회사에서 데이터 회사, 지식정보 회사로 발전시킬 계획입니다. 이를 통해 농업 분야의 세계 굴지 첨단기업으로 성장해서 사막이나 툰드라 같은 지역에서도 영농을 가능하게 하는 기업으로 발전하고 싶습니다. 차기 농업혁명은 우주에서 일어난다고 생각합니다. 이미 UAE가 2020년에 화성에 탐사선을 보내겠다는 원대한 포부를 공개한 바 있습니다. 화성에 인간을 보내 도시를 개발하려면 가장 중요한 게 먹는 문제 해결입니다. 우리 기술이 이 문제 해결에 결정적 역할을 할 것입니다. 4차 산업혁명 시대 도시에서 양복 차림으로 채소나 과채류를 재배하는 새로운 농업 혁신을 주도해 나가겠습니다.

4차 산업혁명 시대 농민들에게 하고 싶은 말이 있다면?
농자천하지대본(農者天下之大本)은 인류의 보편적 가치입니다. 농업으로 인류 문화가 발전했고 신대륙 발견과 산업혁명이 가능했습니다. 앞으로 농업은 우주로 진출할 것으로 보는데, 그 중심에 ICT 강국인 한국이 서 있습니다. 조상들의 지혜로 발전시킨 우수한 농업 기술에 세계적인 반도체 기술을 융합해 인류의 미래를 책임질 최첨단 농업으로 발전시켜야 할 것입니다. 농민들이 차세대 첨단기술에 관심을 갖고 영농에 잘 활용했으면 좋겠습니다.

<2017.12.21.>

"4차 산업혁명, 종합적인
국가 전략 수립이 필요하다"

이봉규 연세대 정보대학원장

연세대 경제학과를 졸업하고 미국 코넬대에서 석·박사 학위를 취득했다. 연세대 정보대학원 부원장과 방송통신
정책연구센터 소장을 역임했다. 정보통신부 통신위원과 한국인터넷정보학회장, 미래창조과학부 ICT정책고객
대표자회의위원, 국무총리 소속 정보통신전략위원회 실무위원, 서울시 정보화전략자문위원, 글로벌ICT포럼의
장, 방송통신위원회 자체평가위원장 등으로 활동했다. 국무총리 표창과 대통령 표창, 근정포장, 홍조근정훈장을
받았다.

4차 산업혁명 시대는 가보지 않은 미래다. 정부가 설치하는 4차 산업혁명위원회는 어떤 일을 어떻게 해야 할까? 이봉규 연세대학교 정보대학원장을 서울 서대문구 연세대학교 새천년관 대학원장실에서 만났다. 이 원장은 2015년부터 4차 산업혁명에 적극 대응할 것을 정부에 제안했지만 당시는 "정부가 귀담아 듣지 않았다"며 뒤늦은 대응을 아쉬워했다.

우리는 4차 산업혁명을 제대로 준비하고 있습니까?

주요국에 비해 준비가 미흡한 편입니다. 4차 산업혁명 시대는 제조업과 서비스 분야에서 규모의 경제와 네트워크 효과를 나타내야 하는데 신제품이나 서비스들이 기존 법이나 규제 체계와 상충하는 게 많습니다. 이 경우 우리가 유연하게 변화를 수용하기가 어렵습니다. 4차 산업혁명 시대에 정보통신기술(ICT) 분야 강국인 우리가 국제표준과 ICT 윤리에서 세계를 이끌고 후진국이나 개도국을 지원하겠다는 비전 등이 미비한 형편입니다.

현재 준비는 어느 수준인가요?

주요국에 비해 뒤져 있고, 후발국의 추격을 받는 처지입니다. 중국이 빠른 속도로 우리를 추격해서 이미 주요 첨단기술에서 우리를 앞지르거나 격차를 좁힌 상태입니다. 세계경제포럼 발표에 따르면 한국의 4차 산업혁명 준비 수준은 세계 25위 정도입니다.

4차산업혁명위원회가 성공하려면 가장 중요한 게 뭘까요?

가장 중요한 게 대통령의 강력한 의지와 지속적 관심입니다. 4차산업혁명위원회는 기존 분배 위주 위원회와 달리 유일한 산업 진흥 위원회입니다. 산업을 진흥하는 데는 대통령의 의지와 관심이 필요합니다. 모든 정책은 일관성을 유지하고 업무는 투명하게 처리해야 합니다.

위원회는 어떤 역할을 해야 할까요?

국민과 공감대를 형성하고 혁신 정책 방향과 내용을 제시하는 총괄 협의체 역할을 수행해야 합니다. 정책은 선택이고 미래로 가는 비전 프로젝트입니다. 전 정부 초기에 창조경제 개념을 놓고 혼란을 겪었는데, 이런 일이 없도록 4차 산업혁명에 대한 종합적인 국가 전략 수립이 가장 중요합니다. 다음은 융복합 사업과 제도 개선으로 각 부처별 실행계획을 점검하고 정책을 조율해야 합니다. 또 과학기술과 인공지능(AI), ICT 성과 창출 강화, 데이터와 네트워크 인프라 구축, 교육혁신과 사회 혁신을 위한 합의 도출도 해야 할 일입니다.

주요 각국의 4차 산업혁명 추진 현황은 어떤가요?

세계 주요 국가는 자국 강점을 기반으로 4차 산업혁명에 집중 대응하고 있습니다. 미국은 자국 ICT와 소프트웨어(SW) 기업들이 혁신 서비스를 지속 창출하도록 AI 원천기술 개발, 공공시장 활동 등을 직·간접 지원하고 있습니다. 독일은 2011년 이미 '인더스트리 4.0'을 수립한 후 이를 '플랫폼 인더스트리 4.0'으로 업데이트해 경쟁력 있는 제조업 분야 혁신을 전략적으로 추진하고 있습니다. 일본은 '소사이어티 5.0'을 기치로 내걸고 범정부 차원에서 차세대산업 규제 완화, 신기술 테스트 등 인프라 정비에 착수하면서 새 성장전략을 진행하고 있습니다. 중국은 HW 인프라는 '중국 제조 2025', SW 인프라는 '인터넷플러스 전략', 신산업창업혁신은 '중창공간 육성'으로 새로운 경제생태계 창조를 구축 중입니다.

4차 산업혁명 시대 우리가 개선해야 할 법제도는 어떤 게 있을까요?

최근 유럽을 중심으로 이슈화하는 알고리즘 매개성과 권리 상충, 제로 레이팅(zero rating) 등에 대해 다각적으로 검토하고 준비해야 합니다. 또 온라인과 오프라인이 결합하는 O2O 서비스 같은 새로운 서비스와 제품 등장에 따른 기존 법과 제도의 상충 문제를 풀어야 합니다. 의료 분야를 예로 들면 현 의료 제도의 큰 틀은 허가주의가 핵심입니다. 이런 대원칙은 의료 행위 면허주의와 의료업의 의료인 독점주의, 의료업(수가)의 국가 개입으로 평가할 수 있습니다. 이런 점에서 환자 지향적인 의료를 위한 제도 마련이 필요합니다. 환자의 자기결정권을 좀 더 실용적으로 보장해야 하는데, 그러자면 환자의 자기 정보 접근과 관리가 가능해야 합니다. 개인 정보가 침해받지 않는 범위 또는 개인의 현재 건강 정보가 미래 세대를 위해 더 유용하다는 공감대 형성을 전제로 개인 정보를 빅데이터로 활용해 연구하거나 개발할 수 있는 여건을 만들어야 합니다.

정부와 대학, 기업 간 역할 분담을 어떻게 해야 할까요?

일부 대기업의 독주가 아닌 기존 퍼스트 팔로우(first follower)와 패스트 무버(fast mover) 전략을 병행해야 합니다. 정부는 민간이 추진하기 어려운 기초과제와 제도 개선에 집중해서 대기업과 중소기업 간 공정한 경쟁구조를 만들어야 합니다. 대학은 4차 산업혁명에 부응하는 맞춤형 전문 기술인력 양성 등에 기업과 협력해야 합니다. 대기업은 공격적 R&D 투자를 통해 기술력과 지적재산권을 확보하고 벤처기업은 창의적 아이디어로 혁신기술 개발에 주력해야 합니다.

AI가 어느 시점이 되면 인간지능을 뛰어 넘는다고 하는데 어떤 생각을 갖고 계신지요?

사전에 가이드라인 제정과 법제도 정비로 그런 문제를 충분히 방지할 것으로 생각합니다. 지금은 규제보다는 육성이 필요합니다. 영화 〈터미네이터〉 같은 강한(strong) AI보다는 자율주행차나 지능형 로봇 같은 약한(weak) AI에 집중할 필요가 있습니다.

인공지능이 대체할 직업군은 무엇이 있을까요?

단순, 반복 표준화가 가능한 업무를 대체할 것입니다. 맥킨지는 2016년 노동시간 중 최대 49.7%가 자동화로 대체할 것이라고 전망했습니다.

노동 시장을 로봇이 대체하면 실업 문제가 등장하지 않을까요?

지능정보 기술은 업역을 가리지 않고 모든 산업에 활용될 것이고, 기계가 일자리를 대체하는 현상도 광범위하게 나타날 것입니다. 반면 데이터 분석가, 인공지능 전문가, 코딩 엔지니어 등 지능정보 관련 신산업 및 융합산업에서 필요한 일자리도 늘 것입니다. 4차 산업혁명으로 인한 실업 문제는 새로운 신산업의 새 일자리 창출과 사회, 경제 제도 보완으로 해결할 수 있습니다.

4차 산업혁명 시대 교육은 어떻게 변해야 할까요?

평생교육을 해야 합니다. 기본적인 과학과 기술. 공학. 수학뿐만 아니라 사회 정서 학습과 기술 능력을 구비해야 합니다. 그러자면 평생학습을 통해 21세기 기술을 확보할 필요가 있습니다. 특히 획일적 교육에서 다양성을 존중하는 교육으로 변해야 하며, 학제 개편은 큰 틀의 변화보다는 현실적인 교육 개혁이 필요합니다. 예를 들어 고교 학점제, 무학년제 등을 통해 학생들의 자율적 역량 개발과 미래 준비를 지원해야 합니다. 또 SW 교육을 비롯한 핵심역량을 초중고 교과과목에 반영하는 방안도 준비해야 합니다.

4차 산업혁명 시대의 유망기술은 무엇일까요?

분야마다 다르긴 하지만, 4차 산업혁명의 핵심인 지능정보 기술은 기반 기술, 핵심기술, 시스템. 플랫폼 등 응용기술로 계층화하며 초연결성, 초지능성 특징을 지니고 있습니다. 기반 기술에 해당하는 네트워크(IoT, 5G), 데이터(Cloud, Big Data), 인공지능 SW(기계학습, 알고리즘) 등은 모든 분야에 적용되는 범용기술입니다. 이런 범용기술 기반 구축과 초기 확산, 산업 연계가 핵심입니다. 이에 비해 3D 프린팅, 유전자 가위 기술 등 분야별 핵심기술은 범용기술이 아니라 제조, 의료 등 특정 분야에 주로 사용합니다.

4차 산업시대의 인재는 어떤 유형일까요?

반복하는 노동은 로봇이, 창조적인 일은 인간이 서로 나눠 공존하고 협력할 것입니다. 이에 따라 인간에겐 창조성이 더욱 필요하고 창조성과 감성을 바탕으로 협력하는 인간상이 중요해질 것입니다. 즉, 로봇에게 노동을 넘겨주고 의미와 재미있는 업과 놀이에 집중하는 인간형이 필요하다고 할 수 있습니다.

인공지능과 관련한 법이나 규정이 없는데 이에 대한 의견이 있으신가요?

기본법을 새로 제정하거나 아니면 기존 기본법을 개정하는 방안이 있는데, 기존 국가 정보화의 연속선상에 있는 것이 지능 정보화로 상당 기간 병립이 가능해 기존 기본법 개정이 합리적이라고 생각합니다. 개별법 차원의 정비 방식이 혼란을 최소화한다고 봅니다만 전반적인 개별 입법의 상이함을 방지할 수 있는 규제 프레임워크는 사회적 합의 하에 도출할 필요가 있습니다.

<2017.08.03.>

"인공지능이 인간을 진료하는 시대가 열렸다"

이언 가천대 길병원 AI기반 정밀의료 추진단장

한양대 대학원에서 의학 박사 학위를 받고 가천대 길병원 신경외과 과장과 교수, 길병원 기획조정실장·기획부원 장·진료부원장을 역임했다. 그동안 건강보험심사평가원 중앙심사위원과 대한정위기능신경외과 학회장, 제9회 세계신경조절학회 조직위원장, 대한노인신경외과학회장 등을 지냈다.

국내에서 인공지능(AI)이 인간을 진료하는 시대가 열렸다. 그 선두에 가천대 길병원이 있다. 가천대 길병원은 2016년 12월 국내 최초로 미국 IBM사의 AI '왓슨 포온콜로지'를 도입한 AI 암센터를 개소, 이미 250여 명의 암 환자를 진료했다. AI 진료 현장을 보기 위해 AI 진료 시대를 주도한 이언 가천대 길병원 인공지능 기반 정밀의료추진단장을 만났다.

이 단장은 국내 의료계에 두 가지를 가장 먼저 도입한 주역이다. 하나는 AI 진료를 국내에 도입, 의료계에 일대 변화의 바람을 불러온 일이다. 다른 하나는 길병원 기획실장 시절에 국내 병원 가운데 가장 먼저 전사자원관리(ERP)를 도입, 업무 혁신을 추진했다. 의료업계는 이런 이 단장을 이상가 또는 혁신가, 이단아로 부르기도 한다.

이곳에서 모든 암을 다 진료하나요?

아닙니다. 이곳은 현재 전체 암의 65%를 진료하고 있습니다. 2017년 말이면 85%, 오는 2020년이면 100% 진료가 가능하리라 기대합니다. 현재는 폐암, 유방암, 대장암, 직장암, 위암, 난소암, 자궁경부암 등을 진료하고 있습니다. 지금은 글로벌 의료 리더로 발전해 가는 과정입니다.

AI 도입에 반대는 없었나요?

처음 AI 도입을 제안하자 내부 반응이 별로였습니다. 일부에서 "AI 진료가 말이 되느냐"는 거부감이 있었기 때문입니다. 원래 의료계가 보수적인 편입니다. 하지만 앞으로 4차 산업혁명 시대를 맞아 AI와 인간의 동행은 불가피한 추세라고 생각했습니다. 미래 세상은 시대정신과 가치로 발전한다고 판단했기 때문에 시대의 변화를 리드해야 살아남고, 미래는 사전에 준비해야 한다고 주장했습니다. 이런 의견에 찬성하고 최종 결단한 분이 이길여 재단 이사장(가천대 총장)입니다. 이사장께서 제안을 받아들이지 않았다면 길병원이 국내 최초로 AI를 의료에 도입하기는 불가능했다고 봅니다.

언제부터 도입을 준비하셨나요?
2014년 세계 최고 수준의 암 진료 기관인 미국 메모리얼 슬로언케터링 암센터(MSKCC)에서 임상 결과를 임상암학회에 발표한 내용을 보고 우리도 AI를 도입해야 한다고 주장했습니다. 이후 미국 IBM과 2년여 준비 기간을 거쳐 2016년 9월 도입 계약을 체결했고, 그해 12월 암센터를 개소해 암환자 진료를 시작했습니다.

왓슨 암센터 시스템과 의료진 현황은 어떻게 되나요?
시설은 왓슨 전용 라운지, 다학제 진료실, 코디네이터실 등입니다. 왓슨 암센터는 AI 슈퍼컴퓨터 왓슨을 기반으로 8개 전문 진료과와 30여 명의 전문의, 전문코디네이터가 함께 일하며, 전문의는 병리과, 내과, 핵의학과, 영상의학과, 외과, 방사선종양학과, 혈액종양내과, 정신건강의학과 의사들입니다.

암센터 전담 직원은 어떻게 됩니까?
왓슨 코디네이터 2명뿐입니다. 단장인 저를 비롯해 나머지는 겸직으로 일하고 있습니다. 자기 일을 하다가 다학제 진료일이 정해지면 모입니다.

그동안의 진료 현황에 대해 설명 부탁드립니다.

2016년 12월 AI 진료를 시작한 이후 250여 명이 암 진료를 받았습니다. 갈수록 환자가 늘고 있는 추세입니다.

진료 절차는 어떻게 됩니까?

이곳은 암환자만 진료합니다. 센터나 길병원으로 전화해서 예약하면 됩니다. 우선 전문코디네이터와 자세한 상담을 하고 난 뒤 필요한 서류를 작성하고 예약을 합니다. 해당 과에서 주치의가 정해지면 주치의가 환자 나이, 성별, 진단명, 검사 결과 같은 정보를 왓슨 포 올콜로지에 입력합니다. 이때 환자한테 정보 입력 동의서를 받습니다. 왓슨은 이런 정보를 토대로 미국 MSKCC의 전문 지식 데이터와 방대한 문헌을 참고, 환자 상태에 가장 적합한 치료 방법을 제안합니다. 왓슨은 이를 뒷받침하는 논문과 치료 방법, 치료약, 추천하는 약까지 제안합니다. 주치의는 자신의 의견과 왓슨의 제안, 다학제 결과를 종합해 최상의 맞춤형 진료 계획을 수립하는 방식입니다.

이 단장이 인터뷰 도중에 모니터로 보여 준 한 암환자의 경우 치료 기간, 치료 방법, 치료약, 생존율, 부작용 등 왓슨이 제안한 치료 방법과 근거들이 소상히 나와 있었다.

진료 시간은 얼마나 걸리나요?

다학제 진료실은 환자와 가족, 의료진이 함께 들어가서 대형 화면을 보며 치료 방법을 찾습니다. 자료를 요약해서 환자에게 제공하는 데 약 10분이 걸립니다. 환자가 질문하는 시간까지 포함해도 20분 이내입니다. 다학제 진료는 현재 일주일에 두 번 정도 하고 있습니다. 의료진을 같은 시간대에 불러 모으는 일이 가장 어렵습니다. 의료진마다 담당 환자가 있고, 진료 일정이 잡혀 있기 때문입니다.

다학제 진료비는 얼마인가요?

다학제 진료비는 저렴합니다. 왓슨 사용비가 현재 무료이기 때문입니다. 4인 다학제 환자의 부담은 5,800원, 5인 다학제 환자는 7,300원입니다.

AI 진료 만족도는 어느 정도인가요?

진료 받은 환자를 대상으로 내부에서 만족도를 조사했더니 10점 만점에 9.4점이 나왔습니다. 환자 입장에서 보면 다수 의료진과 AI가 환자 상태를 검증하면서 신뢰도가 높아졌기 때문입니다. 특히 유명 의사의 경우 진료 대기 시간이 꽤 긴 편인데, 그에 비해 AI 진료는 시간이 길어야 20분이니 얼마나 편하겠습니까. 왓슨은 현재 290종의 의학저널과 전문 문헌, 200여 종의 교과서, 1,200만 쪽에 이르는 전문 자료를 학습한 상태입니다.

장점과 단점은 무엇인가요?

장점은 환자 만족도가 높다는 점입니다. 특히 오진율을 줄일 수 있습니다. 왓슨에는 어마어마한 자료가 쌓여 있고, 각종 문헌도 리뷰할 수 있습니다. 그동안 환자 쪽에는 의료진에 대한 불신이 자주 있었습니다. 예를 들어 환자가 암 판정을 받고 나면 다른 병원에 가서 재진단을 받는 일이 많았습니다. 이건 돈과 시간 낭비이지요. 일본에서는 환자가 이곳저곳을 다닌다고 해서 '암 낭인(浪人)'이라는 말이 생겨날 정도입니다. 그런데 암센터에서 다학제 진료를 받으면 오류를 줄이고 최상의 맞춤형 처방과 진료비도 줄일 수 있습니다. 환자에게는 단점이 없지만, 의료진에게는 부담이란 점이 단점입니다. 그동안 의료계는 보수적이어서 관행이나 경험을 우선했습니다. 선배가 후배에게 "이론은 그렇지만 실제 해보니 이렇다"고 하면 의사끼리는 그게 통했습니다. 하지만 AI가 등장하면서 그런 게 더 이상 통하지 않게 되었습니다. 그래서 더 철저히 준비해야 합니다.

만약 의료사고가 발생하면 누가 책임지게 되나요?
그런 질문을 많이 받았습니다. 당연히 의사 책임입니다. AI는 의사면허증이 없습니다. 왓슨은 환자에게 최적의 진료 방법을 제안할 뿐이고, 최종 판단은 의사가 내립니다. 훗날 AI에 의사 면허증을 발급하면 그런 책임 문제가 발생할 수 있지만, 지금은 기우입니다. 왓슨은 의료용 첨단 프로그램에 불과합니다.

환자 데이터는 어디에다 보관하고 있나요?
미국 IBM 본사에 보관합니다. 우리는 필요한 자료를 불러와서 사용하는 클라우드 방식입니다. 우리가 자체 데이터 시설을 갖추려면 엄청난 투자비와 운영비를 감당할 수 없습니다.

어느 나라가 AI 선진국이라고 생각하시나요?
미국입니다. 미국은 2012년부터 적용했다고 합니다. 중국은 최근 AI 도입 병원이 50여 개로 늘었다고 합니다. 우리는 현재 5개 병원이 AI를 도입했습니다. 앞으로 국산 AI로 4차 산업혁명을 주도해야 합니다. 저희가 AI를 의료 현장에 도입한 후 여기저기에서 '국민 정보를 외국에 제공하고 돈까지 주느냐'는 식의 공격을 많이 받았습니다. 현재 한국전자통신연구원에서 AI 엑소브레인을 개발하고 있다고 들었습니다. 하루 빨리 국산 기술의 AI를 현장에 도입하고 싶습니다.

해킹 위험성은 없을까요?

IBM의 보안 시스템은 세계 최고 수준입니다. 더욱이 왓슨에 환자 주민등록번호 같은 개인 정보는 입력하지 않습니다. 최근 정부에서 개인 정보 비식별 조치 가이드라인을 제시해서, AI를 활용한 개인 정보 침해 발생 가능성은 없는 것으로 보고 있습니다.

정부에 바라는 것이 있다면?

규제 방식을 바꿔야 합니다. 우리는 포지티브 규제입니다. 이걸 네거티브로 변경해야 합니다. 병원도 앞으로 AI와 빅데이터 기반 병원으로 탈바꿈해야 생존할 수 있을 거라 생각합니다. 의료 혁신은 이제 시작 단계에 불과합니다.

<2017.04.21.>

"'스마트공장'은 제조업 혁신을 위한 필수요소다"

박진우 민·관 합동 스마트공장 추진단장

서울대 산업공학과를 졸업하고 KAIST에서 산업공학 석사 학위를 받고 현대양행 기획실과 비서실을 거쳐 미국 캘리포니아 주립대 버클리캠퍼스에서 산업공학 박사 학위를 받았다. 1985년 서울대 산업공학과 교수로 부임했다. 미국 산업공학회 회원, 한국경영과학회장, 서울대 자동화시스템연구소장과 산업시스템혁신연구소장을 역임했다. 한국인 첫 국제생산공학회 회원이며, 한국 대표를 지냈다. 2015년 6월 민·관 합동 스마트공장 추진단장에 선임됐다.

스마트공장 구축 열기가 뜨겁다. 갈수록 경쟁력이 떨어지는 한국 제조업의 재도약을 위해서다. 정부는 2016년 말 2,800개이던 스마트공장을 2017년 5,000개로 늘리고, 2020년까지 1만 개로 늘린다는 목표를 세웠다. 박진우 민·관 합동 스마트공장 추진단장을 서울 중구 세종대로 서울상공회의소회관 6층 추진 단장실에서 만났다. 박 단장은 서울대 산업공학과 교수다. 대학 강의와 추진단 수장 1인 2역이다. 단장직은 재능 기부 형식의 무보수다. 박 단장은 "스마트공장 구축은 제조업 혁신을 위한 필수"라면서 "앞으로 10년만 제조업체들이 스마트공장을 추진하면 제조업이 되살아나서 거대한 중국 시장을 우리 시장으로 만들 수 있다"고 자신했다.

스마트공장은 어떤 것을 말하나요?

최근 위기를 맞은 제조업의 재도약을 위한 혁신 수단입니다. 제품의 기획·설계·생산·유통·판매 등 모든 과정을 정보통신기술(ICT)로 통합해서 품질 향상과 비용 절감을 하는, 이른바 고객맞춤형 제품을 생산하는 지능형 공장을 말합니다.

언제부터 스마트공장 구축을 시작하셨나요?

2014년 정운찬 국무총리 시절에 추진한 동반성장기금 이자 100억 원으로 시작했습니다. 대상은 중소기업이었는데, 그해 후반기부터 성과가 나타나기 시작했습니다. 2015년 6월 정부 지원으로 민·관 합동 스마트공장 추진단이 발족했고, 그해 정부가 추가경정 예산으로 40억 원을 배정했습니다. 산업통상자원부와 삼성그룹에서 150억 원씩 지원했습니다. 그동안은 시작 단계였지요.

사업 계획은 어떻게 되시나요?

2020년까지 스마트공장 1만 개를 구축한다는 계획입니다. 중국 제조업의 추격이 거세게 밀어닥치고 있습니다. 샤오미의 경우 저가 가전제품으로 한국 가전 시장을 공략하고 있습니다. 이른바 가성비가 좋은 제품입니다. 이제 스마트공장 구축으로 기존의 잘못된 관행이나 낡은 제도를 확 바꿔야 합니다.

그동안 추진한 스마트 공장은 얼마나 되나요?

2015년 1,400개, 2016년 2,700개 업체에서 스마트공장을 추진했습니다만, 아직 미흡한 점이 있습니다. 앞으로 사후 관리를 철저히 해서 제조업 재도약을 가속화할 방침입니다.

스마트공장 신청 절차에 대해 알려 주시죠.

절차가 복잡하거나 까다롭지는 않습니다. 접수는 추진단 홈페이지에서 합니다. 지역창조경제센터와도 연계하고 있습니다. 희망업체는 사업계획서를 내야 합니다. 대상이 되면 사물인터넷(IoT) 같은 첨단 기술을 적용한 스마트공장 솔루션을 구축하고, 이와 연동한 제어기와 센서 등 구입도 지원하고 있습니다. 전문가가 업체를 찾아가 맞춤형 컨설팅도 해 줍니다.

추진단 조직은 어떻게 되나요?

단장 아래 부단장 2명과 6개 팀 구성입니다. 스마트공장 업무는 보급확산 1, 2팀과 기술기획팀, 표준기획팀, 기반구축팀에서 역할을 분담하고 있으며, 현재 인원은 40여 명입니다. 상공회의소와 삼성전자 등에서 파견한 인력이 많습니다.

주로 어떤 일을 하고 있나요?

추진단의 중요 업무는 스마트공장 구축과 보급 확산입니다. 이를 위해 기술 개발과 표준화, 기반 구축 사업 등을 합니다. 정부가 2017년 스마트공장 예산을 400억 원으로 확대 배정했습니다. 처음 산업부가 스마트공장 예산으로 200억 원을 올렸다가 기획재정부가 400억 원으로 증액했습니다. 국회에서도 한 푼도 손대지 않고 통과시켰다고 합니다. 정부가 예산을 이처럼 대폭 늘리는 일은 극히 이례적입니다. 그만큼 스마트공장 구축이 시급함을 말해 준다고 볼 수 있습니다.

'스마트공장'은 몇 단계로 구분하나요?

5단계로 구분합니다. 1단계는 비 스마트 공장입니다. 2단계는 기초 스마트공장으로, 입문 단계입니다. 3단계는 공장 제어와 관리가 잘되는 공장, 4단계는 최적화 단계입니다. 4단계 공장은 독일 지멘스나 한국 반도체, 디스플레이 업체가 해당합니다. 5단계는 미래형 스마트공장(데모공장)이며, 현재 추진하고 있는 단계입니다. 한국 스마트공장은 현재 2단계 수준입니다. 미래형 스마트공장이 되면 신산업을 창출하고 일자리가 늘어나게 될 것입니다. ICT, 자동화 기술, 생산 신기술을 활용하면 4차 산업혁명을 주도할 수 있습니다. 이 분야에서는 독일 지멘스나 필츠가 선두 그룹입니다.

스마트공장의 국내 모범 사례가 있나요?

경기도 안산에 있는 동양피스톤을 들 수 있습니다. 2016년에 스마트공장을 구축한 이 업체는 불과 8개월 만에 공장을 혁신시켰습니다. 2017년 생산과 품질 향상, 납기 단축, 매출 증가 등에서 큰 성과를 냈습니다. 지금까지 1,000여 명이 이곳을 견학했습니다. 미국 포드자동차에서 이 회사 시설을 직접 점검하고는 세계 최고 수준이라고 극찬했다고 합니다. 미국에 피스톤 수출도 추진하고 있다고 합니다.

스마트공장 추진으로 어떤 성과를 거뒀습니까?

스마트공장 추진단이 2016년 12월 스마트공장 구축 완료 기업 1,861개사를 대상으로 방문 조사한 결과 생산성 23% 증대, 불량률 46% 감소, 원가 16% 감축, 납기 34.6% 단축 등 경쟁력이 향상된 것으로 나타났습니다. 경영 실적이 좋아진 만큼 일자리도 늘어났습니다. 2015년 12월 문화체육관광부에서 400개 기업을 대상으로 스마트공장 지원사업 인식도 및 만족도를 조사한 결과 81.3%가 만족한다고 대답했습니다. 응답자의 95.5%는 스마트공장 구축으로 제조업 경쟁력을 확보했다고 응답했습니다.

세계 제조업 강국은 어디인가요?

미국, 독일, 일본 등입니다. 그 뒤를 한국과 중국이 따라가고 있는 형국입니다. 10년 전만 해도 독일 제조업은 유럽의 중환자 소리를 들었을 정도로 끝났다고들 했습니다. 그런 독일이 인더스트리 4.0 사업으로 제조업을 되살렸습니다. 중국은 제조업 2025 프로젝트를 추진하고 있습니다. 2025년까지 한국을 따라잡겠다는 것이고, 2045년에는 미국을 앞서겠다는 전략입니다. 좋은 일자리를 만드는 곳은 제조업입니다. 이런 점에서 제조업 혁신 수단인 스마트공장 구축을 서둘러야 합니다. 지금이 한국 제조업을 혁신시킬 골든타임이라고 생각합니다.

독일과 한국 제조업의 차이는 무엇일까요?

한국이 앞선 점도 있고 뒤진 점도 있습니다. 한국은 융합 기술이나 실행력은 독일보다 앞섰다고 볼 수 있습니다. 로봇 활용 기술에서는 한국이 세계 최고 수준입니다. 그 대신 요소 기술이 약한 편입니다. 실제 우리가 보유한 요소 기술이 별로 없습니다. 한국은 창의력이 있는 민족이지만 지속성이 부족합니다. 그러다 보니 축적한 경험이 없습니다. 낭비가 이만 저만이 아닙니다. 정권이 바뀌면 문패 바꾸는 비용만 해도 엄청납니다.

스마트공장 조기 구축을 위해 보완해야 할 것이 있다면?
중소기업인의 기업가 정신 함양이 절실합니다. 멀리 가려면 함께 가라는 속담이 있습니다. 스마트공장 구축은 기업주 혼자 할 수 있는 일이 아닙니다. 기업주와 직원들이 함께 가야 합니다. 저는 기업주를 만나면 이런 점을 강조합니다. 다음은 정책의 연속성입니다. 좋은 정책은 승계하고 잘못한 정책은 고치면 되는데, 이제까지 그렇게 하지 않았습니다. 정권이 바뀌어도 스마트공장은 계속 구축해서 일자리를 만들고 대·중소기업이 동반 성장할 수 있도록 해야 합니다.

제조업 최고경영자(CEO)들에게 하고 싶은 말씀이 있다면?
스마트공장 구축은 제조업 생존을 위해 필수입니다. 스마트공장을 구축해도 관리를 못하면 3년 안에 무용지물이 되고 말 겁니다. 기업이 보국(報國)하려면 대·중소기업이 동반 성장해야 합니다. 스마트공장은 스마트한 사람들이 있어야 스마트한 제조 현장을 구축할 수 있습니다.

<2017.02.23.>

"자율주행차는
이제 시작이다"

서승우 서울대 지능형자동차 IT연구센터장

서울대 전기공학과를 졸업하고 동 대학원에서 전기공학 석사, 미국 펜실베이니아주립대에서 전기공학 박사 학위를 받았다. 1996년 서울대 공대 전기전자공학부 교수로 부임했다. 2009년부터 지능형자동차 IT연구센터장을 맡아 2012년 10월 세계 최초로 국제무인태양광자동차경주대회를 개최하기도 했다. 국무총리 소속 정보통신활성화추진 실무위원, 서울대 정보보안센터장 등으로 일했다. 현재 서울대 만도이노베이션랩 책임교수, 대검찰청 디지털수사 자문위원, 한국고등교육재단 지도 교수로 활동하고 있다. 저서로 멘토링 도서인 《아침 설렘으로 집을 나서라》를 비롯해 《보안경제학》, 《축적의 시간》(공저)이 있다.

서울대가 2016년 11월 스누버2를 공개했다. 스누버는 서울대 연구진이 개발한 자율주행자동차다. 스누버2 공개를 앞두고 개발자인 서승우 서울대 지능형자동차 IT연구센터장(공대 전기·정보공학부 교수)을 만났다. 그는 늘 도전하는 교수다. 전기공학 박사인 그는 2009년 전공이 아닌 자율주행차 개발에 뛰어들었다. 초창기에는 기계공학 전공자들로부터 질시를 받기도 했다. "당신이 자동차에 대해 뭘 알아?" 하지만 그는 새로운 것에 도전하는 열정으로 이를 극복했다. 2년여 만에 스누버를 개발했고, 스누버2 공개를 앞두고 있다. 이제는 자율주행차 분야에서 추종을 불허하는 독자 영역을 확보한 국내 최고 권위자로 자리매김했다. 그는 2012년 10월 세계 최초로 국제무인태양광자동차경주대회를 개최하기도 했다.

스누버는 지금까지 무사고인가요?

주행 거리가 1만km가 넘는데 아직까지는 사고가 없습니다. 정원은 5명이지만 보통 4명이 타고 정기적인 운행은 하지 않습니다. 주로 대학 내에서 비정기로 외부 인사나 견학생, 외국 대학생을 대상으로 운행하고 있습니다. 앞으로 관련법이나 제도가 마련되면 서울 남부순환도로, 영등포시장 사거리 등지에서 주행시험을 할 생각입니다.

이용자들은 스누버에 대해 어떻게 평가하나요?

평이 좋은 편입니다. 우선 신기하다면서 탑승 전에는 두렵고 불안했지만 타고 보니 안전하고 편안했다고 말해 주십니다. 전체로는 대단하다. 놀랍다는 반응을 보였습니다.

스누버 개발 기간은 어느 정도 걸렸나요?

2년여 정도 걸렸습니다. 스누버는 제네시스 기반으로 만들었고, 채용한 센서는 모두 수입품입니다. 센서 구입비만 1억 5,000여 만원이 들었습니다.

스누버와 스누버2의 기술·성능 차이점은 무엇인가요?
하드웨어(HW), 소프트웨어(SW)에서 스누버와 성능이 다릅니다. 우선 스누버 센서는 고가형 단일 제품을 사용했는데, 스누버2는 저가용 다중센서를 채용했습니다. 가격을 내리고 대신 신뢰성을 높인 겁니다. 또 스누버2는 알고리즘을 대폭 안정시켰습니다. 자율주행차는 인간이 운전하듯 최적의 상황을 정확하게 판단해야 사고가 나지 않습니다. 스누버는 넓은 도로에서 목적지와 도착지를 정해 주면 그곳만 다니는 이른바 셔틀 수준이었는데, 스누버2는 목적지를 정해 주면 스스로 경로를 생성해서 갔다 오는 수준에 이르렀습니다.

어떻게 자율주행차를 연구하게 되셨나요?
2000년부터 자동차 연구를 시작했습니다. 자동차에 들어가는 기술이 전기·전자와 네트워크입니다. 그러다가 2009년 지능형자동차 IT연구센터장을 맡았습니다. 처음에는 전기·정보 전공자가 기계공학에 손을 댄다며 질시와 냉대를 받았습니다. 하지만 모든 것은 하기 나름입니다. 2012년 10월에는 세계 최초로 경기 화성 자동차안전연구원에서 국제무인태양광자동차경주대회를 개최했습니다. 격년 또는 매년 개최할 생각이었는데 너무 힘들어서 한 번 하고 중단했습니다.

언제쯤이면 자율주행차가 상용화될 것으로 보시나요?
기대 수준에 따라 다릅니다. 보통 자율주행차는 4단계로 구분합니다. 1단계는 차로 준수 등인데 이미 실현했습니다. 2단계는 앞차와의 거리 조절, 차로 변경, 끼어들기 수준입니다. 3단계는 톨게이트에서 다음 톨게이트까지 자율주행입니다. 4단계는 사람이 주행에 개입하지 않는 것으로 완전 자율주행입니다. 3단계까지는 사람이 개입하는데, 2020년이면 가능할 것이라고 말합니다. 4단계는 2030년이면 가능할 것으로 조심스럽게 예측하는데 법과 제도, 사고 시 책임 문제 등이 많아 명확히 말하기는 어려운 실정입니다. 상용화까지는 변수가 아직 많습니다. 한국은 2단계 상용화 직전입니다. 서울대는 지금 3단계 수준입니다. 그러나 제 목표는 마지막 4단계인 자율주행입니다.

세계 자율주행차 시장 규모는 어느 정도로 예측하시나요?
2020년이 되면 전체 자동차 생산 대수의 10%를 자율주행차가 차지할 것으로 예측하고 있습니다.

한국과 외국의 자율주행 기술 차이는 어떤가요?
외국과의 자율주행차 기술 격차는 큽니다. 자율주행차는 HW 품질이나 양산 능력 등이 중요하지만 이보다는 인지 능력을 갖춘 인공지능(AI) 기술을 확보해야 합니다. 이런 기술을 운전지능이라고 하는데, 우리는 이 기술이 거의 없습니다. 구글은 우리보다 5년은 SW 기술이 앞서 있습니다. 자율주행차 시험도 구글은 6년 전부터 실시해서 320만 km에 이릅니다. 최소 10년은 우리보다 앞서 있다고 봅니다.

자율주행차의 장점은 무엇인가요?
우선 교통사고를 대폭 줄일 수 있다는 점입니다. 세계 연간 교통사고는 120만여 건에 이릅니다. 한국은 연 5,000여 건입니다. 끼어들기 인식 기능만 적용해도 많은 사고를 방지할 수 있습니다. 자율주행차는 기본적으로 이런 인식 기능을 적용합니다. 교통사고 사망자 93%가 인간의 잘못이라고 합니다. 인간이 개입하지 않는다고 가정하면 100명 가운데 93명은 살린다는 이야기입니다. 다음은 경제·사회 관점에서 공유경제 실현이 가능합니다. 과거 렌터카는 빌린 곳으로 차를 반납하는 게 문제였습니다. 이를 위해 반납 장소를 늘렸지만 여전히 불편한 실정입니다. 하지만 자율주행차는 아무 곳에 세워도 원하는 사람이 부르면 찾아갈 수 있습니다. 또 자율주행차는 고령자나 장애인에게도 큰 도움을 줍니다. 나이가 들면 순간 판단력이 떨어지고 반응 속도가 느려질 수밖에 없습니다. 이로 인해 최근 고령자 교통사고가 증가하는 추세인데, 이런 문제를 자율주행차가 해소할 수 있습니다.

그렇다면 단점은 무엇인가요?
일자리가 줄어든다는 점이겠지요. 버스, 택시, 택배, 트럭 등의 운전기사가 일자리를 잃게 됩니다.

폭설이나 폭우 시에도 자율주행이 가능한가요?
기상 악조건에서도 자율주행을 하려면 인간처럼 느끼고 상황을 판단해야 합니다. 수많은 시행착오를 겪으면서 개선해야 할 부분입니다. 악조건에서도 한 치의 오류가 발생하면 안 되겠지요.

자율주행차가 사고를 유발했을 때의 법적 책임 문제는 어떤가요?
아직은 답이 없는 실정입니다. 미국의 경우 사회 합의와 토론 과정을 거쳐 다수가 찬성하는 방향으로 답을 준비하고 있습니다. 한두 개 자동차 회사가 독단으로 방안을 제시하거나 만드는 것을 허용하지 않는 추세입니다. 모든 이해당사자가 참여해 의견을 제시하고 토론과 사회 합의 과정을 거쳐야 이 문제에 대한 답을 마련할 수 있습니다. 일부가 결론을 유도하는 일은 위험하기 때문입니다.

자율주행차 발전을 위해 정부가 해야 할 일은 무엇일까요?
한국에서는 자율주행차를 도로에서 운행할 수 없습니다. 연구자와 개발자들이 고속도로나 시내, 국도에서 자율주행차를 테스트할 수 있는 길을 허용해야 합니다. 다음은 보험 문제 해결입니다. 지금은 자율주행차 관련 보험 상품이 없습니다. 보험을 들고 싶어도 받아 주는 보험사가 없습니다. 이와 함께 사회적 합의를 바탕으로 자율주행차 가이드라인과 원칙을 마련해야 합니다. 그리고 자율주행차 연구개발(R&D)비를 확대해야 합니다. 지금 정부는 단기 과제에 집중 투자하는데 중장기성 과제와 R&D비 투자를 병행해야 합니다. 자율주행차는 이제 시작에 불과하니, 더 많은 투자가 절실한 상황입니다.

이 분야에 관심 많은 학생들에게 강조하고 싶으신 말씀이 있다면?
인간의 특권은 도전성, 능동성, 적응성입니다. 한두 번 해보고 힘들다며 좌절하거나 물러나면 안 됩니다. 안 되면 다른 방법을 찾아 문을 두드리며 새로운 것에 도전해야 합니다. 그리고 큰물로 나가서 더 많은 걸 경험해야 합니다. 세상은 넓습니다. 연못 안에서 경쟁하지 말고 연못 밖에 있는 거대한 바다로 나가길 바랍니다.

<2016.10.20.>

"스마트카는
필수다"

선우명호 자율주행자동차 추진단장

한양대 전기공학과를 졸업하고 미국 텍사스대학원 전기공학석사, 오클랜드대학교대학원에서 시스템공학 박사
학위를 받았다. 미국 GM연구원으로 10년간 근무하다 귀국해 1993년부터 한양대 교수로 재직 중이다. 세계전
기자동차협회장, 한국자동차공학회장, 아시아태평양지역전기자동차협회장, 한양대 부총장을 거쳤다. 한양대
자동차전자제어연구소장, 대통령 국가과학기술자문위원회 창조경제분과 자문위원으로 활동했다. 현재 한양대
미래자동차공학과 특훈교수다.

똑똑한 미래 자동차가 우리 앞으로 달려온다. 환경을 보호하고 편의성과 안전성을 담보한 전기자동차와 스마트카는 미래자동차 시장의 주역이다. 스마트카는 운전자 조작 없이 도로를 달리고 주차가 가능하다. 현대자동차와 삼성, LG를 비롯해 외국 완성차 업체와 애플, 구글 같은 정보통신기술(ICT) 기업이 주도권 경쟁 중이다. 선우 교수는 미래자동차 분야의 세계적 권위자로 한국인 최초 세계전기자동차학회장이며 미국 자동차학회 석좌회원이다. 2011년 세계 첫 번째로 한양대학교에 4년 전액장학금을 주는 미래자동차학과를 개설했다. 2014년 정부가 추진하는 미래 성장동력 스마트 자동차 추진단장을 맡았다. 2015년 5월 3일부터 6일까지 경기 고양 킨텍스에서 제28회 세계전기자동차학술대회와 전시회를 성공리에 개최했다.

미래 자동차의 최종 목표는 무엇인가요?

자동차가 주행하려면 눈과 손, 발 3가지 기능이 필요합니다. 눈은 사방을 주시(注視)하고 손은 조향(操向)작업을, 발은 가속이나 제동 작업을 합니다. 미래의 자동차는 눈과 손, 발을 사용하지 않고 목적지까지 안전하고 편리하게 갈 수 있는 게 목표입니다.

전기자동차가 기존 내연 자동차를 대체할 것으로 보시나요?

전기자동차는 선택이 아니라 필수입니다. 현행 자동차는 환경과 에너지, 안전 3가지 규제를 받습니다. 환경 규제는 이산화탄소 배출량 기준 강화 등인데 갈수록 엄격해지고 있습니다. 환경과 에너지 규제를 대체하는 자동차가 그린카입니다. 그리고 그린카의 대표주자가 전기자동차입니다. 앞으로 전기자동차를 만들지 않으면 살아남을 수 없습니다. 기업 입장에서는 선택의 여지가 없습니다. 안전 규제도 갈수록 강화하는 추세입니다. 미국에 자동차를 수출하려면 후진카메라는 필수로 장착해야 합니다. 이게 없으면 수출을 못합니다. 자율주행기능과 편의성을 높이고 안전성을 담보한 게 스마트카입니다. 스마트카를 흔히 자율주행자동차라고 하는데, ICT 기술의 집합체라 할 수 있습니다.

전기자동차의 시장 규모는 어떤가요?

2020년이면 전체 자동차 판매 규모를 1억 대로 보고 있습니다. 전기자동차는 이 중 3%인 300만 대로 봅니다. 2025년쯤이면 1,500만 대로 시장 규모가 커질 것입니다. 전기자동차는 중국이 가장 거대한 시장인데 수요가 매년 급증하고 있습니다. 중국은 대기 오염이 심각하고, 화석 연료도 부족합니다. 탈황 시설은 비용이 많이 듭니다. 중국 선전은 모든 택시를 3년 안에 전기차로 바꾼다는 계획입니다. 중국은 국가 차원에서도 전기차 구입 시 혜택을 많이 줍니다. 보조금도 주고 번호판은 비과세입니다. 다음으로 시장이 큰 곳은 노르웨이입니다. 노르웨이는 세계에서 최고 청정국가를 만들겠다는 방침인데, 수력 발전이 많아서 전기가 충분합니다. 우리도 제주도가 전기차를 적극 도입하는데 잘한 일이라고 생각합니다. 이미 제주도는 2030년까지 청정 자연 무탄소 섬을 만든다는 구상입니다.

전기자동차 기술의 핵심은 무엇인가요?

배터리가 핵심입니다. 배터리 기술은 우리가 세계 최고 수준입니다. 세계 전기자동차 배터리 80%는 LG 화학이 만든 제품을 사용하고 있습니다. 정부가 제대로 뒷받침하면 전기차 분야는 급격하게 성장할 수 있습니다. 미래는 기술 싸움입니다. 전기자동차도 예외가 아닙니다. 기술에 뒤지면 생존이 어렵습니다. 우리는 전기차의 경쟁력이 충분하다고 생각합니다.

전기차 산업을 위해 정부가 해야 할 일은 무엇일까요?

전기차는 충전소 설치가 관건입니다. 전국에 충전소를 설치해야 전기차를 운행할 수 있습니다. 개인이 충전소를 설치하지 못합니다. 이 일은 정부가 담당해야 합니다. 현재 정부는 한국전력에 이 일을 미루고 있습니다. 전기차는 탄소 배출을 줄여 환경을 보호하는 '애국 차'라고 할 수 있습니다. 정부가 전기차 보조금을 확대해야 합니다. 이게 전기차 확대의 중요한 요소입니다. 시장 규모를 키우려면 예산을 확대해 많은 사람이 전기차를 구입하도록 해야 합니다.

스마트카에서 우리가 외국에 뒤진 기술은 무엇인가요?

스마트카의 핵심은 센서입니다. 자기 위치를 확인하고 주변 상황을 인지하는 역할을 센서가 합니다. 센서는 미국과 독일, 일본, 프랑스가 강국입니다. 센서는 원래 군사용이었습니다. 미국이나 독일에 비하면 우리는 시작 단계라서 센서 원천기술이 없습니다. 모두 수입하고 있는데, 3만원에서 3억 원대까지 가격이 천차만별입니다. 우리가 가장 빨리 극복해야 할 과제라고 생각합니다.

자율주행차 시대가 오면 어떤 이점이 있나요?

세계적으로 연간 130만 명이 자동차 사고로 목숨을 잃고 있고, 5,000만 명이 부상을 당하고 있습니다. 조사해 보면 전체 교통사고의 90%가 운전자의 과실에서 비롯된 것입니다. 자율주행차 시대에는 이러한 교통사고를 획기적으로 줄일 수 있어서 국민 재산 피해가 줄어듭니다. 차 속에서 다른 일정을 소화할 수 있어서 업무 생산성을 높입니다. 일부 언론에서 무인자동차라고 표기하는 것은 잘못입니다. 무인비행기를 연상해 그런 표현을 하는지 모르지만, 자율주행차가 맞는 표현입니다.

스마트카에 오작동 우려는 없습니까?
당연히 오작동 우려가 있습니다. 그런 우려를 없애려면 각종 소프트웨어(SW)를 안전하게 만들어야 합니다. 자율주행은 모든 게 자동화입니다. 외부로부터 SW가 영향을 받지 않도록 해야 합니다. 자동차를 네트워크로 연결한 관계로 외부에서 자동차 내부 데이터를 조작하거나 악성코드 유포, 원격제어를 할 가능성이 있습니다. 만약 해킹에 노출되면 마치 문을 열어 놓은 것과 마찬가지입니다. 자동차 안전과 관련한 법·제도 마련과 자체 방화벽을 설치해야 합니다.

폭설이나 폭우 같은 기상악화 시 자율주행에 문제는 없나요?
만약 폭설이나 폭우로 차선이 안 보이면 자율주행을 할 수 없습니다. 기상악화 때는 모드변경 방식으로 운행해야 합니다. 자동차에 혼합주행방식을 채택하면 문제 될 게 없습니다.

자율주행을 위해 준비해야 할 점이 있나요?
자율주행차가 인식할 수 있는 교통 표지판과 교통 체계 같은 인프라를 표준화해야 합니다.

자율주행차를 운행하다 교통사고가 발생했을 때 책임 문제는 없
나요?
스마트카 사고는 도로, 차량, 통신 문제로 발생할 수 있습니다. 독일
은 변호사 단체에서 이 문제에 대한 스터디를 시작했습니다. 우리는
미국이나 독일이 만든 법과 제도를 스터디해 법을 제정하면 문제가 없
습니다.

개선해야 할 법과 제도는 없나요?
우선 자동차와 관련한 부처가 많습니다. 몇 개 부처가 자동차 업무와
관련해 있습니다. 자동차 관련 업무를 표준화하고 통합해야 합니다.
국회가 관련 법안을 즉시 처리해야 하는데 그게 안 되고 있습니다.

<2016.01.28.>

LEADER'S THINKING

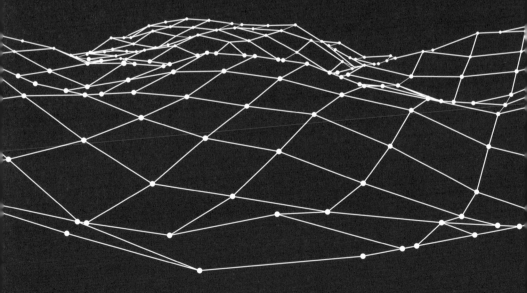

4부

장수 기업의 리더

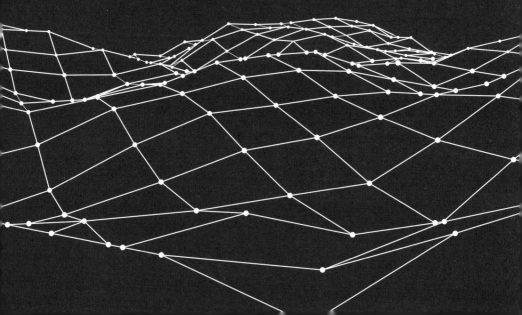

"남을 이롭게 하는 일이 곧 나를 이롭게 한다"

조영탁 휴넷 대표

서울대 경영학과를 졸업하고 동 대학원에서 석사 학위를 받았다. 금호그룹 회장 부속실을 거쳐 1999년 휴넷을 창업했다. 현재 사단법인 행복경영 이사장, 한국이러닝기업연합회장이다. 저서로 《100억 연봉 CEO》와 《행복하게 성공하라》 등 16권이 있다. 행복한 중기경영대상과 노사문화 우수기업, 남녀고용평등 우수기업 대통령상 등 각종 상을 받았다.

조영탁 휴넷 대표는 행복경영 주창자(主唱者)다. 국내 처음 행복경영을 회사 정관(定款)에 명기하고 행복경영 실천모델을 만들었다. 사람들은 그를 '행복경영 전도사'라고 부른다. 조 대표를 만나 행복경영 이야기를 들었다. 평생교육 전문기업인 휴넷은 직원 행복이 최우선이다. 사장실이 없다. 받은 명함이 아니면 그가 대표인지 알 수 없을 정도였다. 그는 직원들과 함께 열린 공간에서 일한다. 정년과 노조도 없다. 옷차림과 휴가, 출퇴근 시간은 자율이다. 이익공유제, 직원행복기금도 조성했다. 조 대표와 인터뷰는 사장실이 없어 회의실에서 1시간여 진행했다.

조 대표님의 경영철학이 궁금합니다.
자리이타(自利利他)입니다. 남을 이롭게 하는 일이 곧 나를 이롭게 한다는 의미이지요.

회사 정관에 행복경영을 명기한 이유가 있으신가요?
2017년 주주총회를 통해 정관 서문에 '행복경영'을 새로 명기했습니다. '우리는 이익 극대화가 아닌 직원, 고객, 사회, 주주를 포함한 모든 이해관계자의 행복 극대화를 목적으로 한다'라는 내용이었습니다. 행복경영을 정관에 넣은 기업은 휴넷이 국내 처음일 겁니다. 다수 기업들이 이윤 추구를 경영 목표로 하는데 우리는 행복경영이 목표입니다. 이윤만 추구하면 직원과 고객을 행복하게 할 수 없습니다. 이익에 치중하다 보면 장기 이익에 역행하게 됩니다. 사람이 기업의 미래이기 때문입니다.

언제부터 행복경영을 시작하셨나요?
2003년 휴넷을 창업한 뒤부터입니다. 그동안 시행착오도 있었지만,

시작할 때부터 행복경영 비전과 사명(使命)을 만들었습니다. 행복경영은 크게 3가지입니다. 행복 극대화와 자리이타, 가치(價値)입니다. 직원과 고객, 주주 중에서 직원 행복이 최우선입니다. 다음이 고객, 주주(株主) 순이지요. 직원이 행복해야 고객이 만족하고 행복해집니다. 요즘은 상상력이 자산인 시대가 되었습니다. 직원들의 상상력과 창의력이 새로운 것을 창조한다고 생각합니다. 5년에 한 달 유급 학습 휴가와 무제한 자율휴가, 직원행복기금이 있고, 정년은 100세입니다. 직원 학습을 위해 해외 워크숍과 혁신아카데미, 365학점제를 운영하고, 2016년부터 중소기업 최고경영자들을 대상으로 전액 무료인 '행복한 경영대학'을 운영 중입니다. 현재 4기까지 모두 120명을 배출했는데, 매월 한 번씩 조찬 모임을 갖고 행복경영 사례를 공유하고 있습니다. 행복한 CEO 1,000명을 양성하는 게 목표입니다. CEO가 행복해야 직원도 행복해질 수 있기 때문입니다.

행복경영으로 회사 내에 어떤 변화가 있었나요?
직원을 최우선하는 행복경영을 한다는 소문이 나면서 우수한 직원이 몰렸습니다. 이직률은 내려가고 업무 몰입도는 올라갔습니다. 2017년 70일 위기경영을 한 적이 있는데, 55일 만에 목표를 초과 달성했습니다. 직원들이 위기경영을 신나게 한 결과입니다. 회사 내 한 팀이 정부 공모전에 입상해서 상금 100만 원을 받았는데 그 돈을 회사에 기부한 적도 있습니다. 액수를 떠나 직원들의 마음이 너무 고마워서 받았습니다. 이처럼 직원 행복과 회사 매출은 비례한다고 생각합니다.

직원 몰입도를 어떻게 평가하시나요?
평가 기준이 있습니다. 크게 ①외부에 회사 자랑을 하는가 ②5년 이상 근무하는가 ③기대 이상으로 실적을 내는가입니다. 우리 회사는 직원 몰입도가 최상급이라고 자부합니다.

사장실이 처음부터 없었나요?
처음부터 사장실을 만들지 않았습니다. 저도 직원들과 열린 공간에서 일반 책상을 쓰고 있습니다. 마크 저커버그 페이스북 최고경영자도 사장실이 없다고 들었습니다. 한국 기업은 수직적인 위계 질서 문화입니다. 사장실 없는 문화는 신 앞에 평등하다는 유대인 문화라고 합니다.

그러면 불편하지 않으신가요?
불편한 점은 없습니다. 장점이라면 직원들과 격의 없이 지낼 수 있다는 점입니다. 일주일에 사흘 이상 직원들과 저녁에 자리를 마련합니다. 저는 책상을 6개월 만에 한 번씩 옮깁니다. 중요한 일이 있으면 그 부서로 책상을 옮기는 거지요. 일은 성과물, 즉 아웃풋입니다. 출퇴근 시간과 휴가가 자율이어서 직원들이 제 눈치를 보지 않습니다. 육아 휴직도 자율입니다.

직원 평가는 어떻게 하시나요?
그동안은 상대평가를 했는데 이걸 절대평가로 바꿨습니다. 모두 최고 등급을 받을 수 있습니다. 직원들이 서로 코칭하면서 성과를 창출하고 있습니다.

노조가 없는데 경영 현안은 어떻게 협의하시나요?
임원과 직원 대표 각 3명으로 행복경영협의회를 구성했습니다. 3개월에 한 번씩 협의회를 열어 직원 행복 방안을 협의합니다.

좋은 기업과 위대한 기업의 차이를 어떻게 보시나요?

비유하자면 좋은 기업은 서울 남산에 가는 것이고, 위대한 기업은 세계 최고봉 에베레스트 산에 오르는 일과 같다고 생각합니다. 좋다는 것은 위대함의 적입니다. 적당한 선에서 만족할 수 있기 때문입니다. 흔히 좋은 기업이라고 하면 대우나 복지가 좋은 기업을 말합니다. 이 정도에 만족하는 기업은 망할 수 있습니다. 망하지 않으려면 위대한 기업으로 발전해야 합니다.

4차 산업혁명 시대의 교육은 어떻게 변해야 할까요?

현행 교육은 문제가 많습니다. 4차 산업혁명 시대의 교육은 원점에서 새롭게 설계해야 한다고 생각합니다. 한국은 지금까지 입시 위주의 교육을 했습니다. 인공지능 시대에는 국어나 영어, 수학은 기계가 대신해 줄 겁니다. 이제 디지털 시대가 되면, 교육 목적과 무엇을 가르칠까를 원점에서 고민해야 합니다. 앞으로는 창의력과 협업, 배려심을 교육해야 한다고 봅니다.

교육 한류 사업은 잘 되고 있나요?

현재 중국에서 7년째 기업 교육 사업을 하고 있는데, 흑자를 냈습니다. 지금 중국은 예전의 모습이 아닙니다. 정보통신기술(ICT)을 포함해 각 분야에서 한국을 앞지르고 있는 상황입니다. 한국과 중국 정상회담 시 배석한 기업인들을 보면 중국은 40대 창업가들이 주류일 정도로 젊습니다. 이에 반해 우리는 2세나 3세 기업인이 많습니다. 중국은 한 해 300여만 명이 창업을 한다고 합니다. 알리바바의 마윈 회장은 젊은이들에게 꿈을 심어줬습니다. 중국은 신산업에 도전적입니다. 중국에 뒤지지 않으려면 우리도 각오를 새롭게 다져야 합니다.

CEO 입장에서 본 바람직한 인재상을 말씀해 주시죠.

직원은 크게 세 부류로 나눌 수 있습니다. 일을 시켜야 잘하는 사람과 시켜도 못 하는 사람, 시키지 않아도 알아서 잘하는 사람입니다. 바람직한 인재는 시키지 않아도 일을 찾아서 자기 일처럼 하는 사람입니다. 이런 사람은 CEO 마인드를 가졌다고 할 수 있습니다.

왜 평생학습을 해야 할까요?

행복한 삶을 살기 위해서입니다. 과거에는 한 번 배우면 그걸로 평생 먹고 살았습니다. 직장에 들어가면 한 직장에서 생활하다가 퇴직했습니다. 이제는 평생 직장이란 개념이 사라질 정도로 환경이 달라졌습니다. 행복한 노후를 보내려면 평생 공부를 해야만 합니다. 공자는 2000여 년 전에 '학이시습지 불역열호(學而時習之 不亦說乎)'라고 했습니다. '배우고 때때로 익히면 또한 기쁘지 아니한가'라는 의미입니다. 학문은 즐거워야 합니다. 우리는 자녀 의사와 달리 부모가 학습을 강제로 시키다 보니 공부를 괴롭고 고통스럽다고 알고 있습니다. 유대인들은 알파벳을 가르칠 때 아이가 흥미를 갖도록 알파벳 하나마다 사탕을 달아 놓는다고 합니다. 이렇게 하나를 배우면 사탕을 한 알 먹는 것처럼 공부를 즐겁게 해야 한다고 생각합니다.

'행복한 경영이야기'를 날마다 보내시죠?

2003년부터 월요일에서 금요일까지 아침마다 220여만 명에게 이메일로 '행복한 경영이야기'를 보내고 있습니다. 주제는 그동안 읽은 책에서 정리해서 작성합니다. 그런 자료가 1,000장 정도입니다. 매주 토요일 회사에 나와서 원고를 준비하고 있습니다.

독서광이라고 하시던데요?

정독한 책만 수천 권입니다. 회사에 도서관을 만들어서 책 1만여 권을 비치해 두었습니다. 직원들이 필요한 책은 구입해 주기도 합니다. 연간 책 구입비만 2,000만 원에 달합니다. 읽은 책 중에서 《소유냐 삶이냐》와 《그리스도교 이전의 예수》, 《좋은 기업을 넘어 위대한 기업으로》 등이 기억에 남습니다. 책을 통해서 많은 경영자들과 행복경영 경험을 나누고 싶습니다.

앞으로 목표가 있다면?

휴넷을 세계 일등 기업, 좋은 기업을 넘어 위대한 기업으로 발전시키는 일입니다. 휴넷의 사명이자 저의 사명이기도 합니다. 올해 안에 행복한 취업학교와 대학생 취업을 돕는 취업학교를 운영할 계획입니다.

젊은이들에게 하고 싶은 말이 있다면?

흙수저란 말은 입에 올리지 말아야 합니다. 그런 말을 하면 자기 삶이 비참해집니다. 대신 꿈을 크게 가져야 합니다. 꿈은 가진 만큼 자라게 되어 있습니다. 작가 파울로 코엘료는 "배는 항구에 있을 때 가장 안전하지만 그것이 배의 존재 이유는 아니다"라고 말했습니다. 젊은이들이 안정만 추구하지 말고 신나게 미래에 도전해야 하는 이유입니다.

<2018.01.25.>

"기업이 해야 할 일은 사람을 키우는 일이다"

변봉덕 코맥스 회장

한양대 수학과를 졸업하고 동 대학원에서 경영학 석사 학위를 받았다. 한국전자공업협동조합 이사, 한국전자공업진흥회 이사, 한국전기제품안전진흥원 이사장, 한양대 총동문회장, 민주평통자문위원, 성남상공회의소 회장, 가천대 감사 등으로 활동했다. 건국·수출산업 포장을 비롯해 천만불 수출탑, 무역진흥대상, 최고테크노경영인상, 대한민국 글로벌CEO상, 자랑스러운 중소기업인상, 석탑·금탑산업훈장 등 많은 상을 받았다.

스마트 홈 전문 기업인 코맥스는 글로벌 강소 기업이다. 그런 만큼 자랑할 게 많다. 어음 결제를 하지 않는 기업, 한 사람도 해고한 적이 없는 기업, 한국 첫 인터폰 수출 기업, 한국 중소기업 가운데 최다국 수출 기업, 한국 1호 명문 장수 기업 등이다. 여기에 세계 일류 상품 14년 연속 지정, 품질 경쟁력 우수 기업 12년 연속 선정, 대한민국 퍼스트 브랜드 대상 12년 연속 수상 기업이다. 변봉덕 코맥스 회장은 불모지이던 한국 전자·정보통신 기기 산업에 이정표를 세운 주역이다. 전자 산업 1세대인 그는 1968년 코맥스 전신인 중앙전자를 창업한 이후 49년 동안 스마트 홈 한 길만 달려왔다. 인재 육성, 고객 만족, 가치 혁신 경영으로 세계 130여 국에 다양한 통신 기기를 수출하고 있다. 지난 3월에는 한국 1호 명문 장수 기업으로 뽑혔고, 10월에는 '제12회 전자·IT의 날 기념식'에서 금탑산업훈장을 받았다. 변 회장은 "좋은 회사를 만드는 게 기업인이 해야 할 일"이라면서 "직원과 더불어 고객 만족 경영을 해야 기업이 성장한다"고 강조했다.

회장님의 경영 철학에 대해 설명 부탁드립니다.
인재 육성, 고객 만족, 가치 혁신입니다. 기업은 사람이 자신입니다. 기업이 해야 할 일은 사람을 키우는 일입니다. 기술 혁신으로 남과 다른 신제품을 생산해야 고객을 만족시킬 수 있고 그것이 바로 기업이 성장하는 길입니다. 이게 기업이 할 일이고, 저의 경영 철학입니다.

변 회장의 이 같은 경영 철학을 대변하듯 회사의 계단 벽에는 '사람이 최고 자산이다', '고객에 정직하라, 그러면 신뢰를 얻는다', '최선을 다해 노력할 때 해답이 나온다' 같은 변 회장의 어록이 걸려 있었다.

명문 장수 기업을 유지하신 비결은 무엇인가요?

한국 1호 명문 장수 기업으로 뽑혀서 영광입니다. 이는 오로지 신뢰와 인재 육성의 결과입니다. 전 직원이 장인 정신으로 똘똘 뭉쳐 한 분야에서 49년 동안 시장 변화와 고객 수요에 맞춰 전문화·세계화를 한 게 비결이라고 생각합니다. 앞으로도 부단한 자기 혁신으로 100년 이상 가는 명문 장수 기업으로 성장해 보이겠습니다.

코맥스의 수출 전략은 어떤가요?

다품종 소량 생산과 시장 다변화가 전략입니다. 이건 중소기업의 생존 전략이자 경영 전략입니다. 현재 우리 제품은 130여 개국에 수출하고 있습니다. 각국 사정에 맞게, 수요에 따라 제품을 생산합니다. 우리는 처음부터 주문자상표부착생산(OEM)은 하지 않았습니다. 제안을 많이 받았지만 전량 자체 브랜드와 디자인으로 제품을 공급했습니다. 만약 당시에 OEM을 했다면 돈을 많이 벌었을 테지요.(웃음)

품질 우위는 어떻게 유지하고 있나요?

품질은 제품의 생명입니다. 품질이 우수해야 고객이 신뢰할 수 있습니다. 창업 때부터 좋은 품질의 제품을 만들고 사후 관리(AS)를 철저히 해서 고객과의 신뢰 관계를 구축했습니다. 그동안 품질 분임조 활동과 6시그마 운동으로 품질 관리에 최선을 다했습니다. 품질 못지않게 디자인도 중요한 요소입니다. 초기에는 대학과 산·학 협동을 했지만 지금은 자체 디자인팀을 구성했습니다. 매주 관계자들과 회의를 하고 있으며, 저도 참석합니다. 남과 다른 것, 새로운 것, 창조 관련한 일이 가장 즐겁습니다. (코맥스는 세계 3대 디자인 어워드인 IF, 레드닷, IDEA에서 모두 수상하는 등 그랜드슬램을 달성했다.)

고객과의 신뢰 구축은 어떻게 하고 있나요?

인간관계에서 가장 중요한 게 바로 믿음입니다. 세상에는 여러 부류의 사람들이 있습니다. 그래서 서로 허심탄회하게 마음을 터놓고 이야기하려면 믿음이 있어야 합니다. 품질 보장, 약속 엄수, 고객과의 협력을 해야 신뢰 관계가 돈독해집니다. 일단 약속한 일은 손해가 나도 지키려고 노력했습니다. 직원들과의 약속도 마찬가지입니다. 그렇지 않으면 믿음이 사라집니다. 우리 제품은 AS 기간이 10년 이상입니다. 신뢰를 쌓기는 어려워도 무너지기는 쉽다고 생각합니다.

그동안 보람 있는 일이 있다면?

저는 시제품이 든 가방 하나를 들고 혼자 외국으로 나가 거래처를 개척했던 경험이 있습니다. 호텔에서 전화번호부를 뒤져 관련업체를 선정한 뒤 무조건 전화를 걸어 만나자고 했는데, 퇴짜 맞기 일쑤였습니다. 그래도 포기하지 않고 열심히 뛰면서 제품을 팔았습니다. 5공화국 시절 때 일인데, 당시 김재익 대통령 경제수석으로부터 만나자는 연락이 왔습니다. 그래서 나중에 청와대 행사에 참석했습니다. 당시 전두환 대통령이 그 자리에서 저를 호명하더니 "중소기업도 발로 뛰며 제품을 수출하는데 대기업은 뭐하고 있느냐"며 대기업을 질책했던 기억이 납니다. 김대중 대통령 시절에도 청와대 행사에 갔더니 벤처 육성과 관련해 "코맥스를 본받으라"는 말을 들었습니다. 1997년 국제통화기금(IMF) 위기 때 해외 거래처에서 자금을 지원해 주겠다는 제안이 왔습니다. 저는 "고맙지만 자금 지원 대신 제품을 사달라"고 대답했습니다. 여러 곳에서 제품을 구매한 뒤 달러로 물건 값을 줬습니다. 그로 인해 코맥스는 IMF 때 오히려 수출이 늘었습니다. 어려울 때 도와주는 친구가 진정한 벗입니다. 그때 큰 보람을 느꼈습니다. 저는 지금도 어음 결제를 하지 않고, 모두 현금으로 결제합니다. 그리고 지금까지 구조 조정을 한 적이 없습니다. 직원이 스스로 떠나기 전에는 한 사람도 해고하지 않았습니다.

기업가의 중요한 덕목은 무엇일까요?

기업가는 우선 역량이 있어야 합니다. 삼성그룹 이병철 회장이나 정주영 현대그룹 회장은 무에서 유를 창조해서 한국 경제 발전을 이끈 분들입니다. 기업가는 창조 관련 일을 하면서 기업과 국가 발전에 기여해야 한다고 생각합니다.

직원 채용 시 어떤 점을 가장 중시하시나요?

저는 인성(人性)을 봅니다. 성실하고 정직하며, 열정이 있는 사람인가를 봅니다. 그런 직원이 많을수록 회사가 발전한다고 생각합니다.

앞으로 꼭 이루고 싶은 일은 무엇인가요?

지금 우리는 4차 산업혁명의 중심에 있습니다. 기술과 산업이 융합하는 시대에는 서로 협력해야 합니다. 함께 가는 것이 가장 안전하고 빨리 갈 수 있습니다. 앞으로 전문 중소기업과의 협력을 확대하면서 세계 최고 홈 IoT 기업이 되는 게 저의 목표입니다. 기업인은 좋은 회사를 만드는 게 가장 중요합니다. 좋은 회사를 만들려면 직원과 더불어 고객 만족 경영을 해야 합니다. 이를 바탕으로 남이 못하는 창조 관련 일을 하고, 계속 새로운 것을 추구해야 합니다. 어렵지만 저는 그런 일이 즐겁습니다. 제 삶의 원동력입니다.

중소기업 육성을 위해 정부에 바라는 점이 있다면?

정부가 기업인의 사기를 높여 주고 기업하기 좋은 환경을 조성해 주길 바랍니다. 정부와 기업은 수레의 두 바퀴와 같습니다. 기업이 마음 놓고 투자해야 고용을 확대할 수 있고, 국민소득이 늘어납니다. 또 중소기업의 해외 진출 기회를 확대해야 합니다. 대기업과 달리 중소기업이 해외에 진출하는 데에는 여전히 어려움이 많습니다. 중소기업의 시장 진입을 막는 규제 장벽도 해소해야 한다고 생각합니다.

젊은이에게 하고 싶은 말이 있다면?

청년들이 대기업 취업만 선호하고 중소기업은 회피하는데 눈높이를 낮춰야 합니다. 대기업은 업무가 한 분야에 한정돼 있습니다. 중소기업은 업무 폭이 넓어 다방면에서 실무 경험을 쌓을 수 있는, 경영 훈련 장입니다. 중소기업에서 일하면 창업 기회도 더 많다고 봅니다.

<2017.11.16.>

"전력투구해야 그 분야의 최고가 될 수 있다"

신계철 인아그룹 회장

신계철 회장은 한양대 기계과를 졸업하고 직장 생활을 하다가 1979년 인아기계상사를 창업한 후 인아코포레숀, 인아오리엔탈모터, 인아텍, 애니모션텍, 인아엠씨티를 차례로 설립했다. 한국관상조류협회장을 지냈다. 현재 한국기계산업진흥회와 기계공제조합 비상임감사, 한국디스플레이산업협회 비상임 이사, 한국디스플레이협회 한·중디스플레이협의회 부분품분과위원장, 한국조류보호협회 자문위원으로 활동하고 있다. 우수 자본재 개발과 국산화 유공자로 석탑산업훈장과 은탑산업훈장, 1,000만불 수출의탑, 올해의 기계인상을 수상했다. 저서로 《기계설계 : 자동화시대의 기계요소 설계》가 있다.

신계철 인아그룹 회장은 자본재 국산화의 주역이다. 창업 후 38년 동안 경영 일선에서 자본재 국산화와 첨단 기술 개발에 열정을 불태우고 있다. 소형 모터 세계 1위 업체인 일본 기업의 요청으로 합작했고, 이어서 축적한 기술력을 바탕으로 수입에만 의존하던 소형 모터를 국산화했다. 일본에서도 생산하지 못한 FA 알루미늄 프레임을 한국 최초로 국산화에 성공한 뒤 일본 및 동남아 등으로 첫 수출하는 쾌거를 올렸다. 인아그룹은 현재 인아오리엔탈모터를 비롯해 계열사 5개를 거느리고 있다.

언제 창업을 하셨나요?

1979년 5월에 인아오리엔탈모터의 전신인 인아기계상사를 설립했습니다. 창업하기 전에는 반도기계 컨베이어 사업부장으로 일하면서 현대자동차 '포니' 12만 대 조립 전 라인과 포장 라인 등 물류 라인 전체를 수주했습니다. 삼성전자와 금성사(현 LG전자)의 컬러TV 라인과 냉장고 라인도 거의 수주했습니다. 당시 컨베이어 부품은 수입에 의존했었는데, 자동화 설비 핵심 부품인 소형 모터를 개발해야겠다는 생각에서 인아기계상사를 창업하게 되었습니다. 당시 다니던 회사에 사표를 냈지만 6개월 동안 사표를 수리하지 않아서 휴직한 후에 창업을 감행했습니다.

당시 몇 명으로 창업했는지 기억하시나요?

저와 경리 직원 한 사람, 운전기사 한 사람이 전부였습니다. 당시 제가 운전을 못해서 거래처에 물건을 배달하면서 운전기사를 할 수 있는 사람을 채용했습니다. 처음에는 일본에서 모터와 감속기 같은 부품을 수입해서 한국에 공급했습니다. 개인회사인 인아기계상사를 ㈜

인아오엠으로 법인화한 후에 일본 오리엔탈모터가 극히 이례로 합작 제안을 해 왔습니다. 일본 오리엔탈모터는 정밀 모터 분야의 세계 1위 기업입니다. 세계 32개국에 현지 법인을 두고 있으며, 모터 외에도 3만 여 종의 제품을 생산하는 큰 기업입니다. 더욱이 현지 법인은 모두 일본 자본으로 이뤄졌습니다. 그런 기업이 우리와는 일본 30, 한국 70이 라는 파격 조건으로 합작 제안을 해 왔습니다. 1990년에 합작회사로 출범한 뒤 1992년에 소형 모터를 국산화해서 공급했습니다. 그리고 2004년 인아오리엔탈모터로 사명을 변경했습니다. 지금은 사업 확장 때문에 많이 매각해서 일본 41, 한국 59가 됐습니다. 당시 직원 채용 공고를 냈더니 1,000명이 몰려들었습니다.

신 회장은 1986년 한국기계산업진흥회에서 경제사절단으로 유럽에 갔다가 알루미늄 프로파일을 제작하는 독일 업체 사장을 만났다. 이후 이 제품을 독점 수입해서 판매하다가 1990년 인아코포레숀에 FA사업부를 신설, 알루미늄 프로파일 개발에 착수했다. 2년 만에 FA 알루미늄 프레임 국산화에 성공했다. 당시 일본도 이런 제품을 생산하지 못했다.

주로 어디로 수출하셨나요?
일본을 비롯한 동남아 등으로 수출했습니다. 일본에서 늘 수입만 하던 우리가 제품을 일본에 수출한 감격이 얼마나 대단했는지 말로 표현할 수가 없습니다.

인아코포레숀 FA사업부는 2004년 인아텍이란 독립 법인으로 출범했다. 인아텍은 2013년 7월 레이저 장비를 개발한 뒤 삼성 액정표시장치(LCD) 라인을 수주했고, 일본과 중국·동남아로 각종 자동화 설비를 수출하고 있다. 세계 유수 기업의 관계자들이 회사를 다녀갔다. 2007년에 설립한 애니모션텍은 2017년 6월 미국 에어로텍과 합작했다. 에어로텍은 미국 항공우주국(NASA) 협력업체로, 연구개발(R&D)을 하는 업체다. 세계 최고의 초정밀모션 제어 기술을 보유하고 있는 에어로텍은 앞으로 첨단 제품을 한국에서 생산하기 위해 공장 설립을 추진하고 있다. 2017년 7월 인아코포레숀 IMCT사업부를 인아엠씨티라는 독립 법인으로 출범시켰다. 올해로 창업 38주년을 맞는 인아그룹은 계열사가 5개로 늘었다.

회장님의 경영 철학이 궁금합니다.
정직입니다. 거짓말을 하면 안 됩니다. 회사 사훈도 진(眞)과 전력투구(全力投球)입니다. 전력투구해야 그 분야의 최고가 될 수 있습니다. 사업을 하다 보면 별별 사람을 다 만납니다. 참되고 정직하게 열심히 일하는 사람은 어디서나 성공합니다. 회사 직원 가운데 정직하고 성실한 사람은 독립해서 사업해도 성공하더군요.

근속 직원이 많은가요?
인아오리엔탈모터의 경우 전 직원의 95%가 신입사원으로 입사한 장기 근속자입니다. 직원들이 열심히 일해서 그만큼 이익이 나면 직원들에게 상여금으로 지급하고 있습니다. 직원이 결혼해서 첫 아이를 낳으면 100만 원, 둘째는 200만 원, 셋째는 300만 원을 각각 지급합니다.

인재 경영은 어떻게 하고 계신가요?
경영의 핵심이 인재 경영이라고 생각합니다. 신입사원을 대상으로 3박 4일 일정의 보행경주라는 교육을 실시하고 있습니다. 직원들을 대상으로 기술 교육 6개월, 일반 교육 3개월 과정을 실시합니다.

그동안 어려움은 없었나요?

과거에 세무 신고를 사실대로 했다가 세무 조사를 받기도 했습니다. 사업이란 게 고저(高低)가 있기 마련인데 매출이 줄었다고 세무 조사를 받았습니다. 이치에 맞지 않는 행정 편의 세정(稅政)이었다고 생각합니다.

공장자동화를 기반으로 한 앞으로의 주력사업은?

1979년 공장자동화 부품을 수입하여 국내에 보급하는 회사로 시작하였으나 그동안 쌓아온 기술력과 그 기술을 바탕으로 개발한 제품으로 더 크게 도약하는 인아그룹이 되겠습니다. 제품과 기술을 같이 판매하는 것이 저희 인아그룹의 강점입니다. 기술이 뒷받침되어야 시장에서 경쟁력이 있습니다. 2017년부터 스마트 팩토리, 스마트 센서, 협동로봇, 자율주행로봇, 4차 산업혁명 시대에 걸맞은 제품들을 갖추고 공격적인 마케팅을 펼치고 있습니다. 앞으로 이 시장의 선두주자가 될 수 있도록 최선을 다할 것입니다.

하고 싶은 말이 있다면?

우리 경제는 기업 오너십이 있어서 고속 성장할 수 있었습니다. 요즘 전문경영인에게 경영을 맡기고 있는 추세인데, 저는 개인적으로 전문경영인에게도 최소 10년 임기는 보장해야 한다고 생각합니다. 현재처럼 3년만 임기를 준다면 현상 유지밖에 하지 못합니다. 10년은 보장해야 장기 전략을 수립해서 소신 경영을 할 수 있습니다. 중소기업인은 사업이 잘돼 상장을 하면 그 뒤 다른 생각을 하는데 그러면 안 됩니다. 가던 길을 가야 합니다. 또 산업 규제를 포지티브에서 네거티브로 바꿔야 한다고 봅니다. 경제가 성장해야 국가가 발전할 수 있습니다.

바람직한 직장인상을 말씀해 주시죠.

성실하고 진실하며, 회사에 오래 근무하는 사람입니다.

이공계 출신에게 바라는 점이 있다면?

이공계 출신이 실습을 많이 했으면 좋겠습니다. 전기과 졸업생이 모터를 잘 모르는 경우도 있었습니다. 대학에 입학할 때는 열심히 했다가 입학한 뒤에 적당히 지내는 건 바람직하지 않습니다.

<2017.09.14.>

"적극적인 사고로
열정을 갖고 일하라"

이경재 삼진엘앤디 회장

한양대 공대를 졸업하고 1966년 엔지니어로 금성사(현 LG전자)에 입사했다. 그곳에서 전화교환기 개발에 참여했다. 1969년 삼성으로 옮긴 뒤 삼성정밀과 삼성SDI에서 카메라 사업, 진공관 부품, 브라운관 등 전자부품 국산화에 기여했다. 부장으로 퇴직한 뒤 1984년부터 대우전자부품 이사로 재직했다. 1987년 삼진엘앤디 창업 후 30년 이상 최고경영자(CEO)로 일하며 부품 산업의 외길을 걷고 있다. 현재 동탄일반산업단지협의회장직도 맡고 있다. 2005년 한국품질대상인 대통령상을 비롯해 금탑산업훈장, 노사문화 우수기업상, 5000만불 수출탑, 7000만불 수출탑을 수상했다. 2013년부터 2년 연속 국내 기업 최초로 미국에서 열린 미래조명경연대회에서 우수제품상과 대상을 받았다. 2014년에는 월드클래스300 기업, 뿌리 깊은 명가, 기업품질경쟁력 우수 기업으로 선정됐다.

이경재 회장은 한국 부품 산업의 산 증인이다. 전자 산업 1세대로, 51년째 전자산업 일선에서 열정을 불태우고 있다. 이 회장은 감성(感性) 경영인으로 불린다. 기술력과 감성 경영으로 국내 중소 부품업체 가운데 맨 처음 일본 기업과 합작했고, 창업 1년 만에 일본에 전자 부품을 수출하는 기염을 내뿜었다. 5명으로 출발한 기업은 현재 해외 법인 7곳, 현지 공장 4곳인 직원 3,000여 명의 글로벌 중견 부품 업체로 성장했다. 발광다이오드(LED) 조명 분야는 세계 선두를 달리고 있다. 세계 최초로 태양광에 근접한 인간중심조명(HCL)등을 개발, 국내외 기업과 학교 병원 등에 공급했다. 경기도 화성시 동탄기흥로 삼진엘앤디에서 만난 이 회장은 직원들과 같은 근무복 차림이었다. 가슴에 단 명찰과 건네받은 명함이 아니었다면 영락없이 나이 든 직원의 외양이었다. 이 회장은 "세계 시장을 공략하려면 그만한 기술을 개발해야 한다"면서 "중소기업 CEO는 기술 개발부터 모든 걸 직접 해야 하며, 특히 딴 생각을 하면 안 된다"고 힘줘 말했다.

언제 창업하셨나요?

1987년 1월에 5명이 자본금 5,000만 원으로 창업하고, 그해 4월 1일 법인 등기를 했습니다. 창업할 때 일본 미놀타와 51 대 49로 합작했습니다. 당시 대기업도 아닌 부품기업 합작은 드문 일이었습니다. 창업 1년 만에 카메라와 프린터 부품을 일본에 수출했을 정도로 기술력에는 자신이 있었습니다.

창업하신 이유가 있나요?

크게 두 가지였는데, 하나는 부품 국산화를 하고 싶었습니다. 당시 소재나 부품은 일본에 의존하고 있었습니다. 또 하나는 부품을 국산화 해서 수출하고, 이를 통해 부족한 외화를 벌어 국가 발전에 기여하겠다고 생각했습니다. 이런 게 복합 작용한 것 같습니다. 처음에는 가족들의 반대가 심했는데, 제가 하고 싶은 일을 했기 때문에 보람을 느낍니다.

경영 방침이 궁금합니다.
수익성 혁신, 스피드 경영, 글로벌 경쟁력 강화입니다.

LED 조명 사업은 언제부터 시작하셨나요?
LED 조명 사업은 2009년에 시작했습니다. 조명은 사람 정서와 집중력에 영향을 미치고, 생산성 향상에도 기여합니다. 색·온도에 따라 인간이 느끼는 감정은 다르기 때문입니다. 미국은 우주선 조명등이 어떤 게 가장 좋은지를 연구하기 위해 하버드대 라크리 교수에게 1,500만 달러짜리 프로젝트를 의뢰하기도 했습니다. 그 결과를 토대로 2015년 우주선 조명을 LED로 교체했습니다. 잠수함 조명도 깜박거림이 없습니다. 미국 조명등 판매업체인 프랜LED로부터 제품 개발을 의뢰받아 2011년 HCL등을 세계 최초로 개발했습니다. 미국 NGL 협의회에서 우리 제품을 마이크로소프트(MS) 공동 창업자이자 현재 미국 시애틀 사운더스 FC 구단주인 폴 앨런이 소유한 빌딩에서 성능 시험을 했습니다. 처음 에너지 담당 과장 방에 조명등 3~4개를 설치했는데, 효율이 높자 다음 단계로 1개 층으로 확대하고, 이어서 18층 빌딩 전체를 HCL등으로 교체했습니다. 벌컨 빌딩은 벽마다 명화를 걸어 놨는데, 눈으로 구경은 해도 사진 촬영을 못하게 합니다. 기존 형광등은 눈을 아프게 하거나 두통을 느끼게 합니다. 태양광의 연색 지수를 100으로 보면 LED는 95%, 형광등은 85% 수준입니다. 우리는 무선 제어 시스템도 개발했습니다. 이 시스템은 자연광 환경을 실내에 구현하고 건물 조명을 소등하거나 조도 조절을 자동으로 할 수 있습니다. 전체가 아닌 개별 등으로도 각자 조정이 가능합니다.

이 회장은 접견실 조명을 직접 조절하며 시범을 보였다. 터치식 버튼을 누르자 방 안 조명이 원하는 밝기로 변했다.

국내외 주요 공급처는 어떤 곳이 있나요?

국내외 기업, 학교, 병원 등에 많이 공급했습니다. 2011년에는 미국 시애틀 매리너스 구단의 라커룸에 HCL등을 설치했습니다. 조명등 설치로 선수들이 안정감을 되찾아 승률을 높였다는 얘기를 들었습니다. 미국 NBA 포틀랜드 트레일 블레이저스 구단의 피트니스 센터, 미국 시애틀 컴퓨터역사 박물관, 시애틀 초등학교 지체부자유 학급에도 설치했습니다. HCL등으로 인해 오독률을 줄이고 책 읽는 속도를 높이는 효과를 얻어서 조명등 설치 이후 여러 곳에서 감사 편지를 받았습니다. 워싱턴 주립대학은 빌딩 1개 층을 HCL등으로 교체했습니다. 뉴욕 병원과 일본 규슈 지역의 유메타운 쇼핑몰을 비롯해 세계 곳곳에 저희 조명등을 설치했습니다. 국내에는 국회의사당, 제2롯데월드, 왕십리역사, 화성시청, 홈플러스, 이마트, 각급 학교 등에 공급했습니다. CGV에도 설치 예정입니다.

글로벌 전략은 어떻게 되나요?

차별화 전략입니다. 따라서 기술 개발을 열심히 해야 합니다. 이를 통해 부가가치를 창출할 수 있어야 합니다.

창업 후에 가장 보람 있었던 일은 무엇인가요?

1993년에 100만 불 수출탑을 받은 일입니다. 당시 대일무역 역조를 줄이는 게 시급했는데, 우리는 100원짜리 전자부품도 일본에 수출했습니다. 당시의 감격은 잊을 수가 없습니다.

중소기업 경영자들에게 하고 싶은 말이 있다면?

중소기업 경영자는 기술 개발부터 모든 걸 주도해야 합니다. 그렇게 하지 않으면 미래가 없다고 생각합니다. 저도 창업 후 고비를 많이 겪었습니다. 기업 경영은 마치 자전거를 타는 것과 같습니다. 잠시라도 방심하거나 멈추면 넘어집니다. 자전거 페달을 밟듯 기술 개발을 열심히 해야 합니다. 경영자가 딴 생각을 하면 안 됩니다. 사업에 전념하지 않고 다른 곳으로 눈을 돌리면 기업은 망하게 됩니다.

창업 희망자에게 조언 한마디를 한다면?

외국어 능력은 창업의 지름길입니다. 세계 시장에서 경쟁하려면 외국어 실력은 필수라고 할 수 있습니다. 열정도 있어야 합니다. 직원들한테도 "적극적인 사고로 열정을 갖고 일하라"고 늘 당부합니다.

정부에 바라는 점이 있다면?

제품 해외 인증비가 너무 비쌉니다. 모델마다 인증을 받아야 하는데 중소기업에는 큰 부담이 됩니다. 인증 한 개를 받는 데 1,500만 원 이상을 부담해야 합니다. 중소기업의 해외 인증비 지원을 확대해 줬으면 좋겠습니다.

창립 30주년을 맞아 하고 싶은 일은 없나요?

스마트시티 사업을 하고 싶습니다. 조명등과 가로등에 보안 카메라를 부착해서, 돌발 상황이나 사고 발생 시에 센서가 이를 감응해서 관내 경찰서나 소방서 등 관제센터에 알려주는 방식의 모델입니다. 이미 유사한 시스템은 나와 있지만, 가격이 싸고 고성능인 제품을 개발해서 범죄 없는 도시 만들기에 기여하고 싶습니다.

민간 외교관 활동을 계속하고 있다고 들었습니다.

현재 한미친선좋은친구협회장으로 일하고 있습니다. 2005년에 출범한 협회는 순수 민간 봉사단체입니다. 이제까지 한국에서 근무한 미군이 500만 명입니다. 이들을 중심으로 한·미 동맹 강화를 위해 다양한 활동을 하고 있습니다. 그동안 청소년 영어캠프, 한국 음식 강좌, 한국 문화 체험, 모범 장병 스키 투어, 한글 강의, 송년 행사 등을 통해 한·미 간 상호 친목을 다졌습니다. 2008년 5월에는 한국 고교생 65명을 선발해서, 일주일 동안 용산 미군 가정에서 홈스테이를 했습니다. 당시 월터 샤프 신임 주한미군사령관이 학생들과 일일이 기념사진을 찍고 수료증을 수여했습니다. 2009년에는 한국에 근무하고 있는 미군 가족 56명을 6박 8일 일정으로 한국으로 초청해서, 아들과 만날 수 있도록 주선했습니다. 비용은 전액 우리가 부담했습니다.

<2017.03.30.>

"필생즉사
필사즉생"

차진섭 심네트 대표

육사 30기로 입교해서 1974년 소위로 임관했다. 대위 시절 미국 해군대학원에서 산업공학 석사 학위를 받았다. 소령이 되어서는 육군 교육사령부에서 워게임 개발 과제를 맡아 한국 최초로 워게임 모델을 개발했다. 이후 미국 오하이오 주립대에서 산업공학 박사 학위를 받았다. 차 대표는 귀국 후 육군본부 정책실과 기획관리참모부 운영 분석 장교, 한미연합사 운영분석단 부단장, 미8군 모의센터 선임기획관 등 주요 보직을 거쳤다. 연합사와 미8군 에서 워게임 분야 한국 측 대표로 7년 동안 일했다. 대령으로 진급한 뒤로도 국방M&S 활용 방안 연구를 포함해 20편의 논문을 발표했다. 25년 군 생활을 마감하고 1999년 1월 창업을 위해 대령으로 예편한 뒤 그해 3월 심네트를 창업했다. 심네트는 그동안 최고 기술력을 바탕으로 매년 성장을 거듭하면서 제대군인 고용 우수 기업, 취업하고 싶은 기업, 일하기 좋은 으뜸 기업, 유망 중소기업으로 뽑혔다.

잘나가던 육군 대령이 어느 날 폭탄 선언을 했다. "군복 벗고 창업하겠다." '워게임' 분야 한국 선두업체인 심네트의 차진섭 대표는 육군사관학교를 졸업하고 장군 진급 대상자로 정년이 6년이나 남았는데도 가족의 완강한 반대를 무릅쓰고 대령으로 예편했다. 이유는 창업하기 위해서였다. 미국 오하이오 주립대 산업공학 박사 출신인 그의 예편 소식을 듣고 군 관련 연구소와 대학에서 좋은 조건으로 손짓했지만 창업 초심(初心)은 변하지 않았다.

차 대표를 서울 구로구 디지털로 심네트 사무실에서 만나 중년 창업 성공 이야기를 들었다. 그에게 과거의 대령 그림자는 보이지 않았다. 중후한 학자를 만난 느낌이 들었다. 도전하는 인생은 나이와 무관하게 아름답다. 차 대표의 중년 창업 성공은 새로운 도전을 꿈꾸는 꽃중년들에게 '은빛 열정'을 샘솟게 하는 자극제가 될게 분명하다.

언제 창업하셨나요?

1999년 1월 말에 예편하고 그해 3월 중순에 창업했습니다. 저를 포함해 3명이 시작했습니다. 군대는 전쟁에서 이기는 법만 가르칩니다. 기업 비즈니스에 대해서는 가르치지도 배우지도 않습니다. 하지만 사즉생(死則生)의 각오로 임했습니다.

그는 창업 준비를 철저하게 했다. 관련 기술을 확보하고 구체화한 비즈니스 모델을 마련했다. 그 덕분에 창업과 동시에 컨설팅을 수주하며 매출을 올렸다.

어떤 분야를 창업하고 싶었나요?

당시 미국 M&S(modeling and simulation) 시스템은 한국 무기체계나 작전 환경, 교리와 맞지 않았습니다. 한국군 무기체계와 작전 환경에 맞는 한국형 모델 개발이 절실했기 때문에 그 일을 해야겠다고 결심했습니다. 그게 인생 진로를 창업으로 바꾼 이유입니다.

중년 창업인 데다 낯선 환경에서 만나게 되는 어려움은 어떻게 극복하셨나요?

기업이 작을 때는 별 어려움이 없지만 규모가 커지면서 자금 문제가 생겼습니다. 창업의 3대 요소는 기술, 인력, 자본인데, 이 중 기술력은 확보했지만 자금 문제는 해결이 쉽지 않았습니다. 다행히 사업계획과 비전을 금융기관에 제출해서 자금난을 해결했습니다. 제가 직접 겪어 보니 어디서나 신뢰가 가장 중요하더군요. 금융기관에서는 사업계획 실현 가능성을 따지고, 다음으로 대표이사의 신뢰도와 능력을 중요시했습니다. 창업자들이 명심해야 할 점입니다.

워게임의 한국 수준은 어떤가요?

이 분야의 세계 최고 수준은 단연 미국이고, 그 뒤로 영국과 독일이 2위 그룹입니다. 한국은 5위권에 속합니다. 워게임 기술은 정보기술(IT), 교전 논리, 데이터가 핵심입니다. 한국은 그동안 미군한테 워게임 기술을 배우고 관련 데이터를 얻었습니다.

워게임 자격증도 있습니까?

워게임 모델 자격증은 HLA/RTI 인증을 받는 것을 의미합니다. 그동안 한국군이 개발한 모델들은 미국 국방성 산하기관에서 인증을 받았습니다.

한국 기술인증 기관은 없습니까?

아직은 인증 기관이 없습니다. 그동안 모델을 개발하면 미국 국방성에서 무료로 인증을 받았는데, 지금은 돈을 내야 합니다. 금액이 무려 1억 원에 달합니다. 이로 인해 방위사업청 산하 국방기술품질원에서 한국군 워게임 모델에 대한 HLA/RTI 인증 업무를 수행하기 위해 준비하고 있습니다. 2018년부터 인증한다는 목표인데 가능할 것으로 보입니다. 이는 막대한 국부 유출과 관련한 일이니 하루빨리 우리가 인증해야 합니다.

북한의 워게임 수준은 어떻습니까?

북한의 해킹 수준은 상당한 것으로 보고 있지만, 워게임은 초보 수준으로 파악됩니다. 교전 논리와 데이터 생성이 어렵기 때문입니다.

자체 해킹이나 바이러스 보안 대책은 갖고 계신가요?

보안 대책은 거의 완벽하다고 자신합니다. 이 시스템은 개발과 운용 측면으로 구분하고 있습니다. 개발은 업체에서 하지만 운용은 군에서 주관하는 시스템입니다. 우리는 외부 인터넷과 분리된 독립 환경에서 시스템을 개발하면서 해킹을 원천 차단합니다. 회사 시설과 인력에 대해서는 군 보안기관의 보안인증 절차를 거칩니다. 그동안 단 한 건의 해킹이나 바이러스 문제가 발생하지 않았습니다. 또한 수시로 보안 점검을 받고 있습니다.

정보통신기술(ICT) 분야 전문직 예비역의 활용 방안이 있을까요?

군 정보화가 속도를 내면 관련 분야 전문직 예비역의 일자리가 늘 수 있습니다. M&S시스템 개발에도 이 분야 예비역의 풍부한 경험과 노하우가 필요합니다. 이 분야가 커지면 일자리 창출에도 기여할 수 있다고 봅니다.

중년 창업자들에게 해줄 조언이 있다면?
100세 시대 일자리 창출은 창업이 필수입니다. 하지만 창업에 성공하려면 철저히 준비해야 합니다. 중년 창업에 실패하면 노후를 망칠 수 있습니다. 이에 따라 먼저 창업하고자 하는 분야의 핵심 기술을 확보해야 합니다. 핵심 기술 없이 창업하면 성공할 수 없습니다. 음식점을 개업한다면 최소한 주방장 경험을 해 봐야 합니다. 막연하게 어떻게든 되겠지 라는 자세로 창업하면 망하는 지름길입니다. 또 시장조사, 미래 환경 변화, 비즈니스 결과를 사전에 시뮬레이션해서 예비 대책을 강구해야 합니다. 위기는 예고 없이 찾아옵니다. 이때 예상되는 난관을 리스트로 만들고 상황별 대처 방안을 마련해야 합니다. 군(軍)에서는 이를 후보 계획이라고 하는데, 늘 차선의 대안을 마련해 놓아야 합니다.

차 대표는 직접 경험한 과거 일을 소개했다. 미국 유학 시절 박사 학위를 일정 기간 안에 받지 못하면 진급을 하지 못했다. 그러다 보니 공부를 하면서 엄청난 스트레스에 시달렸다. 그는 학위를 제때 못 받아 진급을 못하면 예편해 `공인중개사`를 하겠다는 후보 계획을 세웠다. 그러자 마음이 평온해져 순조롭게 박사 학위를 받을 수 있었다고 했다.

군 입대를 기피하는 젊은이들에게 하고 싶은 말이 있다면?
군 입대는 인생의 낭비가 아닙니다. 삶의 폭을 넓히고 강인한 정신력을 길러 주는 교육의 요람이라고 생각합니다. 가난한 집안에서 태어난 저는 군에서 공수훈련, 유격훈련 같은 고된 훈련을 다 받았는데, 해외 학위 취득이나 창업 후 기업을 운영하면서 어려움에 부닥칠 때마다 이보다 더한 극한상황도 극복했는데 이걸 못 이기나 히는 생각으로 위기를 극복했습니다. 군 복무자에게 가산점 혜택을 줘서 조국을 내가 지켰다는 자긍심을 갖도록 해야 합니다. 아니면 다른 보상책으로 사병 급료라도 대폭 인상해 주길 바랍니다.

앞으로의 계획을 말씀해 주시죠.

한국형 M&S 모델의 질(質) 향상에 최선을 다하겠다는 계획입니다. 현재 외형은 선진국을 능가하며, 아랍권과 중동, 동남아 지역에서는 한국 M&S 경쟁력이 선진국에 뒤지지 않는다고 자부합니다. 호주와는 수출 일보 직전까지 갔지만 호주 측 사정으로 무산되기도 했습니다. 품질 향상을 위해 모의 논리와 데이터의 지속 개발이 필요합니다. 이 다음은 알파고 같은 인공지능(AI) 개발이 절실한 상황입니다. 미군은 워게임 모델에 오래전부터 AI를 적용했는데, 우리는 아직 초보 단계입니다. AI를 활용하면 비용을 크게 설감할 수 있습니다. 회사가 성장하면 그동안의 중년 창업 경험을 살려 사회 공헌 활동으로 스타트업 발굴 및 육성을 돕고 싶습니다. 특히 대기업의 오염 방지로 밝고 건전한 사회 구현에 기여하고 싶습니다.

<2016.06.16.>

"이윤보다 원리원칙을 중시하며, 가치를 우선한다"

박상일 파크시스템스 대표

서울대 물리학과를 졸업하고 미국 스탠퍼드대에서 응용물리학 박사 학위를 받았다. 미국에서 PSI 대표이사를 거쳐 1997년 귀국한 뒤 파크시스템스를 설립했다. 벤처기업협회 사회적책임위원회 위원장과 벤처리더스클럽 회장, 국가과학기술자문회의 과학기술기반 분과 자문위원, 미래창조과학부 미래준비위원회 위원을 역임했다. 현재 한국공학한림원 정회원으로 활동하고 있다. 벤처기업대상 철탑산업훈장과 피터드러커 혁신상, 대한민국 10대 신기술상, 한국공학한림원 젊은 공학인상 등 많은 상을 받았다. 저서로 《내가 산다는 것은》이 있다.

박상일 파크시스템스 대표는 28년 동안 `원자현미경 외길`을 걸어 온 벤처기업인이다. 서울대 물리학과를 졸업하고 미국 스탠퍼드대에서 물리학 박사 학위를 받은 후 서울대 교수직도 마다하고 미국 실리콘밸리 셋집 차고에서 원자현미경을 세계 최초로 상용화했다. 잘나가던 회사를 팔고 귀국해서도 KAIST와 포스텍에서 교수직을 제안 받았으나 다시 벤처 사업을 시작했다. 경영관도 남다르다. 과정이 어렵다고 편법을 동원하거나 현실과 타협하지 않는다. 오직 기술력으로 승부하고, 투명경영을 한다. 이윤보다 원리원칙을 중시하며, 가치를 우선한다. 박 대표를 경기도 수원시 영통구 광교로에 위치한 한국나노기술원의 4층 대표실에서 만났다. 사무실 입구 왼쪽에는 사기(社旗)가 놓여 있었다. 그 옆에 철탑산업 훈장증과 함께 각종 감사패, 기념패가 놓였다. 아버지 조지 H. 부시 전 미국 대통령과 노교수의 사진이 눈에 띄었다.

사진 속 인물은 누구인가요?

스탠퍼드대 박사과정 때 지도교수이던 캘빈 퀘이트 교수입니다. 원자현미경을 개발한 공로로 미국에서 가장 권위 있는 상인 국가과학메달을 받고 찍은 사진입니다.

서울대 교수직 제안을 왜 거절하셨나요?

스탠퍼드대에서 물리학 박사 학위를 받았을 때 서울대에서 공대 교수를 뽑았습니다. 모교인 데다 스탠퍼드대 동문 교수가 많고 나이가 젊어서 가장 유리했습니다. 사회에서 인정받는 교수직을 놓고 고민하다가 사업을 택했습니다. 주위에서 편한 길이 있는데 왜 사업이냐고 말렸지만, 교수는 제가 아니더라도 할 사람이 많다고 생각했습니다. 그때가 88서울올림픽이 열리는 시기였습니다. 한국이 올림픽 열기로 가득했을 때 저는 원자현미경을 상용화하기 위해 정신이 없었습니다. 엔젤캐피털과 벤처캐피털에서 투자를 받고, 개인적으로 2만 달러를 투자해 창업한 뒤 세계 최초로 원자현미경을 상용화했습니다.

당시 나이 29살. 돈과 미국 내 인맥, 사업 경험도 없었지만 자신감과 열정으로 스탠퍼드대에서 사귄 재미교포 박사 동기와 단 둘이 셋집 차고에서 창업을 했다. 연매출 1,200만 달러의 회사를 팔고 10년 만인 1997년에 귀국했다.

1997년에 귀국하셨는데 이유가 있었나요?

1993년에 회사 부도 위기를 겪고 기사회생한 뒤 이후 생각이 많아지고 세상을 보는 눈도 달라졌습니다. 경영 서적을 읽다가 "당신 장례식에 모인 이들이 당신에 대해 뭐라고 말할지 생각해 보라"는 글에 가슴이 철렁했습니다. 이제 넓게, 멀리 보며 살자고 결심했습니다. 미국은 쾌적하고, 물건 값 싸고, 볼 곳도 많습니다. 처음에는 천국 같은 동네가 다 있구나 하고 생각했는데, 10년쯤 지나자 허전했습니다. 나이 마흔 전에 귀국하자, 나이가 더 들면 적응하기 어렵다고 판단했습니다. 회사를 1,700만 달러에 매각하고 귀국했습니다. 미국에서 박사 학위도 받고 기업인으로 경영 수업도 쌓았으니 미련이 없었던 거죠.

귀국하자마자 유명 대학과 대기업에서 스카우트 제안을 받았다는 이야기를 들었습니다.

KAIST와 포스텍, 대기업에서 나노교수 또는 나노센터장직을 맡아달라는 제안을 받았지만 모두 거절했습니다. 이유는 한국에서 정석(定石)대로 사업해서 한국 벤처 창업의 밑알이 되고 싶었기 때문입니다. 기술력을 무기로 원리원칙대로 투명경영을 하자고 결심했습니다.

불의와 타협해 회사 이익을 꾀하지 않았기에 아직까지 단 한 건도 회사 비리가 없습니다. 처음에는 한국 풍토에 적응하느라 꽤 애를 먹었습니다. 흔히 말하는 인사치레를 하지 않아서 이런 저런 불이익을 당하기도 했지만 투명경영 원칙에는 변함이 없습니다.

그래도 매출이 중요하지 않나요?
물론 매출이 중요합니다. 하지만 더 중요한 것이 바로 새로운 가치입니다. 다수 기업들이 매출이 떨어지면 직원을 몰아붙이는데 그런다고 매출이 크게 늘지 않습니다. 사업은 마라톤처럼 장기 게임입니다. 경영자가 시시콜콜한 업무까지 관여하면 사람이 크지 못합니다. 중요한 일은 대표가 챙겨야 하지만 어느 범위까지는 권한을 위임해야 합니다. 그렇게 1~2년이 지나면 회사 역량이 배가합니다. 기업에서 가장 중요한 게 소통입니다. 저는 직원들에게 윗사람 눈치 보지 말라고 말합니다. 미국은 야단은 약하게 치고 칭찬은 크게 하는 사회인데 우리는 칭찬에 인색한 편입니다.

미국과 한국의 벤처 생태계에 차이점이 있다면?
미국은 벤처 생태계를 잘 구축했습니다. 기술만 있으면 투자와 회사 설립에 이르기까지 모든 게 쉽습니다. 하지만 한국은 규제가 많고 행정 절차가 복잡합니다. 미국은 기술을 보고 투자하고, 주변에서 창업한다고 하면 박수를 치고 격려해 주는 문화입니다. 그런데 한국은 정반대로 부모부터 창업을 말립니다.

왜 그럴까요?

한국은 그동안 압축 성장을 했습니다. 그 과정에서 경제 구조가 대기업에 편중해서 발전했습니다. 자본, 인력, 유통의 모든 분야를 대기업이 독점한 시스템이 되면서 자본의 횡포가 생겼습니다. 불공정과 기술 가로채기, 인력 빼가기도 많았습니다. 이에 비해 중소기업은 상대적으로 소외받고, 고도 성장의 혜택을 받지 못했습니다. 이제는 정부가 중소기업 위주의 정책을 펴야 합니다. 선진국은 대기업을 철저하게 감시합니다. 한국의 벤처 생태계는 개선할 점이 여전히 많습니다.

어떤 점을 고쳐야 할까요?

벤처 기업이 우수한 인력을 유치할 수 있는 시스템이 스톡옵션 제도입니다. 우리 회사도 스톡옵션이 있었기에 우수한 인재를 잡을 수 있었습니다. 지금 스톡옵션 제도는 정부가 수차 개선한다고 했지만 알맹이는 그대로입니다. 이걸 개선하면 우수 인력이 벤처 기업으로 몰리게 될 것입니다. 실제 2000년 전후로 대기업 인력 유출 사태가 있었습니다. 회사가 발전하려면 고급 인재가 필수입니다. 고급 인재가 국가의 미래를 결정하기 때문입니다. 기술을 보고 투자하는 미국과 달리 한국은 융자를 받아서 사업을 시작합니다. 이걸 투자 받아서 사업자금으로 조달하게 해야 합니다. 그러면 사업에 실패해도 재도전할 수 있는 분위기가 될 것입니다.

원자현미경 시장 규모는 어느 정도인가요?

전자현미경 시장이 3조 원 규모인데 원자현미경은 3,000억 원 정도입니다. 한국 시장은 80억 원 정도로 봅니다. 원자현미경 시장은 연 10%씩 성장하고 있습니다.

원자현미경 분야의 기술 수준은 어떤가요?

우리 회사가 보유한 특허만 32건(2019년 현재는 35건)으로 단연 세계 최고입니다. 원자현미경을 세계 처음으로 상용화했고, 지금까지 28년 동안 오직 원자현미경 외길만 걸었습니다. 저와 함께 일한 사람들은 모두 은퇴했습니다. 중소기업이 세계 시장을 개척하기란 굉장히 어렵습니다. 특히 고가 장비일수록 작은 회사의 제품은 사후관리(AS) 등을 이유로 구입하지 않습니다. 하지만 우리는 최고의 기술력으로 남들이 못하는 문제를 해결했습니다.

세계 시장 점유율은 어떻습니까?

10% 정도입니다(2019년 현재 시장 점유율은 10~15% 정도). 1위인 브루커의 시장 점유율이 40~50%를 차지하고 있습니다. 멀지 않아 점유율을 50%까지 높여 1위를 차지할 계획입니다. 이미 미국, 일본, 싱가포르 등 3개국에 법인을 설립했고, 이르면 2016년 7월께 독일에 법인을 설립할 계획입니다. 앞으로 유럽과 인도, 중국에도 법인을 설립하려고 합니다.(2019년 3월 현재는 미국, 일본, 싱가포르, 독일에 현지 법인이 있고, 대만, 중국, 멕시코에 연락 사무소가 있다.)

제품 가격은 어떻습니까?

수천만 원부터 시작합니다. 반도체 생산공정용 장비의 경우는 20억 원입니다. 주문 제작되기 때문에 제작 기간이 짧게는 1~2개월, 길게는 6개월의 시간이 걸립니다.

인재들이 몰리는 이유가 있을까요?

처음부터 그런 건 아니었습니다. 주위 인맥을 총동원해도 사람 구하기가 하늘의 별 따기만큼이나 어려웠습니다. 그러다가 정부에서 병역 특례제도를 도입하면서 문제가 풀렸습니다. 물리학, 전자공학과, 기계학과 수재들이 회사로 몰려 왔습니다. 병역 특례가 끝난 직원들이 대기업으로 가지 않고 우리 회사에 남겠다고 하자 부모님의 반대가 극심했습니다. 직원들이 부모를 설득하느라 마음 고생을 많이 했다고 들었습니다. 이들은 우리 회사가 세계 최고 기술력을 보유한 글로벌 강소기업이어서 미래가 밝다고 확신해서 그런 결정을 한 것입니다. 회사 발전에 기여한 직원에게는 스톡옵션을 줬습니다. 대부분 정년까지 일할 수 있습니다. 핵심인력 가운데 유영국 박사나 조상준 박사는 미국에서 박사 학위를 받은 인재입니다. 유 박사는 고교 2학년 때 미국으로 이민을 가서 미국 고교를 수석 졸업했고, 시카고대 물리학부에서 올A를 기록했습니다. 박사 학위는 UC버클리대에서 받았는데 서울대와 KAIST, 삼성 등의 스카우트 제안을 거절하고 우리 회사로 왔습니다. 지금은 미국 법인에 가 있습니다. 조 박사는 KAIST 연구교수를 그만두고 우리 회사로 왔습니다. 이 밖에도 고마운 인재가 많습니다.

젊은이들은 어떤 기준으로 직업을 선택해야 할까요?

하고 싶은 일, 잘할 수 있는 일, 남들이 필요한 일을 기준으로 직업을 선택해야 합니다. 하지만 저는 역순(逆順)으로 직업을 선택하라고 권합니다. 남을 무조건 따라 할 게 아니라고 생각하기 때문입니다.

기업가 정신이란 무엇인가요?

남들이 가지 않은 새로운 길을 개척하는 정신, 고생길이지만 도전하는 정신이라고 생각합니다. 인생은 짧고, 한 번뿐입니다. 무엇을 위해 사는지 깊이 생각하고, 후회 없는 인생을 살아야 합니다.

<2016.05.19.>

"세계 시장을
보고 사업하라"

이판정 넷피아 대표

대학에서 법학을 공부하고 변리사 준비를 하다 1995년 넷피아를 창업했다. 병역특례업체로 지정받았고
2003년 세계 초일류기업에 선정됐다. 한글인터넷주소서비스 특허출원 당시 돈이 없어 특허사무소의 메일시스
템을 구축해 주고 그 비용으로 특허를 출원했다. 2002년 제2건국범국민위원회가 선정한 지식인으로 대통령 표
창을 받았고 한국인터넷전문기업협회 부회장을 역임했다.

이판정 대표는 한국 인터넷 업계의 풍운아다. 세계 최초로 한글 인터넷주소라는 인터넷 신대륙을 발견해 인터넷 기린아로 등장했다. 세계 95개국 자국어 인터넷 주소 시스템을 개발해 창업 3년 만에 매출이 120배로 폭증했다. 300억 원에 기업을 매각하라는 외국기업의 제안도 뿌리쳤다. 우리 혼이 담긴 한글 서비스를 외국기업에 넘길 수 없다는 소신에서다. 호사다마(好事多魔)인가. 이후 혹독한 시련이 닥쳤다. 이 대표의 표현을 빌리면 '이용자 가로채기'라는 잘못된 인터넷 시장 구조'로 회사는 파산 직전까지 내몰렸다. 회사를 살리려 동분서주하다 신장 기능이 망가져 신장 이식수술을 받았다. 인터넷 신천지 개척 불꽃을 재점화해 2015년 9월 1일 창립 20주년을 맞아 제2의 도약을 선언했다. 이 대표는 2015년 10월 22일 서울 동대문구 세종대왕기념관에서 외솔상을 받았다. ICT 업계 인사가 외솔상을 받는 것은 드문 일이다. 2015년 9월에는 '바른 인터넷의 날'을 제정했고 《인터넷 난중일기》란 책도 냈다. 전성기에 비해 회사 규모나 매출이 10분의 1로 줄었지만 이 대표는 활력이 넘쳤다.

외솔상 수상을 축하드립니다. ICT업계 인사로는 처음이 아닌가요?
그건 잘 모르겠습니다. 큰일도 안 했는데 송구한 마음입니다. 굳이 한 일이라면 한글인터넷서비스를 했고 한글날을 국경일로 다시 지정해 달라며 몇 년간 떡을 돌렸을 뿐입니다.

정부는 2013년 한글날을 법정공휴일로 재지정했다. 이 대표는 공휴일 재지정 5년 전부터 10월 9일이면 어김없이 '한글날 국경일 재지정을 바랍니다'라는 문구를 넣은 떡을 국회와 관련기관에 돌렸다. 한 해 떡값만 수천만 원에 달했다고 한다.

창립 20주년을 맞아 제2의 도약을 선언했는데 내용이 궁금합니다.
지난 20년 동안의 슬로건은 '인터넷주소의 자국화'였습니다. 미래 슬로건은 '모든 사람과 사물을 위한 실명 도메인'으로 정했습니다. 많은 사람이 넷피아를 한글도메인 회사로 잘못 알고 있습니다. 넷피아는 대기업의 횡포로 연 200억 원 이상 매출이 줄어들어 누적 손실액이 5,000억 원 이상이지만 그로 인해 혹독한 구조조정을 했습니다. 좌절하지 않고 업무에 집중해 100건이 넘는 관련 특허를 확보했습니다. 인간과 사물을 연결하는 운용체계에 사용할 자국어 실명인터넷네임 자동교환시스템을 고도화했습니다. 새로운 콘셉트의 유니언 포털을 준비해 지난 9월부터 테스트하고 있습니다.

9월 1일을 '바른 인터넷 날'로 제정하셨습니다.
인터넷은 우리 생활의 필수 도구입니다. 하지만 인터넷은 명암이 있습니다. 좋은 점은 더 장려하고 나쁜 점은 없애자는 취지에서 9월 1일을 인터넷의 날로 정했습니다. 이날은 넷피아가 세계 최초로 자국어 실명 인터넷주소를 상용화한 날이기도 합니다. 아직은 임의 기념일이지만, 매년 행사를 합니다.

선언문은 누가 만들었나요?
창조경제스마트뉴딜실천연합과 웹 발전연구소, 넷피아가 공동으로 작성했습니다. 선언문은 '누구나 쉽고 편리하게 인터넷을 이용할 수 있도록 접근방식을 개선하고 다양화한다'를 포함한 5개 항입니다.

현행 인터넷 접속방식 문제점으로 포털 가로채기를 주장하셨습니다.
인터넷 주소창에 전자신문을 입력하면 전자신문 홈페이지로 가야 하는데 지금은 포털로 갑니다. 기업이름과 co. kr를 치면 직접 기업으로 연결하지만, co. kr 없이 기업 이름만 입력하면 포털을 거쳐야 합니다. 이런 구조는 고객 가로채기나 다름없다고 생각합니다. 기업 이름을 입력해 다른 사이트가 나와도 당연한 것처럼 생각하는 게 현실입니다. 중소기업이 아무리 홍보를 해도 전화 같이 고객과 직접 연결할 수 없습니다. 넷피아 서비스만 하루 3,000여만 건에 달하며, 연간 100억 건이 넘습니다. 100만 기업이 연간 1만 건의 전화를 남에게 빼앗긴 셈입니다. 이런 인터넷의 비정상을 정상화해야 합니다.

왜 이런 일이 발생하나요?
영문 도메인을 포털로 돌리면 위법이지만, 한글 실명은 포털로 연결하면 법에 저촉하지 않습니다. 큰 모순이지요.

인터넷 주소창과 검색창의 차이점을 일반인은 잘 모릅니다.
주소창은 개별 기업을 찾는 창입니다. 검색창은 개별 기업의 콘텐츠를 찾는 창입니다. 브라우저 제작사들이 다른 개념을 마치 같은 것처럼 교묘하게 만들었습니다. 지금은 브라우저 전쟁입니다. 더 정확히 말하면 남의 고객 뺏기입니다. 정부나 지식인이 이런 일에 뒷짐 지고 있으면 안 된다고 봅니다.

어떻게 해야 할까요?
간단합니다. 통신망에서 가로채기로 부당이득을 얻으면 처벌하면 됩니다. 2009년 방송통신위원회가 인터넷주소자원관리법을 개정했지만 시행을 하지 않고 있습니다. 대통령령으로 시행하면 됩니다. 그렇게 되면 중소기업은 '키워드 광고' 비용을 줄일 수 있습니다.

한글 인터넷주소 서비스와 자국어 인터넷서비스 현황은 어떤가요?

지금 국내는 10% 정도만 사용하고 있고, 자국어 인터넷서비스는 모두 중단한 상태입니다.

미국 기업이 인수를 제안했다는데 왜 거부하셨나요?

2000년 1월 미국 리얼네임스가 300억 원에 넷피아를 인수하겠다고 했습니다. 솔깃해서 실사도 했습니다. 그런데 한글을 기반으로 한 사업이고 민족 혼이 담긴 한글인터넷 주소체계를 돈과 바꾼다는 게 죄를 짓는 기분이 들었습니다. 자식에게 부끄러운 부모가 되기 싫었습니다.

2011년 10월 한글 인터넷주소 서비스를 정부에 기부한다고 발표하셨습니다.

건전한 인터넷 생태계를 조성하기 위해 한글 인터넷주소 서비스를 정부에 기부 채납하는 방식으로 기부하겠다고 제안했습니다. 소프트웨어(SW)는 사례가 없다고 해서 답보상태입니다.

2013년 4월에 설립한 세종 행복누리는 잘 운영하고 계신가요?

인터넷 사업 경험을 바탕으로 사회적 기업을 설립했습니다. 회사 여건이 좋지 않아 적극 추진하지 못했습니다. 앞으로 회사 경영이 좋아지면 알차게 추진할 방침입니다.

성공과 시련을 다 겪으셨는데 위기를 어떻게 극복하셨나요?

제게 견디기 어려운 시련이 주어지는 데는 그만한 이유가 있다고 생각합니다. 아무리 어려워도 길은 있습니다. 즉 궁즉통(窮則通)입니다. 죽을 고비를 넘기고 2015년 9월 《인터넷난중일기》를 펴냈습니다.

이 대표는 이 책에서 과거 일을 중심으로 왜곡된 인터넷 시장 구조를 냉정하게 비판했다.

경영 원칙과 회사 현황은?
신뢰 경영입니다. 직원은 20여 명이고, 매출은 30억 원 정도입니다. 좋아지고 있습니다.

정부에 바라는 점이 있다면?
농경 시대의 일자리 창출은 농지 개척이었습니다. 마찬가지로 사이버 시대에는 사이버 농지 개척입니다. 인터넷은 경제주체의 도구입니다. 인터넷 자체 진흥이 아니라 도구를 통한 경제주체 진흥을 해야 합니다. 자국어 실명도메인네임 국가표준화 제정으로 인터넷주소 자원 관리법 시행령을 빨리 실시해야 합니다. 자국어 인터넷주소 종주국이 되는 정책을 추진해야 합니다.

넷피아의 미래 비전은 무엇인가요?
모든 기업명과 모든 사물에 실명으로 접속하는 네트워크 유토피아 구축입니다.

벤처인에게 당부하고 싶은 말이 있다면?
국내 시장만 보지 말고 세계시장을 보고 사업을 해야 합니다.

<2015.10.29.>

"최고가 되려면
남이 하지 않는 일을 하라"

조현정 비트컴퓨터 회장

검정고시로 고등학교를 졸업하고 인하대 전자공학과에 입학했다. 대학 3학년 때 한국 최초로 소프트웨어(SW)
개발업체를 창업했다. 한국 벤처의 신화(神話)로 불리며, 한국 대학생 창업 1호, SW업체 설립 1호, 벤처기업 1호,
병역특례업체 1호, 오피스텔 창업 1호, 테헤란로 입주기업 1호 등의 기록을 갖고 있다. 1990년 8월 비트교육센터
를 설립해 SW 인재 교육의 메카로 만들었다. 2000년에는 조현정 재단을 설립했다. 한국SW산업협회와 벤처기
업협회 설립을 주도했고 3대 벤처기업협회장을 역임했다.

조현정 비트컴퓨터 회장은 열정으로 인생 먹구름을 빛으로 만든 벤처인이다. 집안이 몰락해 중2 때 경남 김해에서 서울로 와 가전제품 수리센터에서 수리공으로 일했다. 전파상에서 못 고친 제품을 수리해 '꼬마 일류 기술자'로 소문이 나자 제품 수리만 해줄 게 아니라 내가 설계한 제품을 만들고 싶다는 꿈을 가지게 됐다. 그 뒤로 3개월간 두문불출하며 공부에 매달린 끝에 인하대 전자공학과에 입학했다. 재학 시절 그가 학교의 고장 난 시계탑과 방사능측정기 등을 수리하며 능력을 발휘하자, 학교 측에서는 그에게 장학금은 물론 연구실을 내주고 실습기자재 수리와 관리를 맡겼다. 대학 3학년 때인 1983년 8월 15일 청량리에 있는 맘모스호텔 방을 빌려 창업했다. 자본금 450만 원에 직원은 두 명이었다. 국내 최초로 '의료보험 청구 프로그램'을 개발, 공급했다. "사업자 등록을 하러 세무서에 갔는데, 당시에는 그럴 필요가 없었습니다. 고객인 병원 측도 싫어했지요. 세원이 노출되면 세금을 더 내야 했기 때문입니다. 하지만 제 생각은 달랐습니다. 납세는 국민의 의무라고 생각했습니다. 지금도 투명경영을 하고 있습니다." 1985년 그는 테헤란로로 사무실을 옮겼다. 벤처기업 1호 입주였다. 1988년 한국이 서울올림픽을 개최하자 조직위를 찾아가 자원봉사를 자청했다. 조직위에서 "성화 봉송 프로그램을 개발해 줄 수 있겠느냐"고 물었다. 당시 성화 봉송 행사가 전국 주요 도시로 확대되면서 주자만 2만 5,000명에 달했다. 그는 선수 사진과 음성까지 보고 듣는 성화 봉송용 멀티미디어 프로그램을 개발했다. 이 프로그램은 해외 언론이 주요 뉴스로 다룰 정도로 주목받았다. 1989년 아시아월스트리트저널에서 1면 톱기사로 비트컴퓨터를 소개했다. 기사를 본 당시 한승수 상공부 장관이 전화로 "뭘 도와줄까요"라고 물었다. 그는 "SW업체도 병역특례로 지정해 달라"고 건의했다. 당시 병역특례는 방위산업체만 해당했다. 그의 제안으로 비트컴퓨터는 국내 첫 번째 병역특례업체로 지정받았다.

그는 기업인에게 초심(初心) 경영을 당부했다. 젊은이들에게는 "'스펙' 쌓기보다는

'스킬'이 중요하다"며 "최고가 되려면 남이 하지 않은 일을 하는 창의 인재가 돼야 한다"고 강조했다. 그의 집무실에 놓인 대형 태극기가 눈에 띄었다.

사기(社旗)는 보이지 않고 태극기만 보입니다.

태극기는 국가의 상징입니다. 1997년 11월 국제통화기금(IMF) 외환위기가 터지자 '기업가로서 뭘 하지' 하는 생각이 들었습니다. IMF 다음 날 출근하자마자 태극기를 사오라고 했습니다. 그날 이후 출근하면 태극기를 만지고 제 자리에 앉아 일을 시작했습니다.

애국심이 남다른 데가 있습니다.

미국 영주권을 가지고 있던 두 아들은 입대를 안 해도 되지만 모두 군에 보냈습니다. 젊어 고생은 사서 한다는데 요즘 젊은이들은 어려운 일은 안 하려고 합니다. 둘째는 시력이 나빠 4급 판정을 받았지만 눈 수술을 하고 인공렌즈를 넣어 군에 보냈습니다. 큰애는 육군본부에서 프로그램 개발병으로 근무했고, 제대할 때는 참모총장상을 받았습니다.

비트교육센터 설립은 언제부터 준비하셨나요?

1990년 8월에 비트컴퓨터 부설 C교육센터를 설립했습니다. 당시 95%가 코볼(COBOL)을 배울 때라서 시스템연구소 강남 분원에서 코볼을 교육했습니다. C언어를 하는 사람은 전국에 100명도 안 됐습니다. 민간교육기관에서 처음 C언어를 가르쳤지요. 당시 워크스테이션 한 대가 600만 원 정도 했습니다. 6개월간 주말 없이 1,800시간을 교육하면서 항상 새로운 내용을 가르치고 있습니다.

지금까지 몇 명의 교육생을 배출하셨나요?

8,700명을 양성했습니다. 취업률 100%입니다. 수료식이란 말 대신 비트 출신 입단식이라고 합니다. 2000년에 10주년 기념식을 했는데, 배출한 3,920명 중 1,400명이 참식했습니다. 안병엽 당시 정통부 장관이 참석했는데 다른 일정 두 건을 취소하고 끝까지 자리를 지켰습니다. 코엑스 인터컨티넨탈호텔 그랜드볼룸 최초 사용자가 우리입니다. 교육생들은 교수, 창업 기업인, 직장인 등 다양합니다.

장학재단에 대해 설명해 주시죠.

여러 방법을 고민하다 2000년 1월 조현정 재단을 설립했습니다. 전국 고교장의 추천을 받아 2배수로 뽑아 제가 직접 면접해서 선발합니다. 부모 재산세 합산액이 20만 원 미만인 자녀를 대상으로 한 사람당 1,000만 원을 지원합니다. 부산 기장 출신의 한 학생은 교사의 꿈을 버리고 서울대를 졸업한 다음 OECD 인턴 1년을 근무한 뒤 프랑스로 석사 학위를 받으러 떠난 경우도 있습니다.

지금까지 몇 명이 장학금을 받았나요?

올해 15명을 포함해 250명입니다. 졸업생들은 창업하거나, 의사, 법조인, 행정공무원, 경찰, 군인, 금융인, 교수, 언론인 등 다양한 분야로 진출하고 있습니다. 석창규 SW공제조합 이사장이 장학생 모임에 한 번 참석하더니 "올해부터 10년간 매년 세 명에게 장학금을 지원하겠다"고 밝혀서 올해 세 명을 더 선발했습니다. 정말 고마운 일입니다.

대학 졸업자의 취업난이 심각합니다. 스펙 쌓기가 유행인데 어떻게 생각하시나요?

스펙 쌓기는 이제 변별력이 없습니다. 이제는 문제해결 능력인 스킬이 중요합니다. 스킬이 좋으면 스펙이 부족해도 취업할 수 있습니다. 지금 있는 직업도 20년 이내에 많이 사라질 것입니다. 대기업 취업도 한계가 있습니다.

그렇다면 어떻게 해야 할까요?

남들이 하지 않는 일, 세상에 없는 것을 만들어야 합니다. 창의인재가 되어야 합니다. 미국 청년들의 창업률은 세계 최고 수준입니다. 중국은 하루에 1만 개 회사가 창업한다고 합니다. 우리는 벤처 기업이 3만 1,000개입니다. 중국의 3일치에 불과한 실정입니다. 스킬 없이 창업하면 사상누각일 수밖에 없습니다. 지금은 창업(創業)과 창조(創造), 창직(創職)의 삼창(三創) 시대라고 생각합니다. 항상 내가 뭘 할 수 있을지 생각하고 미래 시대의 길목을 지키고 있어야 합니다. 그래서 대학생들에게 각종 전시회에 가보라고 권하고 있습니다.

벤처인에게 당부하실 말씀이 있다면?

초심(初心) 경영을 해야 합니다. 창업할 때 가졌던 초심을 잃으면 수성(守成)에 실패하고 맙니다.

<2015.09.03.>

LEADER'S THINKING

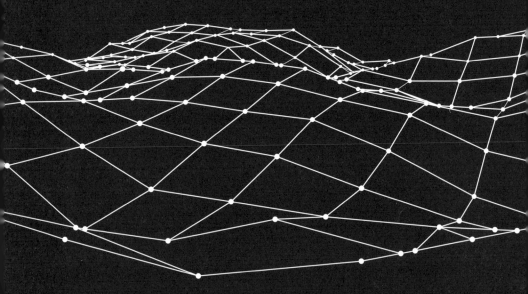

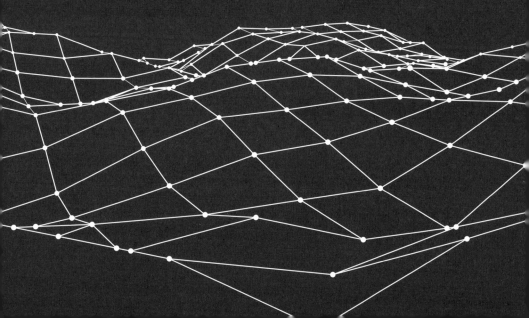

5부

지속 성장하는
리더

"혁신은 있는 제품을 더 나은 제품으로 발전시키는 일이다"

손삼수 웨어밸리 대표

육군사관학교 33기, 국군보안사령관 전속부관, 대통령 부속실장, 육군 중령 예편. 전직 대통령 무급 비서관으로 일하다 2001년 웨어밸리를 창업했다. 경희대학교 대학원에서 국제정치학 석사를, 국민대학교 대학원에서 전자정부를 주제로 행정학 박사 학위를 받았다. 한국데이터베이스협회장을 역임하고 상하이 산업기술연구원 수석 과학자, 성신여대 겸임교수로 활동했다. 신소프트웨어 상품대상과 다산 기술상, 1000만 달러 달성 수출대상, 대한민국 IT혁신대상 최우수상, 세계일류상품 인증, 장영실상, 대한민국 산업대상 SW대상, 국무총리상 등 수많은 상을 받았다.

5공화국 시절 청와대 부속실장을 지내며, 한때 대통령의 그림자로 불렸던 손삼수 웨어밸리 대표는 지금 아시아를 대표하는 데이터베이스(DB) 기업의 선장으로 변신했다. 웨어밸리는 세계 7대 데이터베이스(DB) 업체로 7년 연속 뽑힌 실력 있는 기업이다. 세계일류상품 인증도 받았고 국내 기업 중 유일하게 중국 상하이 과학원 산하 상하이산업기술연구원과 합작사도 설립했다. 집무실 입구 탁자 위에 놓인 '웨어밸리 경영 이념'이 눈길을 끌었다. 행정학 박사로 대학에서 강의도 하는 그는 글자가 빼곡히 적힌 수첩을 꺼내놓고 인터뷰에 응했다.

'혁신을 주도하고 창의 역량을 극대화하며 인류발전에 기여하고 세계적 지식기업으로 발전한다'는 경영 이념을 직접 결정하셨나요?
아닙니다. 간부들과 워크숍에 가서 밤새 토론하며 만들었습니다. 저는 창의와 호기심이 가장 중요하다고 생각하는 사람입니다. 그래서 직원들에게 늘 호기심을 심어주고 혁신하도록 강조합니다. 혁신은 이 세상에 없는 것을 만들어내는 일이 아닙니다. 나와 있는 제품을 개선해서 더 발전시키는 일입니다. 우리 회사는 매월 첫째 주 월요일 월례회의 시간에 1시간가량 직원 대상으로 혁신 교육과 교양 강의를 하고 있습니다. 그러려면 늘 책을 읽고 공부를 해야 합니다. 안 그러면 금세 들통 납니다.(웃음)

웨어밸리의 기술력은 어느 정도인가요?
우리는 DB 전문 기업입니다. 가트너가 선정한 세계 7대 DB 기업에 2012년부터 7년 연속 뽑혔는데, 이 중 6개가 미국 기업이고 아시아에서는 우리가 유일합니다. (웨어밸리는 DB 관련 특허가 10여건이고 국제 CC인증 5건, GS인증 18건을 획득했다.)

수출은 몇 개국에 하고 있나요?

중국, 일본, 대만, 말레이시아, 브라질 등 5개국입니다. 욕심 내지 않고 차근차근 시장을 확대해 나갈 생각입니다.

중국과 어떻게 합작사를 설립하셨나요?

중국 상하이 과학원과 2년여 추진 기간을 거쳐 2017년 7월 상하이산업기술연구원과 합작사 '지브릿지(Gbridge)'를 설립했습니다. 상하이 과학원은 기계, 화학 등 산업 중심으로 44개 연구소를 산하에 두고 있는 곳으로 직원만 3만여 명에 달합니다. 우연히 그곳 원장을 알게 돼합작사를 설립하게 되었습니다. 중국은 얼마 전부터 빅데이터 분야를 국가 전략으로 집중 육성하고 있습니다. 시진핑 주석은 2017년 12월 "국가 빅데이터 전략을 실행해 디지털 중국 건설을 촉진해야 한다"고 강조하기도 했습니다. 합작사 현판식에서 상하이 과학원장이 "정부기관이 외국 민간기업과 합작사를 설립하는 일은 처음이자 마지막일 것"이라고 하더군요. 지금까지 중국에서 가장 물동량이 많은 상하이세관을 비롯해 10여 곳의 컨설팅을 진행했습니다. 중국 측이 우리의 기술력을 인정한 결과라고 생각합니다.

사회공헌 활동도 많이 하신다고 들었습니다.

국내외 유수 대학에 소프트웨어(SW)를 무상 지원하고 있습니다. 2011년부터 2018년 4월까지 모두 138억 원가량을 기증했습니다. 육사와 단국대, 항공대, 숙명여대 등 국내 31개 대학에 71억 원, 중국과 인도, 태국 등 해외 10개국 27개 대학에 67억 원을 전달했습니다.

새로 발표하는 제품이 있나요?

개발을 완료하고 곧 발표할 '앵무새(parrot)'라는 제품입니다. 지금은 기종이 다르면 데이터를 실시간으로 옮기거나 복사하는 게 어렵습니다. 우리가 개발한 제품은 다른 기종 간에도 데이터를 실시간 이전하거나 복사할 수 있는 세계 최고의 기술이라고 자부합니다. 4차 산업혁명 시대를 맞아 앞으로 BI(Business Intelligence) 시장이 획기적으로 성장할 것으로 전망하고 있습니다.

사업을 하면서 난관은 없으셨나요?

처음에는 PC와 17인치 모니터 임가공 사업으로 시작했습니다. 그러다가 완제품을 조립해 납품했습니다. 통신업체를 설립해서 만화 도서관, 사주팔자 역학을 개발해 서비스하기도 했습니다. 그런데 1997년 1월부터 재고가 쌓이고 자금 사정이 나빠졌습니다. 그래서 해외 수출을 모색했는데, 그때 대우그룹 김우중 회장 부인 정희자 여사의 소개로 폴란드에 가서 제품 수출을 타진했습니다. 폴란드 업체가 "물건은 사고 싶지만 돈이 없다"고 했는데, 1997년 11월 IMF가 터지면서 부도 직전에 처했을 때 폴란드에서 제품을 사겠다는 팩스가 들어와서 회생할 수 있었습니다. 그때 100대, 150대씩 재고 물량을 팩스로 모두 팔았습니다. 그 돈으로 빚을 갚고 나니 30억여 원이 남았습니다. 그때 하드웨어는 중소기업이 하는 게 아니라는 걸 절감하고, 2001년 웨어밸리를 창업해 SW 분야로 전환했습니다. 초창기에는 작은 징을 사무실 입구에 놓고 제품을 팔면 징을 울렸는데, 그때마다 직원들이 박수로 격려했던 기억이 납니다. (그 징은 사무실 통로 옆에 지금도 놓여 있었다.)

<2018.06.21.>

"사람이 답이다"

이형우 마이다스아이티 대표

___

부산대 기계설계학과를 졸업하고 대우중공업 조선 부문과 포스코건설을 거쳐 2000년 9월 마이다스아이티를 설립했다. 중소기업청 중견기업 육성·지원 위원회 위원, 국가 중장기전략위원, 국가과학기술자문위원을 거쳐 한국능률협회 경영자교육위원장과 K-SW포럼 의장으로 활동하고 있다. 이달의 과학기술자상과 장영실상, 대통령 표창, 산업포장, 강소기업가상, 도산경영상을 수상했다. 2016년 미래를 이끌 존경받는 기업인으로 뽑혔다.

이형우 마이다스아이티 대표는 기업 경영에 새 지평을 연 기업인이다. 그는 자연주의 인본경영의 주창자다. 자본주의 사회에서 기업의 존재 이유가 이익 창출인데 비해 그의 경영 원칙은 사람 키우기다. 이 대표가 회사에서 가장 집중하는 업무는 직원 대소사 챙기기다. 다른 기업에는 있지만 이 회사에는 없는 게 많다. 우선 승진 심사가 없고 4년마다 자동 승진한다. 직원 채용 시 스펙을 보지 않고 긍정성, 적극성, 전략성, 성실성과 같은 역량을 집중 판단한다. 개인 징벌도 없다. 성과급이 없고 정원이 없다. 입사 2년차도 팀장이 되고, 임원도 팀원으로 일한다. 직장인들의 소망인 무정년(無停年)이다. 직원 복지는 국내 최고 수준이다. 기본급이 대기업 수준이고, 일류 호텔 뷔페식을 하루 3끼 제공한다. 주 1회 이발도 무료다. 그런데도 이 회사는 세계 구조설계 소프트웨어(SW) 시장 점유율 1위다. 직원 챙기기에 바쁜 이 대표를 경기도 성남시 분당구 판교로 마이다스아이티 대표실에서 만났다. '사람이 답이다'라는 자연주의 인본경영이 궁금해서다. 엘리베이터를 내리자 복도 벽에 걸린 액자 속 글이 눈길을 끌었다. '삶이란' '일이란' '기술자의 길'이란 제목의 글이었다. 자세히 보니 지은이가 이 대표였다. 그는 시인이다.

이 대표님의 경영 원칙에 대해 설명해 주시죠.
경영은 현재를 사용해서 바람직한 미래를 얻기 위한 행위입니다. 그래서 경영의 핵심은 사람입니다. 경영은 사람을 올바르게 육성하는 것입니다. 결국 사람이 답입니다.

자연주의 인본경영이 무엇인지 궁금합니다.
인간에 대한 자연과학의 이해를 바탕으로 행복 인재 양성을 통해 세상 행복 총량에 기여하는 경영을 말합니다.

구조설계 SW 세계 1위의 비결은 무엇인가요?

한국 구조설계 SW 시장 초창기에는 외산이 100%를 독점했습니다. 우리는 상품에 모든 것을 걸었습니다. 그래서 이론보다는 실용 중심 제품을 개발하였고, 현지화했습니다. 무료 기술세미나 강좌, 교육, 고객 서비스로 4년 만에 국내 시장 1위를 달성했습니다. 세계 1위가 된 비결도 그런 식으로 사람을 길렀기 때문입니다.

SW를 공급한 대표 건축물은 어떤 것이 있나요?

160층, 828m로 세계 최고층 빌딩인 아랍에미리트(UAE)의 부르즈 할리파를 비롯해 베이징 올림픽 주경기장, 상하이 엑스포 파빌리온, 한·일 월드컵경기장, 세계 최장 사장교인 블라디보스토크의 루스키섬 대교, 중국 양쯔 강 쑤퉁대교 등이 있습니다. 현재 200층 규모의 사우디아라비아 킹덤 타워를 건설하고 있는데 이 타워가 완공되면 세계 최고층 건물이 됩니다. 모두 우리 제품으로 설계한 건축물입니다.

이 회사에는 없는 게 많다는 얘기를 들었습니다.

흔히 4무(4無) 정책이라고 하는데 실제는 더 많습니다.(웃음) 우선 스펙과 개인 징벌이 없습니다. 그리고 상대평가가 아닌 절대평가를 합니다. 승진은 4년마다 자동으로 합니다. 성과급이 없고, 정년이 없습니다. 노조가 없고, 채용을 위한 정원이 없습니다.

자동 승진 제도를 시행하고 계시군요.

그렇습니다. 4년이면 사원에서 대리, 다시 4년이면 대리에서 과장으로 자동 승진하는 시스템입니다. 차장, 부장도 마찬가지입니다. 물론 능력이 뛰어난 직원은 특진시키고 있습니다. 우리는 직급과 직책을 분리

합니다. 조직의 팀장은 전문 능력에 따라 발탁하기 때문에 사원이 팀장이 되고 임원이 팀원이 되는 일이 많습니다.

개인 평가는 어떻게 하시나요?

개인 평가는 조직의 리더가 매월 구성원들의 성과 수준과 열정, 특이 상태를 월간 리포트로 작성해서 이메일로 최고경영자에게 보고합니다. 저는 직원들의 성과나 열정은 보지 않고, 주로 특이 상태만 봅니다. 임직원의 부모가 건강에 이상이 생겨 병원에 입원했다면 그 병원에 연락해서 치료에 최선을 다해 줄 것을 부탁하고, 제가 도울 일이 있으면 돕고 있습니다. 직원들의 소소한 일상을 다 파악하고 챙기는 게 제 일입니다. 저는 노조위원장 역할을 하고 있다고 생각합니다.

CEO는 이 회사에서 어떤 역할을 하는 건가요?

직원 간 신뢰를 구축하고, 이들에게 동기를 부여하며, 전략 코칭을 하고, 솔선수범하는 게 CEO가 하는 일이라고 생각합니다.

신입 사원은 어떤 방식으로 채용하나요?

사원은 연 1회 공개 채용과 수시·특별·추천 채용을 통해 선발합니다. 우리는 스펙을 보지 않고 긍정성, 적극성, 전략성, 성실성과 같은 역량을 보고 사람을 뽑습니다. 인재 채용을 과학적이고 합리적인 과정을 거쳐서 진행하고자 많은 노력을 하고 있습니다. 경쟁률이 1,000대 1에 달합니다. 경력자는 3년차 미만을 주로 뽑습니다. 직원들은 각종 인성과 역량강화 교육을 받는데, 그 중 네 가지를 비춰 본다는 사관(四觀)학교라는 게 있습니다. '나는 누구인가, 세상이란 무엇인가, 삶이란 무엇인가, 일이란 무엇인가'라는 4가지 본질의 가치를 성찰하는 과정입니다.

인시드(inSEED)는 어떤 시스템인가요?

이 시스템은 뇌신경과학을 기반으로 인공지능(AI)과 빅데이터 예측 기술을 접목한 통합 역량 검사 도구입니다. 그 사람에게 있는 생물학적 그리고 신경학적 특성을 찾아냅니다. 이 도구는 지난해 출시했고, 현재 다양한 분야에서 활용하고 있습니다. 인시드는 높은 신뢰도와 타당도로, 현장에서 인재 선발용 검사도구로 인정받고 있으며, 재직원의 역량 검사에도 이 시스템을 활용합니다.

직원 복지가 최고라고 하던데요?

우리는 사람의 행복이 목적입니다. 5년마다 한 달 동안 유급휴가를 보내고 있습니다. 10일 정도는 가족과 유급휴가를 가고, 나머지 기간은 자신을 성찰하고 삶의 가치를 재정립하는 시간을 보내도록 권장하고 있습니다. 사관학교 프로그램의 일환으로 자기성찰을 위한 명상 프로그램이나 인생의 가치관에 도움을 주는 영화 관람 등 다양한 프로그램도 운영할 계획입니다. 매월 우수사원을 선정해서 상장과 금배지, 외식권, CEO 편지를 보냅니다. 한 달 동안 고급 스포츠카(포르셰)를 사용할 수 있습니다. 매년 1회 마이다스인상을 수여합니다. 그때는 직원 부모님을 회사로 초청해서 축하 행사를 대규모로 엽니다.

예산 편성도 자율화했나요?

우리는 역할, 책임, 권한을 담당자에게 부여합니다. 성과를 내기 위해서는 필요한 예산을 얼마든지 쓸 수 있습니다.

직원들과는 어떤 방식으로 소통하고 계시나요?

모든 걸 공유하고 공개합니다. 저는 외부 강연이나 국내외 출장 때 함께 갈 지원자를 인트라넷을 통해 모집하고 있습니다. 연간 100회 강연을 하고, 분기별로 실시하는 전 직원 참석의 경영회의는 축제처럼 열고 있습니다. 경영 성과를 공유하고, 구성원들의 일과 삶에 대한 열정 스토리, 외부 전문가 특별 강연 등 구성원들과 함께하는 공유 공감의 소통을 위한 전사 행사입니다. 우리 회사에 비밀이라는 건 없을 정도로 소통이 일상입니다. 저도 어제 직원 간담회를 3시간 하고 나서 저녁에 닭갈비를 먹으며 맥주를 마셨습니다.

치매 예방 SW은 언제부터 상용화할 계획이신가요?
2018년에 허가를 받아 출시할 계획입니다. 치매 진단에 유용한 정보를 제공해서, 실제 진료에서 보조 솔루션으로 사용할 수 있을 것으로 기대하고 있습니다. 내부 테스트에서 진단의 정확도가 높았습니다.

<2017.07.13.>

"정직이 더 큰일을 하게 만들고 더 큰 믿음을 갖게 한다"

김성수 게이트비젼 대표

공기청정기 회사에 다니다 3년 만에 그만두고 2001년 10월에 1인 기업을 창업했다. 이후 2004년 게이트비젼 이란 법인을 설립하고, 2005년 일산으로 사무실을 확장 이전했다. 2010년 영국 다이슨 총판으로 이듬해 날개 없는 선풍기를 판매, 대박을 터트렸다. 2015년에는 이탈리아 프리미엄 가전 이메텍과 영국 프리미어 가전 드림 랜드를 독점 수입했다. 창업 16년 만에 매출액 1,000억 원을 달성했다.

김성수 게이트비젼 대표는 유통업계의 창조적 파괴자로 불린다. 남의 뒤를 따라가지 않고 가치창조 전략으로 유통업계에 새 길을 열었다. 국내 최초로 쾌적한 환경의 고급 매장에 큐레이터를 배치했을 정도로 트렌드를 읽는 시각도 남다르다. 기존 유통 방식과 차별화, 세계 1위 고급 브랜드만 직수입해 공급하는 전략으로 인해 기업은 매년 성장했다.

김성수 대표의 경영 원칙은 가치 창조와 정직이다. 모든 업무는 공개한다. 심지어 다수 기업들이 영업 비밀로 취급하는 수입 원가도 공개한다. 경기도 고양시 일산에 있는 게이트비젼 본사에서 만난 김 대표는 "내년부터 사회복지 사업을 시작할 계획"이라면서 "경영에서 고객의 신뢰를 얻는 최선의 비결은 정직"이라고 강조했다.

유통하는 모든 제품이 고급 브랜드인가요?

그렇습니다. 모두 세계에서 인정받는 명품 브랜드들입니다. 저는 품질을 가장 중요시 합니다. 품질 좋은 제품을 중간 단계를 거치지 않고 직수입해서 판매하고 있습니다. 중간 단계를 거치면 소비자의 부담이 높아지지만, 직수입하면 적정 가격에 제품을 공급할 수 있습니다.

어떤 제품들인지 설명을 좀 해주시죠.

이름만 들어도 다 아는 고급 브랜드들입니다. 영국 다이슨, 스웨덴 블루에어, 미국 키친에이드, 이탈리아 이메텍, 독일 리페르, 스위스 로라스타, 중국 샤오미 등입니다. 이메텍은 이탈리아 전기요 시장 70%를 점유하고 있는 1위 브랜드로 세계 40여 개국에 수출하고 있습니다. 키친에이드 역시 미국 1위 주방 가전 브랜드입니다. 게이트비젼에서는 현재 청소기, 선풍기, 공기측정기, 냉장고, 다리미, 공기청정기, 전기자전거 등 8개 빅브랜드 전자 제품을 직수입해서 판매하고 있습니다.

어떻게 고급 브랜드 제품을 수입하게 되셨나요?

직접 발로 뛴 결과입니다. 고급 브랜드를 수입하기 위해서 미국 시카고 전자쇼와 국제전자제품박람회(CES), 독일 IFA 등 세계 유명 전시회에 빠지시 않고 참여했습니다. 처음부터 거래가 성사된 것은 아닙니다. 한 번 가면 아는 척도 하지 않는 경우가 많았지요. 두 번 가고 세 번 가서야 지나가는 말로 "제안서를 한번 내 보라"고 하더군요. 그런 과정을 거쳐서 거래가 성사됐습니다. 직수입한 제품은 소비자들과 친해지도록 별도의 비용을 들여서 브랜딩 작업을 했습니다. 그런 노력을 했더니 이제는 계약 관련 내용을 우리가 주도하게 되었습니다. 최근에는 스위스 대사관에서 자국 내 기업이 한국에 진출하려는데 협력 관계를 유지할 수 있느냐고 타진해 오기도 했습니다. 2017년부터 스위스 다리미 1위 업체인 로라스타의 제품을 출시할 계획입니다. 계약도 전권을 우리에게 위임했습니다.

별도의 브랜딩 작업을 하신 이유가 궁금합니다.

모두 상생을 위해서입니다. 브랜딩을 하면 거래하는 제조업체 측에서 아주 좋아합니다. 요즘은 해외 고급 브랜드 제조업체가 먼저 우리와 거래를 원하는 경우도 생겼습니다.

경영 원칙이 있다면 설명해 주시죠.

저만의 몇 가지 원칙이 있습니다. 우선 무채무(無債務) 경영을 합니다. 절대 빚을 지지 않는 주의입니다. 저희 아버지가 많은 빚을 졌던 적이 있습니다. 그래서 어릴 적에 할머님이 "절대 빚지지 말라"고 노래하듯 늘 제게 강조하셨습니다. 그게 우리의 경영 원칙이 됐습니다. 다음은 세계 1위를 차지하는 고급 브랜드만 직수입해 판다는 원칙입니다. 지금은 고급 브랜드가 아니면 살아남지 못하는 시대입니다. 최고 제품을 최대한 싼 가격에 공급해야 소비자들이 주목합니다. 또 준법 경영을 합니다. 이익이 많이 남아도 소비자에게 해를 끼치는 제품은 절대 판매하지 않습니다. 꾸준히 아토피 안심마크를 받은 제품을 팔았더니 대한아토피협회에서 아토피 예방 우수기업에 선정되기도 했습니다. 여성소비자단체가 뽑은 프리미엄 대상도 수상했습니다.

유통 전문기업으로 성공을 거둔 비결이 무엇 때문이라고 보시나요?
가치경영과 정직입니다. 특히 어떤 일이 있어도 정직해야 합니다. 제조업체나 소비자 모두에게 정직해야 신뢰 관계를 구축할 수 있습니다. 외국 업체가 우리에 대해 잘 모를 것이라고 거짓말해서는 절대 안 됩니다. 언젠가는 다 알게 됩니다. 정직이 더 큰일을 하게 만들고, 더 큰 믿음을 갖게 한다고 생각합니다. 다음은 직원들의 역량입니다. 직원은 경력직은 채용하지 않고, 처음부터 열정 강한 신입사원을 뽑아서 양성하고 있습니다. 현재 우리 직원 가운데 70% 이상이 10년 넘게 근무한 가족 같은 직원들입니다. 이들의 역량이 회사 성공의 원천이라고 생각합니다. 저는 업무에 관해서 직원들에게 재량권을 다 주고 있습니다. 다만 인센티브제를 하면 조직이 무너진다고 판단해서 실행하지 않고 있습니다. 10년 이상 근무한 직원에게는 자동차도 주고, 신상품이 들어오면 직원들이 먼저 사용해보고 제품에 대해 잘 알 수 있게 하기 위해 한 개씩 주고 있습니다. 우리는 직원별 매출목표액이 없습니다. 각자 알아서 열심히 일할 뿐입니다. 다만 일하는 과정에서 자극은 줍니다. 제품 이익률도 직원이 정하고 있습니다.

소비자와의 소통은 어떻게 하시나요?

소비자와는 구매와 동시에 계약 관계라고 생각합니다. 그래서 고객 만족에 최선을 다합니다. 제품을 출고할 때도 제품 사용설명서와 함께 동영상을 제작해서 보냅니다. 동영상을 보면 설명서를 읽는 것보다 제품을 이해하기 쉽기 때문입니다. 소비자와 양방향 소통을 위해 1대1 카카오톡을 하고, 1대1 문의도 받고 있습니다. 우리가 3년 전부터 시작한 것을 요즘에는 대기업들이 도입했습니다.

사후 관리는 어떻게 하시나요?

다이슨의 경우 5년 동안 무상 AS를 실시하고 있습니다. 이메텍은 3년 무상 AS입니다. 전기자전거는 완전 조립해서 배송하고 있습니다. 그런데 고급 브랜드를 판매하다 보니 AS 비율이 0.3%도 안 됩니다.

큐레이션A는 무엇인가요?

고객 제일주의의 일환에서 만든 휴식 겸용 고급 브랜드 체험 마당입니다. 마치 예술품을 전시하는 미술관처럼 쾌적한 분위기 속에서 소비자들이 전문 큐레이터로부터 맞춤 서비스를 받는 곳입니다. 현재 본사 1·2층과 강남점, 광주점에 전문 큐레이터를 배치해서 맛있는 차를 마시면서 상담하는 공간으로 만들었는데, 월 매출액이 1억 원 이상일 정도로 고객 반응이 아주 좋습니다.

회사 경영은 어떻게 하시나요?

저는 대표지만 팀장이라고 생각하고 그렇게 일하고 있습니다. 요즘은 실시간으로 상황이 변하기 때문에 모든 결정을 신속하게 하기 위해 팀별로 메신저를 만들었습니다. 업무도 팀별로 이메일로 실시간 처리하고 있습니다. 보고를 위한 보고는 없고, 업무 내용은 모두 공개하고 있습니다. 영업회의에는 협력사도 모두 참석하며 양방향 실시간 소통을 하고 있습니다. 우리는 브랜드의 수입 원가도 다 공개합니다. 그래서 늘 직원들에게 고마운 마음입니다.

앞으로의 계획이 있다면?

노인과 유아를 위한 사회복지 사업을 할 계획입니다. 아내가 이 일을 하기 위해 사회복지학 석사 학위를 받았습니다. 창업할 때 그렇게 서약했는데, 2017년부터는 사업을 본격 시작할 계획입니다. 그동안 2명에게 창업 자금을 지원했는데 본격적으로 창업도 지원할 방침입니다. 저도 집안이 가난해 어렵게 대학을 졸업했습니다. 여름 양복을 겨울철에도 입고 지냈는데, 그런 가난이 열정을 불태우는 원동력이 된 것 같습니다.

<2016.12.08.>

"준비하는 사람에게
위기는 없다"

최유섭 텔콤씨앤에스 회장

중앙대 전자공학과를 졸업하고 동 대학원에서 경영학 석사와 박사 학위를 받았다. 서울대와 일본 와세다대, 중국 칭화대, 미국 보스턴대 등에서 CEO 과정을 수료했다. 대학 졸업 후 엔지니어로 일하다가 30대 후반에 사직하고 1991년 3월 전자부품을 수입하는 텔콤인터내쇼날을 설립했다. 2009년에 텔콤아이씨피, 2012년에 기온하이테크를 설립했다. 미국, 일본, 프랑스, 중국 등에 20여 개 대리점을 두고 있다. 통상산업부 장관과 국세청장 표창, 2013년 무역의 날 수출탑 등을 수상했다. 저서로 회갑을 맞아 2014년 펴낸 《스파크 열정》과 공저 《IT사업의 10계명 어떻게 승리할 것인가》가 있다.

최유섭 텔콤 회장은 '열정 승부사'로 불린다. 어떤 일이건 열정을 다해 그런 별칭을 얻었다고 한다. 경영관도 남다르다. 늘 변화를 추구한다. 남과 같이 하면 살아남지 못한다는 논리. 회사 업무는 이메일로 처리하고, 모든 업무 내용과 자금 내역은 투명하게 공개한다.

최 회장을 서울 서초구 텔콤빌딩 4층 회의실에서 만났다. 그는 공부하는 최고경영자다. 대학 졸업 후 주경야독으로 석사와 경영학 박사 학위를 취득했다. 급변하는 정보화 사회에 새로운 지식을 배워야 기업이 발전할 수 있다는 소신 때문이다. 최 회장은 "준비하는 사람에게 위기는 없다"면서 "CEO는 직원들이 자율과 책임을 갖고 일할 수 있는 환경을 조성해야 한다"고 강조했다.

회장님의 경영 철학이 궁금합니다.

남과 같이 해서는 살아남지 못합니다. 일하는 방식이나 생각이 남과 달라야 한다는 게 저의 경영철학입니다. 위대한 기업은 기존 기업과 일하는 방식이나 직원들의 자세가 다릅니다. 저는 직원들에게 자율과 책임을 강조합니다. 회사 업무는 이메일로 주고받습니다. 해당 부서장이나 직원이 어떤 일을 하겠다고 하면 그 일에 제 의견만 제시합니다. 제가 잘 아는 분야인 경우에만 추가 조언을 해 줍니다. CEO는 오케스트라의 지휘자처럼 조정자 역할을 해야 합니다. 업무에 시시콜콜 관여하기 시작하면 새롭게 변할 수 없습니다. 1991년부터 각종 전자통신 부품을 수입해 판매했습니다. 지금은 자회사가 3개가 되었습니다. 초창기에 3명이 시작했는데 지금은 60여 명이 일합니다. 회사에 비밀은 없습니다. 모든 업무 내용과 자금 입출금 내역을 투명하게 공개하고 있습니다. 제가 사용한 돈도 영수증을 모두 제출합니다.

학구열이 대단하시다고 들었습니다.

저는 어릴 적부터 호기심이 많았습니다. 제 일을 잘하려고 공부를 시작했는데 하다 보니 욕심이 생겨서 박사 학위까지 받았습니다. 급변하는 정보화 시대에 사업을 잘하려면 그 분야를 잘 알아야 한다는 생각이 컸습니다. 산업 동향이나 기술 흐름을 알아야 다른 사람에게 지시도 할 수 있다고 생각하고, 그런 의도에서 대학원에 진학해 공부했습니다. 그런데 사업하면서 공부한다는 게 무척 힘들더군요. 박사 학위 취득에 6년이 걸렸습니다. 논문 작성이 가장 힘들었습니다. 포기할까 했는데 지도교수가 용기를 줘서 논문을 제출했습니다.

제조업에 진출한 이유가 있으신가요?

부품을 수입하다 보니 국내에서 일부 변형 부품을 요구하는 일이 잦았습니다. 이를 해외 부품 공급업체에 의뢰하면 소량인 관계로 가격이 엄청 비싸지는 경우가 생겼습니다. 각종 제품을 수입해 사후 관리를 하다 보니 일부지만 부품을 국산화해야겠다는 생각을 하게 되었습니다. 일종의 맞춤 주문 생산이지요. 과거에 관련 부품을 제조하던 업체를 인수해서, 2012년부터 제조업을 시작했습니다. 기술 축적을 위해 연구소도 설립했습니다. 저는 제조업에 관여하지 않습니다. 그쪽 CEO는 다른 사람입니다. 고인 물을 정화하는 에코 팬을 만들고 있습니다.

제조업 경쟁력 확보 방안은 무엇인가요?

제조업은 국가 경쟁력의 근간입니다. 일본은 제조업이 탄탄합니다. 우리도 일본처럼 제조업을 살려야 한다는 게 제 생각입니다. 제조업이 살면 기술 축적도 하고, 요즘 같은 심각한 취업난도 해결할 수 있습니다. 제조업계의 이직이 심하면 노사 간에 불신이 쌓이고, 투자를 할 수도 없습니다. 차별화한 전략으로 틈새시장을 집중 공략하면 제조업도 경쟁력을 갖출 수 있습니다. 스스로 노력해서 그 분야의 최고가 되어야 합니다.

유통업에서 성공한 비결은 무엇인가요?

직원들이 한마음으로 고객을 위해서 열심히 노력한 결과라고 생각합니다. 유통업 26년째인데, 처음 영업을 할 때는 부품 샘플을 가방에 넣어서 들고 다녔습니다. 저는 어떤 일이건 건성으로 하지 않습니다. 모든 영업이 다 그렇지만 고객을 가장 두려워 합니다. 영업은 부품만 파는 게 아니라 인격을 함께 파는 것이기 때문입니다. 고객 만족을 위해 온 정성을 다했습니다. 그런 세월이 쌓이면 고객과 신뢰를 형성할 수 있습니다. 상대한테 신용을 얻지 못하면 성공할 수 없습니다.

신용은 어떻게 해야 얻을 수 있나요?

정직과 진정성입니다. 어떤 경우건 거짓말을 하면 안 됩니다. 서로가 윈윈(win-win)할 수 있어야 한다는 자세로 일하면 고객도 나를 믿게 될 것입니다. 오래전 일입니다. 그때는 버스를 타고 걸어 다녔는데, 경기도 성남시 상대원동 종점에 있는 모 제조업체를 가는 길에 폭우가 쏟아졌습니다. 비를 다 맞고 갔더니 그 회사 구매과장이 깜짝 놀라면서 "날씨가 이런데 오지 말고 전화를 하지 그랬느냐"고 하더군요. 제가 "약속을 지키기 위해서 왔다"고 하자 감동했는지 그날 처음 저에게 따끈한 차(茶)를 대접해 줬습니다. 저는 경쟁사는 전혀 의식하지 않습니다. 우리 제품이 비싸면 그만큼 고객에게 다르게 서비스를 해 줍니다. 고객들과의 신뢰 관계 구축에 10년이 걸렸습니다. 세상일은 길게 보고 정직하게 일해야 합니다. 단기간에 이익을 보려고 상대를 속이는 일을 하면 안 됩니다. 진정성을 보일 때 상대도 나를 진심으로 대하기 마련입니다.

현재 해외 거래처는 얼마나 되나요?

미국, 일본, 프랑스, 대만, 중국에서 전기통신 부품을 수입해서 공급하고 있습니다. 독일과도 거래하기 위해 11월에 독일에 갈 계획입니다. 흔히 중국산을 싸고 질이 나쁜 것으로 아는데 그건 오해입니다. 10년 전만 해도 품질이 좋지 않았지만, 지금은 중국 기술이 날로 발전해 그렇지 않습니다. 우리가 중국을 무시할 수 없는 이유입니다. 미국 부품은 방위산업을 하다가 상용화했습니다. 일본 부품은 경박단소(輕薄短小)가 특징입니다. 독일은 원천 기술이 많습니다. 프랑스는 양보다 질로 승부합니다. 이처럼 국가마다 다 특징이 있습니다.

직원을 채용하실 때 무엇을 중요하게 보시나요?

열정입니다. 면접 때 무슨 일을 하고 싶은지를 물어 봅니다. 자신이 원하는 일을 하면 시키지 않아도 열정을 갖게 됩니다. 일단 채용하면 3개월은 인턴 기간입니다. 이 기간에 하는 일이 적성에 맞는지를 놓고 당사자와 회사가 함께 생각합니다. 그게 당사자를 위해서도 바람직하다고 생각합니다. 가장 중요한 게 사람 됨됨이입니다. 어떤 일을 하고자 하는 의지와 열정이 있어야 합니다. 요즘 젊은이들은 너무 조급해합니다. 월급을 조금 더 주면 금세 이직하는데 바람직하지 않다고 생각합니다.

직원들에게 특별히 강조하시는 게 있으신가요?

예의를 강조합니다. 회사 캐치프레이즈가 기본을 지키는 프로가 되자입니다. 우선 예의가 바른 사람이어야 하고, 다음에 그 분야 최고가 돼야 합니다. 직원들에게 책을 많이 읽고 날마다 혁신해 보라고 강조합니다. 간혹 직원 가운데 "회사의 비전이 궁금합니다"라고 묻는 사람이 있는데, 그럴 때마다 "회사 비전을 당신이 제시하라. 하고 싶은 일이 무엇이고 뭐가 되고 싶은지를 말하라"고 대답합니다. 직원이 어떤 제안을 하면 제 의견을 보태 시행토록 하고 있습니다. 회사 로고도 직원 공모를 통해 결정했습니다. 처음에 제가 만들었는데 촌스럽다는 지적을 받았습니다. 퇴사한 직원은 별 문제가 없다면 재입사 기회를 주기도 합니다. 다만 제가 결정하는 게 아니라 직원들의 의견을 그대로 반영합니다. 직원들이 좋다고 하면 채용하고, 문제가 있다고 하면 재입사는 불가능합니다. 회사는 CEO 혼자 경영하는 게 아니기 때문입니다.

기업가 정신이란 무엇일까요?

회사 일을 자기 일처럼 하는 정신입니다. 일을 적당히 하면 안 됩니다. CEO는 도전 정신으로 회사의 미래를 일궈 나가야 합니다. 저는 늘 내가 이 회사 직원이라면 나 같은 CEO와 함께 일하고 싶을까? 라고 자문합니다. CEO 이전에 인생 선배로서 평등한 입장에서 오래 일하고 싶은 회사를 만들고 싶습니다. 그런 점에서 저부터 변화와 혁신을 실천하기 위해 노력하고 있습니다.

위기를 어떻게 기회로 만들 수 있을까요?

위기와 기회는 동전의 양면입니다. 위기 뒤에 기회가 있습니다. 위기는 어느 날 갑자기 오는 게 아닙니다. 사전에 위기 조짐이 나타나기 마련인데, 문제는 어떤 준비를 하느냐입니다. 준비하는 자에게 위기는 없습니다. 위기는 직원들과 공유해야 극복할 수 있습니다. 요즘 세상이 너무 빠르게 변하고 있습니다. 빠른 것이 느린 것을 이기는 세상이 되었습니다. 그래서 저는 한 품목만 취급하지 않고, 다양한 품목을 유통합니다. 흔히 계란은 한 바구니에 담지 않는다고 하지 않습니까? 저도 위험 분산 투자를 하고 있습니다. 삼류 기업은 위기에 사라지고, 이류 기업은 위기를 극복하고, 일류 기업은 위기로 인해 발전한다는 말이 있습니다. 아무리 현실이 어려워도 성공하고 위기를 기회로 만들어 성공하는 사람은 있게 마련입니다. 모든 건 마음먹기에 달려 있습니다.

젊은이들에게 하고 싶은 말이 있다면?

좋은 습관을 길러야 합니다. 세 살 버릇이 여든까지 간다고, 게으른 습관은 게으른 사람을 만들 수밖에 없습니다. 자신의 한계를 극복하기 위해 노력해야 합니다. 아무리 좋은 일도 처음에는 힘들고 나쁘게 보일 수 있습니다. 요즘 젊은이들의 취업난을 대변하는 이른바 헬 조선이니 흙수저 같은 말은 남 탓만 하는 것처럼 들립니다. 그렇게 해서 뭘 얻을 수 있을까요. 세상에 안정된 직업은 없습니다. 회사에 들어갔는데 적성에 맞지 않다면 진로를 고민하길 바랍니다. 자신을 최고로 만들어야 합니다. 그러려면 남들보다 열정을 갖고 더 노력해야 합니다. 노력하는 사람을 이길 자는 없습니다.

<2016.10.06.>

"긍정적으로
세상을 보자"

주홍 레이저옵텍 대표

인하대 대학원에서 이학박사 학위를 받고 KAIST를 거쳐 KIST 광기술연구센터에서 연구원으로 일했다. 미국 코네티컷대에 유학했으며, 2013년 세계 인명사전 '마키스 후즈 후'에 등재됐다. 주홍 대표는 레이저 박사답게 레이저 종류와 성능을 설명할 때 자리에서 일어나 칠판에 글을 써 가며 설명할 정도로 의료용 레이저에 대한 열정을 엿볼 수 있었다. 2010년에는 100만 달러 수출 탑을 수상했다. 저서로 《메디컬 에스테틱 레이저의 원리와 응용》이 있다.

그는 연구실로 돌아가고 싶었다. 그러나 갈 수 없었다. 투자자들의 기대를 저버릴 수 없어서다. 이를 악물고 앞만 보고 달렸다. 15년 동안 흘린 땀과 노력의 대가는 헛되지 않았다. 2015년 세계 최초로 가스를 사용하지 않고 난치성 피부 질환을 치료할 수 있는 고체형 레이저 치료기 '팔라스(Pallas) 레이저'를 개발했다. 지금은 세계 50개국에 자체 기술로 개발한 각종 레이저 치료기를 공급하고 있다. 한국 레이저공학의 권위자 주홍 레이저옵텍 대표 이야기다. 그는 한국과학기술연구원 (KIST) 연구원 벤처기업가 1호다. 청바지에 체크무늬 남방셔츠 차림을 한 주 대표를 경기도 성남시 상대원동 레이저옵텍 사무실에서 만났다. 역경을 이겨낸 그의 얼굴에는 자신감과 여유가 넘쳤다.

과학자이신데 벤처를 창업한 이유가 있으신가요?

2000년 창업 붐이 한창 불 때 KIST에서 벤처를 창업하는 연구원에게 2년 동안 겸직을 허용했습니다. 그 당시 저는 레이저기술 특허 두 건을 보유하고 있었습니다. 하나는 국내에서 처음 개발된 레이저로 피부를 깎는 기술이었고, 또 하나는 광통신 산업용 레이저 기술이었습니다. 그해 7월 세 명이 의료용과 산업용 레이저를 만드는 레이저옵텍을 창업했습니다. 창업 초창기에 레이저 기술력 하나는 자신있었습니다. 이듬해 KIST에서 후문 쪽에 홍릉벤처밸리를 조성하면서, 장소를 제공했습니다. 창업하면서 엔젤투자자와 기업 등에서 5억 원을 투자받았습니다. 겸직 기간이 끝날 무렵 두 명은 KIST로 복귀하고, 저만 남았습니다. 연구만 하다가 기술 창업을 하고 보니 경영이나 마케팅이 너무 힘들었습니다. 사업을 접고 싶은 마음이 굴뚝같았지만 투자를 받았으니 중간에 그만둘 수도 없었습니다. 흔히 말하는 개고생을 했지요. 새벽 6시에 출근해 밤늦게 퇴근하면서 레이저 개발에 매달렸습니다.

사업을 하면서 어떤 점을 배우셨나요?

세상을 보는 눈이 변했습니다. 지금은 연구소나 학교에 있는 후배들과 만나 대화하면 의사소통이 안 돼 답답함을 느낄 정도입니다. 후배들은 자기주장이 강하고 시야가 좁습니다. 그래서 KIST에 가서 강연할 때마다 후배들에게 마음을 내려놓아라. 그리고 세상을 넓게 보라고 당부하고 있습니다.

미국 텍사스대 MD앤더슨 암센터에 레이저 기기를 수출했습니다.

2016년 6월 우리 기술로 개발한 피부질환용 레이저 치료기 히페리온을 MD앤더슨 암센터에 수출했습니다. 이번 수출은 한국 제품의 기술력이 세계 정상급임을 인정받았다는 점에서 의미가 각별합니다. 이 암센터는 암 전문의만 1,200명이 근무하는 세계 최고 암 치료 기관입니다. 구강암 치료를 하면 이식한 피부에서 털이 나는데, 이걸 제거하는 후처리용 레이저 치료기가 히페리온입니다. 혈관 제모용 레이저 치료기이지요. 이번 수출은 MD앤더슨 암센터에서 치료용 레이저 기기를 만들 수 있느냐고 먼저 타진해 와서 성사됐습니다. 우리는 이미 그런 시스템을 개발한 상태였기 때문입니다. MD앤더슨 암센터에 트레이닝 받으러 온 수많은 의료진이 우리 제품을 사용할 것입니다. 국산 레이저 기기의 수출 확대 거점이 될 것으로 보고 있습니다. 그동안 MD앤더슨 암센터 같은 미국 주류 의료기관에 한국 의료 기기를 공급한 일이 거의 없었습니다.

세계 최초인 '팔라스 레이저'는 어떤 과정을 거쳐 개발하셨나요?

제품 개발은 2006년에 시작했습니다. 10년 만에 자체 연구로 국산화한 것입니다. 백반, 건선, 아토피, 원형 탈모 같은 피부 질환을 치료하는 레이저 기기는 크게 세 종류입니다. 하나는 자외선램프 치료기인데, 시간이 오래 걸립니다. 일주일에 2회씩 1년 동안 치료해야 하고, 치료 효과도 낮습니다. 그러다 보니 중도 포기하는 경우가 많았습니다. 다음에 나온 게 엑시머 레이저입니다. 가스 레이저로 램프 치료기의 단점을 보완했습니다. 치료 기간은 3개월이고, 효과도 자외선램프보다 큰 편입니다. 하지만 유지·보수비가 연 2,000만 원 정도로 높고, 치료 때 출력이 불안정해 화상을 입을 수도 있습니다. 의사 입장에서는 안 쓸 수도 없고, 그렇다고 쓰자니 부작용 우려가 있었습니다. 이러한 단점을 보완한 레이저 치료기 개발에 착수했고, 국산화한 게 바로 고체 레이저인 팔라스입니다. 팔라스는 치료 기간이 2개월 미만이고, 유지·보수비는 연 50만 원 가량입니다. 출력 불안정 문제도 해결했고, 가격도 외산에 비해 저렴합니다. 모든 면에서 기존 제품보다 우수하다고 자부합니다.

개발하면서 어려움은 없으셨나요?

왜 어려움이 없었겠습니까. 저는 레이저로 박사 학위를 받았고, 관련 특허도 보유하고 있는 사람입니다. 하지만 경영을 해 본 적이 없습니다. 창업 이후 절감한 게 사업은 기술만으로 되는 게 아니라는 사실입니다. 2006년에 개발을 시작했지만 진전이 없어서 2010년부터 다른 방법으로 연구를 했습니다. 연구개발(R&D)비로 약 35억 원이 들었습니다. 2015년에 세계 최초로 고체형 레이저 치료기인 팔라스 개발에 성공하고 식품의약품안전처의 승인도 받았습니다. 회사에는 레이저로 박사 학위를 받은 사람이 저를 포함해 세 명입니다.

세계 시장 규모는 어느 정도인가요?

현재 연 3,000억 원 정도로 추정됩니다. 한국은 100억 원 규모로 보고 있습니다. 그동안 레이저 치료기는 미국 업체가 주도했고, 그다음은 독일 업체였습니다. 그동안 우리는 레이저 치료기를 전량 수입해 사용했지만, 앞으로는 수입 대체 효과도 기대할 수 있게 되었습니다. 가장 큰 시장은 미국, 그다음은 유럽이기 때문에 미국 식품의약국(FDA)과 유럽 CE에 안정성 승인 신청을 한 상태입니다.

세계 진출 전략이 있으신가요?

현재 50개 국에 대리점이 있습니다. 아프리카를 제외하면 모든 나라에 대리점에 다 있는 셈입니다. 우리는 1국 1대리점이 원칙입니다. 대리점을 계약하기 전 한국에 와서 1주일 정도 기술과 치료 방법 교육을 받아야 합니다. 교육을 수료해야 대리점 계약서에 서명을 할 수 있습니다. 현재 싱가포르인 두 명이 와서 교육을 받고 있습니다. 1년에 한 번씩 한국에서 각국 고객을 초청해 모임을 갖고 있습니다.

인도 수출은 처음인가요?

인도는 가스 유출로 인한 유해성 때문에 엑시머 레이저 수입을 전면 금지했습니다. 인도는 인구 12억 명이 넘고, 백반, 건선, 아토피 환자가 유독 많은 나라입니다. 지금까지 자외선램프를 레이저 치료기로 사용했습니다. 인도 의료기기 시장은 연간 4조 2,000억 원 규모라고 알고 있습니다. 8월부터 인도 의료기관에 팔라스를 공급하기로 했습니다. 9월에는 인도에서 500여 명이 참석하는 워크숍도 열 예정입니다. 인도 대리점에서 행사를 준비하고 있습니다. 인도에서 선택한 솔루션은 팔라스뿐입니다.

현재 생산하는 레이저는 몇 종류인가요?

크게 4종류입니다. 용도별로 세분하면 7개입니다. 기미와 검버섯 같은 색소병변 치료기가 3개, 흉터와 주름 치료기가 2개, 혈관병변과 제모 치료기가 2개입니다. 현재 병변용인 피코세컨드(Picosecond) 레이저를 개발하고 있습니다. 2014년부터 착수했고, 2019년에 개발을 완료할 계획입니다. 정부 과제로 5년 동안 65억 원을 지원받는데, 대당 가격이 3억 원에 이르는 고가 제품입니다.

창업 희망자에게 하고 싶은 말이 있다면?

2001년 11월 투자를 받아서 2002년 1월에 이곳으로 이사했습니다. 당시 투자금이 10억 원이었는데 1년이 지나자 돈이 떨어져서 죽을 고생을 했습니다. 그때 별 생각이 다 들었습니다. 하늘이 무너져도 솟아날 구멍이 있다고 하는데 그때 의료용 레이저 제조업체에서 주문자상품부착생산(OEM) 방식으로 레이저를 만들어 달라고 해서 고비를 넘겼습니다. 그 당시 사전에 충분히 준비하고 창업했으면 이런 고생을 안 했을 텐데라며 후회를 많이 했었지요. 제가 창업해 보니 기술력은 경영 전체에서 차지하는 비중이 5%밖에 안 되는 것 같습니다. 경영을 모르면 절대 성공할 수 없다고 생각합니다. 벤처 성공률이 1~3%라고 하니 기술력만 믿고 창업하면 100% 망한다고 보면 됩니다.

벤처 활성화를 위한 조언을 해주신다면?

벤처 창업 이전에 정부가 창업 인큐베이터 시스템을 마련하고 그곳에서 일정 기간 교육을 받도록 했으면 좋겠습니다. 기술만 있는 창업 희망자들이 그곳에서 경영과 마케팅을 배우고 나오면 성공률이 높아질 것입니다. 대기업에서 분사해 창업한 벤처 기업인은 대체로 성공합니다.

그들은 기술과 더불어 대기업의 경영과 환경에 대해 사전 지식이 있기 때문입니다. KIST 연구원 벤처에 당시 16개 팀이 창업했는데, 다 실패하고 지금 저만 남았습니다. 기술만 믿었기 때문에 실패한 것이지요.

<2016.08.11.>

"지극히 정성을 다해야
능히 변화시킬 수 있다"

김구현 아이탑스오토모티브 대표

━━━

한국과학기술원(KAIST) 우주항공학과를 졸업하고, KAIST 대학원에서 기계공학 석사 학위를 받았다. 현대자동차 산학장학생으로 뽑혀 남양연구소에서 차체 설계 업무를 담당했다. 그는 2007년 4월 현대 사내벤처인 `아이탑스`를 설립, 2009년 보행자 안전시스템인 `액티브 후드시스템`을 개발했다. 2011년 12월 전자설계를 하던 연구소 동료 2명과 아이탑스오토모티브를 창업했다. 이에 앞서 청년창업사관학교에 입교해 10개월 동안 교육을 받았다. 2012년부터는 국내 처음으로 `액티브 후드시스템` 양산을 시작했고, 산타페와 쏘렌토 등에 시스템을 공급했다.

김구현 아이탑스오토모티브 대표는 기술 창업을 했다. 현대자동차 사내벤처로 출발한 그는 국내 최초로 보행자 안전시스템을 개발, 국내 완성차 업체에 공급했다. 창업 5년째지만 오는 2020년 매출 목표는 1,000억 원이다. 김 대표를 경기도 의왕시 철도박물관로에 있는 회사에서 만났다. 회사 1층 입구에 안전 시스템을 장착한 자동차가 방문자를 맞이했다. 보행자와 차량이 충돌 시 센서가 이를 감지, 자동차 후드를 위로 올려서 보행자의 머리에 가해질 충격을 완화해 주는 안전 시스템이다.

국내 첫 보행자 안전 시스템 개발인가요?

그렇습니다. 그동안 국내에서 보행자 안전과 관련한 기술을 개발한 기업은 우리가 처음입니다. 2007년부터 연구를 시작했는데, 당시 한국 자동차의 기술 경쟁력은 세계 수준이었지만 보행자 안전 시스템에 관한 기술은 없었습니다. 운전자나 탑승자 위주의 안전 대책이어서 안전벨트나 에어백, 차체 강화 등에만 힘을 쓰는 수준이었지요. 그러나 외국의 내로라하는 벤츠나 BMW 같은 자동차는 오래전부터 100% 보행자 안전 시스템을 적용했습니다. 지금은 정부가 주관하는 신차 안전도 등급 평가에 보행자 항목이 들어 있습니다. 좋은 등급인 별 5개를 받으려면 보행자 안전 시스템 채택이 필수가 되었습니다.

사업 분야와 직원을 소개해 주시죠.

자동차용 센서와 제어기, 액추에이터를 만들고 있습니다. 창업 당시 저를 포함해 3명이 시작했는데, 현재 직원은 54명입니다. 2013년 벤처기업 인증을 받았으며, 2014년 7월 부설연구소를 설립했습니다.

과거에는 보행자 안전 시스템을 왜 국내 자동차에 적용하지 않았나요?

당시 국내에는 이런 안전 시스템을 개발한 업체가 없었습니다. 차량에 적용하려면 외국 기술을 수입해 와야 했는데, 수입하면 그만큼 차량 판매가격을 올려야 했기 때문입니다.

지금은 어떻게 되었나요?

이 시스템을 국산화한 후 2012년부터 완성차에 적용하고 있습니다. 첫해는 산타페와 쏘렌토에 적용했습니다. 이어서 제네시스, 올뉴카니발, 아슬란, 올뉴투싼 등에 공급했습니다. 지금은 현대와 기아차를 중심으로 연간 54만 2,000대에 안전 시스템을 공급 중입니다.

차량 충돌 시 어떤 역할을 하는 건가요?

보통 보행자와 자동차 충돌사고를 분석해 보면 보행자 하반신과 차량 범퍼가 가장 먼저 충격을 받습니다. 이어서 보행자의 머리가 차량 후드와 충돌하는데, 이 충격으로 보행자가 사망할 확률이 높습니다. 우리는 이 점에 착안해서, 다양한 충돌 시험과 분석으로 머리상해지수(HIC)를 줄였습니다. 먼저 자동차 앞에 부착한 센서가 보행자와 충돌을 감지하는 순간 자동차 앞 후드를 약 6cm 올려주는 액추에이터를 작동시켜, 보행자의 머리 충격을 완화했습니다. 이건 자동차 에어백이 적기에 터져야 하듯 타이밍이 가장 중요합니다. 지난 2012년 시속 40km로 달리는 차량에서 시험한 결과 보행자의 HIC는 1,893에서 398로 낮아졌습니다. 사망률도 95%에서 0.5%로 감소했습니다.

외국의 안전 시스템과 비교해서 기술 수준은 어떻습니까?

가장 중요한 게 정확하게 감지하는 능력입니다. 우리 센서는 감지 시간이 1,000분의 15초입니다. 다른 제품에 비해 5~10배 데이터 수도 많습니다. 액추에이터도 다른 제품보다 가격이 저렴합니다. 센서와 액추에이터 분야 기술 특허를 5건 등록했고, 4건은 출원 중입니다.

이런 시스템을 외국 업체에는 몇 곳이나 공급하고 있나요?

3~4개로 알고 있습니다. 세계 유수의 자동차 부품업체 보쉬, 콘티넨탈, 덴소 등이 이런 시스템을 공급하고 있습니다. 이들 업체는 말이 자동차 부품업체지 대기업입니다. 앞으로 세계 시장에서 이들과 경쟁해야 합니다. 교통안전공단에서 차종별로 신차 안전도를 검사한 결과 보행자 안전성에서는 국산 차종이 외산에 비해 점수가 높았습니다. 우리도 자동차 부품 산업을 중점 육성해야 합니다.

주요 거래처는 어디인가요?

1차는 평화정공, 2차는 현대기아차입니다. 유럽과 북미 지역을 대상으로 영업을 확대할 계획입니다. 협력업체인 평화정공과 동반 진출을 추진하고 있습니다.

국내 시장 규모는 어느 정도로 보시나요?

대략 1,000억 원 규모로 예상합니다. 시장이 커지면 이 분야에 진출하는 업체가 등장할 수 있습니다. 그런 만큼 기술 개발과 최고 품질의 제품 생산에 최선을 다하고 있습니다.

국산화로 인한 수입 대체 효과는 어느 정도인가요?

3,000억 원 안팎으로 봅니다.

청년창업사관학교에 입학한 이유가 있으신가요?

그동안 연구소에서 일하다 보니 경영 전반에 관한 경험이 아주 없었습니다. 마침 청년창업사관학교에서 1기 최고경영자 교육생을 모집하기에 입교했는데 아주 유익했습니다.

구체적으로 어떤 점이 도움이 됐나요?

창업은 기술만 있다고 성공할 수 있는 게 아닙니다. 기술, 자본, 사람이 있어야 성공할 수 있고, 이 밖에도 변수가 많습니다. 저는 대기업에만 근무해서 전쟁터 같은 창업의 현실을 잘 몰랐습니다. 창업사관학교는 청년 창업 CEO를 양성하는 실무 중심의 창업교육을 실시하는 기관입니다. 시제품 제작과 개발, 마케팅 지원 등 창업 계획부터 사업화까지 전 과정을 교육하고 있습니다. 교육을 통해 창업 현실이 이상과는 거리가 있다는 걸 절감했습니다. 창업학교는 이런 점에서 창업에 많은 도움이 됐습니다. 창업 CEO들과 인적 네트워크를 구축할 수도 있어서 초창기에는 이들과 자주 연락하고 모임도 가졌습니다. 어려운 일이 있으면 이들에게 물어 보면서 극복할 수 있었습니다.

창업 후 가장 힘들었던 점은 무엇인가요?

뭐니뭐니 해도 경영입니다. 개발자가 아닌 CEO로서 때로는 세일즈도 해야 하는데 그게 하루아침에 되는 일이 아닙니다. 아무리 좋은 기술로 제품을 만들어도 팔지 못하면 아무 쓸모가 없습니다. 잠재 고객을 발굴하기 위해 대상자를 선정하고, 이후 당사자를 만나는 일이 가장 힘들었습니다. 그들은 제가 만나고 싶어도 쉽게 만날 수 없었습니다. 그래서 지인을 통해 소개 받아서 만나기도 했습니다. 새로 창업하면 기존 협력업체의 진입 장벽을 넘기가 어려운데, 이를 어떻게 극복하느냐가 관건입니다.

인력은 어떻게 채용하고 있나요?

처음에는 사람 구하기가 가장 어려웠습니다. 요즘 취업자들이 대기업만 선호하지 않습니까? 우리 연구소는 상시 채용 방식인데, 지금은 기업의 성장 가치를 보고 희망자가 늘었습니다. 그러다 보니 수준이 올라가고 있습니다.

창업자들이 유념해야 할 점이 있다면?

창업하기 전에 철저하게 준비해야 합니다. 창업을 하려면 자금, 사업 아이템, 사람이 필요합니다. 사전 준비 없이 뭐, 어떻게 되겠지 라는 안이한 생각으로 창업을 하면 십중팔구 망할 수밖에 없습니다. 저도 중진공 자금 1억 원과 협력사로부터 투자를 받았지만 도중에 자금난으로 위기를 겪은 적이 있습니다. 또 창업자는 자기중심적으로 생각해서는 안 됩니다. 철저하게 고객 중심이어야 합니다. 제품도 사는 사람 입장에서 만들어야 합니다. 그런데도 창업자들이 처음에는 자기중심적으로 일을 시작합니다. 저도 마찬가지였습니다. 처음에는 제품을 재활용할 수 있도록 만들었는데, 그랬더니 고객 측에서 "재활용은 필요 없다. 새것을 쓰면 된다. 크기는 작게 하고 가격은 내려라"고 요구하더군요. 요구를 수용해 바꾸자 고객 반응이 더 좋았습니다.

창업과 관련해 정부에 바라는 바가 있다면?

정부나 지방자치단체에서 운영하는 창업 프로그램이 많습니다. 그러다 보니 지원 금액이 너무 적은 편입니다. 창업 기업은 많지만 이들이 모두 성공하는 건 아닙니다. 실패하는 창업 기업이 더 많으니, 차라리 선택과 집중을 통해 심사는 엄격하게 하고 자금 지원을 확대하는 게 바람직하다고 생각합니다. 성공할 만한 기업을 집중 지원해야 합니다. 또한 창업에 실패한 사람에게 재도전할 기회를 줘야 합니다. 지금은 한 번 실패하면 낙인이 찍혀서 다시 창업을 할 수가 없습니다. 그 외 연대보증인제 같은 제도도 개선해야 합니다. 보행자 안전 시스템 적용으로 자동차 사고나 사망자가 줄면 그만큼 자동차 보험료도 내려 줬으면 좋겠습니다.

앞으로의 계획은 어떻게 되시나요?

최고 품질의 스마트자동차 부품을 생산할 계획입니다. 사업 다각화로 2020년까지 매출 1,000억 원을 달성할 생각입니다.

<2016.07.21.>

"가치 있는 것을 만들어
수익을 내라"

최종일 아이코닉스 대표

성균관대 신문방송학과를 졸업하고 연세대 언론홍보대학원에서 방송영상학 석사 학위를 받았다. 금강기획을
거쳐 방송통신위원회 국내 제작 애니메이션심의위원, 한국애니메이션 제작자협회장, 국가지식재산위원회 보호
전문위원으로 일했다. 현재 서강대 초빙교수로 후학을 지도한다. 대통령상만 다섯 번 수상했다. 저서로는《집요
한 상상》이 있다.

아이코닉스는 한국을 대표하는 어린이 콘텐츠 분야의 독보적인 기업이다. 세계 140여 개국에 수출한 대표 캐릭터인 뽀로로는 어린이들한테 '뽀통령(뽀로로 대통령)'이라고 불릴 정도로 인기다. 월간 뷰는 2억 건이 넘고,. 캐릭터 상품만 2500여 종에 이른다. 검은 티셔츠에 청바지, 운동화 차림으로 나타난 '뽀로로' 아빠 최종일 아이코닉스 대표는 얼굴 표정이 어린이처럼 티 없이 맑았다. '순진무구(純眞無垢)한 동심(童心)을 가슴에 안고 생활해서인가' 하는 생각이 들었다. 사무실 한 면 가득한 상장과 표창장, 감사패, 그리고 다양한 뽀로로 캐릭터와 유아용 도서들을 배경으로 한국의 디즈니를 꿈꾸는 그의 포부를 들었다.

뽀로로의 성공 요인은 무엇일까요?

콘텐츠 차별화가 아닐까요. 아이들 눈높이에 맞는 이야기를 애니메이션에 담은 것이 성공 요인인 것 같습니다. 뽀로로는 2001년부터 기획했고, 2003년부터 애니메이션으로 방송했는데, 2005년 무렵부터 인기가 폭발했습니다. 저는 딸과 아들이 노는 것을 보면서 시나리오를 작성했습니다. 지금 큰애가 대학생이고, 아들은 고등학생입니다.

뽀로로 이전에는 어떤 애니메이션을 만들었나요?

로봇들이 나와 전투를 벌이는 SF 애니메이션을 주로 만들었습니다. 당시 한국에는 유아용 콘텐츠가 거의 없었고 일본 애니메이션이 주류였습니다. 그래도 처음 시작할 때는 자신만만했습니다. 1997년에 〈녹색전차 해모수〉를 만들어서 시청률 1위를 기록했습니다. 하지만 완성도가 낮아서 만족하지는 못했습니다. 그 후 완성도는 높였지만 사업성과가 나타나지 않았습니다. 이유를 곰곰이 분석해 보니 일본 애니메이션을 따라 한 게 원인이었습니다. 고민을 하다가 일본을 이길 수 있는 차별화한 애니메이션을 만들자고 다짐했습니다. 콘텐츠 차별화를 위해 유아용 애니메이션을 만들기 시작했습니다. 좋아하는 동물, 그 가운데 펭귄을 주인공으로 삼았습니다. 다행히 그동안 펭귄을 주인공으로 한 애니메이션이 없더군요. 내용도 기존과 다르게 시도했습니다. 기존의 애니메이션은 권선징악(勸善懲惡)이나 영웅 이야기가 다수였는데, 뽀로로는 아이들의 관점에서 접근해 아이들이 일상에서 놀면서 겪는 소소한 에피소드 위주로 구성했습니다.

현재 몇 개국에 수출하고 있나요?

140여 개국에 수출이 되었습니다. 요즘은 이게 별 의미가 없는 게 뽀로로를 유튜브로 세계에 서비스하고 있기 때문입니다. 뽀로로 월간 뷰가 2억 건이 넘습니다. 2016년 말이면 4억 건을 돌파할 것 같습니다. 현재 세계 1위 애니메이션의 월간 뷰는 7억 건인데, 전 연령층을 대상으로 하는 애니메이션입니다. 2017년 말까지 우리가 1위 탈환에 도전할 계획입니다.

글로벌 전략이 궁금합니다.

해외 매출이 생각만큼 많지 않습니다. 원인을 분석해 보니 사업 거점이 필요한데, 아직 그런 거점을 다 마련하지 못해서 그런 것 같습니다. 3년 전 중국에 법인을 설립했습니다. 3년 안에 미국과 인도에도 법인을 설립할 방침입니다. 중국에 뽀로로 파크를 4개 개설했습니다. 2016년 말까지 5개를 추가, 9개로 늘릴 계획입니다. 싱가포르와 방콕에도 한 개씩 뽀로로 파크를 개설했습니다. 한국에는 서울 잠실 롯데월드와 일산 킨텍스, 파주, 동탄, 청주, 광주 등지에 뽀로로 파크 7개를 운영하고 있습니다. 2016년 미국, 러시아, 인도네시아에 뽀로로 파크를 개설하고 방콕에 한 개를 추가합니다. 뽀로로 파크에서는 공연과 애니메이션 체험을 할 수 있어서 앞으로 공연과 애니메이션에도 한류 열풍이 불도록 한다는 계획을 갖고 있습니다.

뽀로로의 브랜드 가치가 엄청난 것 같습니다.
브랜드 가치는 뽀로로가 사랑받는 걸 숫자로 표현한 것이니 별다른 의미 부여를 하지 않으려고 합니다. 앞으로도 더 많은 사랑을 받을 수 있도록 최선을 다할 각오로 일하고 있습니다.

어린이들에게 전하고 싶은 이야기는 무엇인가요?
어린이가 아니라 부모님께 전하고 싶은 이야기를 담고 있습니다. 우리 교육은 획일화돼 있고 주입식 위주입니다. 저도 두 아이를 키우지만 재능과 개성이 둘 다 다릅니다. 모든 아이가 공부를 잘할 수는 없습니다. 사물을 보는 관점도 다릅니다. 어른들이 자기 기준에서 생각하지 말고 아이의 개성을 존중해야 합니다. 언젠가 큰아이와 의견이 다를 때 "아빠는 왜 제 이야기를 듣지 않고 아빠가 답을 말하고 가르치려고만 하세요"라고 말해서 크게 반성한 적이 있습니다. 제 생각을 아이에게 일방적으로 강요한 것이었지요.

경기도 의정부에 뽀로로 테마랜드를 조성 중이신가요?
규모가 크다 보니 조율할 게 많아서 다소 일정이 늦어지고 있습니다. 당초 2018년 12월에 완공할 계획이었지만 2019년 12월쯤에 완공될 것으로 보고 있습니다. 관련 기관에서 적극 도와주고 있습니다. 뽀로로 테마랜드는 5만㎡(약 1만5000평) 규모로 조성됩니다. '뽀로로'와 '타요'를 비롯해 개발하고 있는 캐릭터를 테마별로 배치한다는 계획입니다.

세계 애니메이션 시장 규모는 어느 정도인가요?

약 20조 원입니다. 캐릭터 시장까지 포함하면 200조 원 규모에 이를 것 같습니다.

과거에 실패도 많이 했다고 들었습니다. 어떻게 극복하셨나요?

지난 일을 지금 다시 돌이켜보면 무엇이 잘못인지 문제점이 보입니다. 처음 시작할 때는 실력은 부족했지만 자신감이 넘쳐서 도전했고, 당연히 실패했습니다. 무슨 일이든지 자신의 부족함을 알고 채워 나가는 과정이 중요합니다. 재수가 없어서, 운이 나빠서 사업에 실패했다고 생각하면 더 이상 발전할 수 없습니다. 세상에 실력 없이 이룰 일은 하나도 없습니다. 성공하려면 그에 맞는 실력을 키워야 합니다. 저는 실패를 통해 많은 걸 배웠습니다. 실패는 성공으로 가는 일종의 과정입니다. 실패를 이겨내려는 노력을 하지 않고는 성공할 수 없습니다.

기업가 정신이란 무엇일까요?

어떤 일을 하건 사회 구성원의 일부라는 걸 잊어서는 안 됩니다. 가치 있는 것을 만들고 수익을 내는 것이 기업가 정신이고 책임이라고 생각합니다. 어린이들에게 밝고 건전한 가치관과 꿈을 심어 주는 것이 제 역할입니다.

창의력은 어떻게 기르시나요?

끊임없는 학습의 결과물이 창의력이라고 생각합니다. 창의력은 기발한 상상력에서 나오는 게 아닙니다. 이 세상에 없는 기발한 생각은 없습니다. 애니메이션 한 편에 170에서 180여 컷이 들어가는데, 한 컷이 3초 정도입니다. 그 한 컷마다 어린이들이 공감하는 표정을 찾아야 합니다. 그러려면 컷 하나 하나를 고민하고 학습해야 합니다. 그래야 어린이들이 재미있다고 반응합니다. 창의력은 고대 그리스의 수학자이자 물리학자인 아르키메데스가 목욕하다가 밀도 측정법을 발견해 "유레카(알아냈다)"라고 외친 말처럼 갑자기 떠오르는 게 아닙니다. 더많이 고민하고 끊임없이 학습하는 것이 창의력을 기르는 방법이 아닐까요?

이 분야에 도전하는 창업자에게 하고 싶은 말이 있다면?

한국에서 애니메이션 분야가 빠르게 발전하고 있지만 아직은 토양이 척박한 실정입니다. 이는 역설적으로 가능성이 크다는 의미이기도 합니다. 비록 불편한 게 많지만 충분히 도전할 가치가 있는 분야입니다. 성공은 쉽게 쟁취할 수 있는 게 아니니, 숱한 실패와 시행착오를 겪어도 좌절하지 않고 원인을 분석해 다시 도전해야 성공할 수 있습니다. 당장 성과가 안 나온다고 포기하지 말고 장기적인 안목으로 도전하시길 바랍니다.

정부에 바라는 점이 있다면?

정부의 문화콘텐츠 산업 육성 의지는 강력합니다. 다만 성과를 빨리 내기 위해 조급해 하면 안 된다고 봅니다. 문화콘텐츠 산업은 문화라는 속성상 시간이 걸릴 수밖에 없습니다. 당장 성과가 나오지 않는다고 정책을 변경하거나 포기하면 안 됩니다. 정부의 역할은 건전한 생태계를 조성하는 일입니다. 예를 들어 어항에 물고기들이 잘 살 수 있도록 수질 관리만 해 주면 됩니다. 그러면 경쟁력 있는 물고기들은 잘 자랄 것입니다.

<2016.05.12.>

"권위는
솔선수범에서 나온다"

박준석 비긴스 대표

1996년 국민대에서 전자공학박사 학위를 받고 순천향대학교를 거쳐 2003년부터 국민대 전자공학부 교수로 재직 중이다. 청정교통 기술인 전기버스 시스템의 기획자이자 최초 개발자이고 사업체인 비긴스 대표를 맡고 있다.

키 185cm에 짧은 머리, 블루진 바지와 점퍼, 운동화 차림의 박준석 대표는 정장 차림에 익숙한 교수나 CEO들과는 딴판이었다. 더 놀란 점은 출입이 잦은 사무실 입구에 놓인 책상이 그의 자리라는 점이었다. 남들은 그를 문지기라 부른다고 했다. 그가 준 명함이 아니었다면 회사 직원으로 여길 뻔했다. 박 대표는 세계 1위 전기차 업체인 테슬라를 비긴스가 보유한 기술로 충분히 이길 수 있다고 자신했다.

배터리 교환형 전기버스 시스템 개발이 세계 최초인가요?
그렇습니다. 우리가 세계 처음으로 개발했고, 관련기술 특허도 받았습니다.

보유한 특허는 몇 건이나 되나요?
국내 특허가 62건이고 해외 특허가 40건입니다. 공랭식 교체형 배터리 원천기술과 전기자동차용 배터리 장착장치 같은 국내외 특허 중 비긴스 단독 특허는 15건입니다. 나머지 특허는 모텍스나 LS산전, 피엠그로우와 한국항공대학교아 공동 특허입니다.

언제 창업을 하셨나요?
2009년 교수로 국토해양부(현 국토교통부)가 추진한 한국형 친환경 교통수단인 미래청정교통기술 기획에 참여했습니다. 2010년 스마트전기차연구단에서 한국항공대학교와 공동으로 기술개발을 했습니다. 2013년 전기버스 비즈니스 모델을 개발하고 상용화에 성공한 후 그해 11월에 혼자 실험실 창업을 했습니다. 2014년 12월에 7명이 모여 정식으로 비긴스(Begins)를 출범했습니다(비긴스는 Battery, Exchanable, Green, Infra, Network, System의 첫 글자를 따서 만들었다고 설명했다).

교수이신데 학교 강의는 어떻게 하시나요?

비긴스가 출범할 때 사표를 냈는데 총장님이 "절대 안 된다"며 반려하셨습니다. 지금은 학교 측의 배려로 강의는 하지 않고 전기차 시스템 보급 확대에 최선을 다하고 있습니다.

비긴스의 주요 사업은 무엇인가요?

비긴스는 전기버스와 전기차 산업을 선도하는 기술 지주회사입니다. 전기버스와 택시, 배터리 교환시스템을 공급하고 이를 운영하는 게 주요 사업입니다. 제주도에서 새로운 비즈니스모델로 전기차 배터리 리스 사업을 시작했습니다. 2015년 4월에 KT와 한전, 현대·기아차와 함께 제주비긴스특수목적법인(SPC)을 설립했습니다. 주유소 같은 기능을 하는 유료충전기를 곳곳에 설치하고, 동시에 제주도의 전기버스와 택시, 렌터카를 대상으로 서비스하는 콜센터와 통합운영시스템도 구축합니다. 3년간 전기버스 119대와 택시와 렌터카 1,000대를 보급할 계획입니다. 우리가 개발한 기술을 바탕으로 국내는 물론이고 세계에 차세대 청정 교통수단인 전기차 생태계를 조성하는 게 최종 목표입니다.

전기차 시스템을 도입하면 기존 차량에 비해 얼마나 비용이 절감되나요?

버스는 1일 300km를 달린다고 가정하면 현재 유류비가 한 대당 연간 7,000만 원 정도 든다고 합니다. 전기차를 도입하면 유류비가 10%는 절감됩니다. 한 대당 연 700만원인데 100대면 연간 7억 원입니다. 부품 교환 같은 AS 비용을 감안하면 절감액은 더 늘어납니다. 여기에 온실가스 배출 규제도 받지 않습니다.

지금 국내 전기차 대수는 어느 정도인가요?

한국 시장은 시작 단계입니다. 2014년 기준으로 전국에 3,044대가 보급됐습니다. 지역별로는 서울이 890대로 가장 많고 다음이 제주도 747대입니다. 전북이 17대로 가장 적습니다. 제주도는 전기차 메카를 목표로 2030년까지 도내 차량 37만 대를 전기차로 교체한다고 밝혔습니다. 비긴스는 제주시와 서귀포시에 MRO도 구축했습니다. 미국이나 중국, 일본에 비하면 우리는 아직 초보 단계입니다.

전기차 충전기는 얼마나 보급되어 있나요?

전국에 3,201기가 보급됐습니다. 서울이 915기로 가장 많고 다음이 제주도 793기입니다. 비긴스는 과금과 도전(盜電) 방지를 위한 충전이력 관리 기술과 충전기 1기로 다수를 충전할 수 있는 스마트충전 서비스도 제공하고 있습니다.

세계 전기차 시장 규모는 어떤가요?

매년 급증세입니다. 2014년 전년 대비 237%가 늘어난 32만 대가 공급됐습니다. 미국이 12만 대로 가장 많고 중국 5만8,000대, 유럽 2만 8,000대, 일본 1만7,000대입니다. 우리 전체 대수를 합해도 지난해 일본 판매대수의 5분의 1 수준에도 미치지 못하는 상황입니다.

전기차 배터리 생산은 상황이 어떤가요?

이미 배터리 표준화를 완료했습니다. 4월부터 협력사에 제품 생산을 발주할 계획입니다. 성능 좋고 가격 경쟁력이 있는 기업을 선정할 방침입니다.

전기버스 시범운행 결과에 대해 설명해 주시죠.

2013년부터 울산에서 두 대를 시범 운행 중입니다. 현재까지 4만km
를 운행했고 누적 승객 수가 4만 명을 넘었습니다. 시민 반응이 아주
좋아서 2015년 서울과 제주, 거제 같은 지자체에서 전기버스를 도입할
계획입니다.

배터리의 수명은 어느 정도인가요?

충전 배터리는 6,000번을 사용할 수 있습니다. 한 번 충전으로 40km
를 운행한다고 가정하면 24만km 운행 후에 배터리를 교체합니다. 이
배터리는 전기버스밖에 쓰지 못합니다. 다른 전기저장장치로 재활용
할 수 있습니다.

배터리 자동 교체시스템은 무엇인가요?

사물인터넷(IoT) 기반의 무인교체 시스템입니다. 이미 2013년부터 울
산에서 두 대가 시험 운행되고 있습니다. 보통 전기차를 충전하는 데
30여 분이 걸리지만 이 시스템의 배터리 교체시간은 1분 미만입니다.
로봇이 작업하기 때문에 잠시 정차할 때 배터리를 교체할 수 있습니
다. 교체형 배터리의 무게는 620kg인데, 이것을 버스 위에 탑재합니
다. CNG버스의 탱크 무게는 2톤입니다. 배터리 교체시스템은 특허를
낸 상태이고, 실주행 시험을 거쳐 2019년 양산에 들어갈 계획입니다.
앞으로 27만 대의 택시에 공급할 생각입니다.

전기차 생산은 어떻게 하시나요?

전기차는 한국화이바와 대우자동차에서 생산하고 있습니다. 48인승
이상은 최고속도를 내면 한 시간에 80km를 달립니다. 전기버스는 비

긴스가 배터리를 리스해 주고 환경보조금을 받으면 기존 버스와 가격이 같습니다.

통합관제센터(TOC)는 어떤 곳인가요?
전기차 운행을 실시간으로 제어하는 곳인데, 각종 자료를 수집하고 분석해 전기차가 안전운행을 하게 하는 시스템입니다.

전기차 보급을 확산하기 위해 개선해야 할 점은 무엇일까요?
자동차운수사업법에서 기존 내연기관을 가진 차량은 차령(車齡)을 제한하고 있습니다. 노후 차량으로 인한 사고 방지와 공해 방지가 목적입니다. 반면 전기차는 내연기관이 없기 때문에 전기차의 차령 제한을 폐지해야 한다고 봅니다. 보험과 충전 서비스 진흥책도 필요하다고 생각합니다. 이를 위해 시장주도형 전기차 정책을 마련해야 합니다. 보조금을 시장주도형으로 사용할 수 있는 법적 근거를 마련해야 한다고 생각합니다.

세계 표준화는 어떻게 추진할 생각인가요?
표준화를 하면 특허권을 포기해야 해서 신중히 추진할 생각입니다. 테슬라는 특허를 공개했습니다. 지금은 국가표준은 지양(止揚)하고 상품표준을 지향(指向)한다는 방침입니다. 시간을 두고 관계기관 전문가들과 더 논의할 사안입니다.

테슬라를 어떻게 보시나요?
현재 세계 1위 전기차 업체이고 성능도 세계 최고 수준입니다. 하지만 테슬라의 기술은 개인적으로 수용성이 없다고 생각하고 있습니다.

앞으로 계획을 말씀해 주시죠.

비긴스는 서비스 프로바이드(SP) 역할에 충실할 생각입니다. 비긴스를 집 같은 회사, 가족 같은 회사, 영원한 내 회사로 만드는 게 꿈입니다. 오래 전 미국 보잉사에 방문한 적이 있는데, 그때 걷기조차 힘들어 하는 백발의 노 기술자가 연필로 비행기를 스케치하면 그것을 젊은 엔지니어들이 가져가서 설계하는 감동적인 모습을 봤습니다. 기술의 끝은 경험이라고 생각합니다. 그래서 우리도 정년이 없는 평생직장으로 발전시키고 싶습니다.

<2015.03.26.>

LEADER'S THINKING

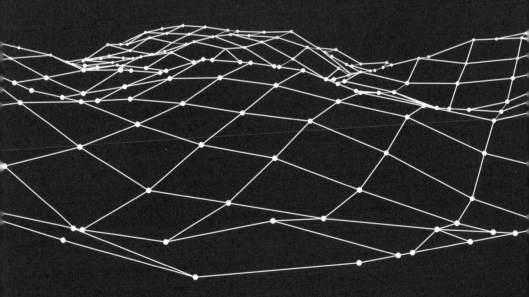

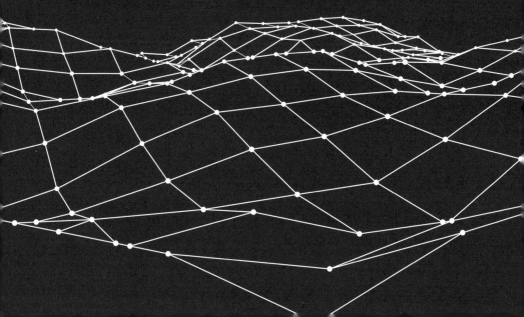

6부

미래를 준비하는
리더

"모든 건 자신이
책임져야 한다"

백승욱 루닛 이사회 의장

KAIST 전자공학과에서 디지털 프로세서의 열관리 시스템에 대한 연구로 박사 학위를 받았다. 2013년 KAIST 동료들과 인공지능 의료 솔루션 업체 루닛을 공동 창업했다. 현재 루닛의 이사회 의장을 맡아 새롭게 태동하는 의학 인공지능이라는 기술을 널리 보급하기 위한 기술과 사업 전략을 담당하고 있다.

대표실이 없다. 근무시간과 출퇴근, 복장은 자율이다. 직원 절반이 대표보다 연봉이 많다. 병원도 아닌데 전문의(專門醫)가 6명이다. 한국에서 유일하게 '세계 인공지능(AI) 100대 스타트업'에 들어간 루닛 사무실의 모습이다. 백승욱 대표를 서울 강남구 역삼로 사무실에서 만났다. 약속 시간에 맞춰 출근하는 기분으로 루닛으로 갔더니 텅 빈 사무실을 백 대표 혼자 지키고 있었다. 운동화에 청바지 차림이었다. 직원들은 출근 전이었다. 그가 직접 타온 냉커피를 마시며 1시간 반 동안 AI 기반 의료영상 분야에 대한 이야기를 나눴다.

직원들이 안 보입니다.
아직 출근 전입니다. 대략 10시경에 출근합니다. 자율근무제여서 직원들이 알아서 출근하고 퇴근합니다. 우리 회사는 어떤 일보다 직원을 최우선합니다.

재택근무하는 직원도 있나요?
그렇습니다. 사무실에서만 일하는 게 아닙니다. 본인 의사에 따라 카페에서도 일합니다. (10시경부터 직원들이 하나 둘 출근했다. 일부는 반바지에 백팩을 메고 있었다.)

언제 창업하셨나요?
2013년 8월에 창업했습니다. KAIST 친구 6명이 2010년부터 준비해서 창업했습니다. 창업에서 가장 중요한 게 '팀 빌딩(team building)'입니다. 지금은 직원이 50명입니다. 직원 중 절반이 대표보다 봉급이 많을 정도로 최고의 인재들입니다.

전공이 의료 분야인가요?

아닙니다. 전자공학도입니다. 저는 회로 설계를 했습니다. 창업을 안 했으면 졸업 후 국내 반도체 회사에 가거나 아니면 해외로 나갔을 겁니다. 저는 처음부터 창업이 목표였습니다. 대학 재학 중 휴학하고 동아리 선배가 창업한 회사인 '에빅사'에서 일한 경험이 있습니다. 그때 스스로 연구 목표를 설정하고 제품을 생산해 판매했는데 많이 배웠습니다. 모든 게 자율이었고 재미있게 일했습니다. 당시 개발한 제품이 컴퓨터 원격 제어 소프트웨어였습니다.

한국 기업으로는 유일하게 '세계 AI 100대 스타트업'에 들어갔습니다.

100대 AI 스타트업은 세계 AI 분야를 다 포함해서 선정한 것입니다. 루닛은 AI 의료영상 판독 기술을 인정받아 한국에서 유일하게 100대 기업에 뽑혔습니다.

의료영상 판독 분야에서 루닛의 기술력은 어느 정도인가요?

세계 '빅3'에 해당합니다. 미국과 이스라엘에 각각 한 개씩 스타트업이 있습니다. 판독 기술력은 루닛이 가장 앞섰다고 자신합니다.

연구개발하고 있는 분야에 대해 설명을 부탁드립니다.

크게 두 분야입니다. 하나는 영상의학 분야이고 다른 하나는 병리학 분야입니다. 영상의학 분야 제품은 흉부 엑스레이를 비롯해 폐암, 폐렴, 기흉 등 다양한 폐질환을 판독합니다. 더 확장하면 심장 비대증, 골절 등도 판독이 가능합니다. 병리학은 병에 걸린 조직 형태 변화를 연구하는 학문인데 쉽게 말해 조직 검사입니다. 지금은 인체 이상을 발견하면 조직을 떼어내 현미경으로 검사하지만, 앞으로 병리학 분야에서는 AI가 기여할 점이 많습니다. 갈 길이 멀지만 두 분야 모두 연구 개발에 같은 비중을 두고 있습니다.

개발한 제품에는 어떤 게 있나요?
첫 개발품은 영상의학 분야의 제품으로 흉부 X선 판독 시스템인 '루닛 인사이트'입니다. 루닛 인사이트 확장 버전도 개발했습니다. 유방 촬영술로 유방암을 찾는 제품이라 글로벌 경쟁력이 있습니다.

기존 장비와 차이점은 무엇인가요?
일부에서 효율성을 말하던데 가장 중요한 것은 정확도입니다. 생명을 다루는 만큼 정확도가 핵심입니다. 임상시험 결과 AI를 사용하면 정확도가 높아졌습니다.

식약처 의료기기 승인은 신청했나요?
루닛 인사이트는 지난해 승인을 신청해 현재 심사가 진행 중입니다. 올 가을쯤 인허가 승인을 받을 것으로 예상하고 있습니다. 확장 버전도 승인을 신청했고 곧 임상시험에 들어갑니다. 식약처 인허가 승인에 이어 미국 FDA나 유럽 CE 인증도 신청할 계획입니다.

제품은 언제 출시하나요?
루닛 인사이트는 승인이 나면 곧바로 출시할 계획입니다. 확장버전은 2019년부터 출시할 수 있을 것으로 생각하고 있습니다.

임상시험 대상은 몇 명의 사례를 사용하셨나요?

200명의 사례를 사용했습니다. 의사가 판독한 내용을 AI가 판독하고 이를 토대로 최종 판독해 변화를 측정했습니다. 진단 종합도에서 정확도가 몇 %나 올라갔는지를 시험한 것입니다.

정확도는 어느 정도로 나왔나요?

임상시험 결과 폐암은 검출 X레이를 이용해 전문의가 진단한 경우 80%였습니다. 이걸 AI 제품으로 판독한 결과 83%가 나와서 3%가 높았습니다. 전문의가 아닌 일반의는 67%였고 AI는 81.7%였습니다. 폐렴과 결핵, 기흉의 경우 비전문의가 82%, AI는 90.5%였습니다. 전문의는 90.9%, AI는 95.2%였습니다. 재미있는 건 AI 단독 진단 시 98%로 나타났다는 겁니다. AI의 도움을 받으면 정확도가 올라갔습니다.

국내 협업하는 병원은 몇 곳인가요?

서울대병원과 연세 세브란스병원, 삼성병원, 서울아산병원 등 국내 빅4를 포함해 많은 병원과 협력관계를 맺고 있습니다. 창업 초기 미국에 가서 하버드 대학병원이나 메사추세츠 종합병원과 협력방법을 모색했는데 데이터는 많지만 효율적으로 일하기가 어려웠습니다. 서울은 대형병원이 다 몰려 있어서 연구개발 환경이 서울처럼 좋은 곳이 없습니다. 주로 4대 병원과 협력하고 있습니다.

연구 인력은 몇 명인가요?

AI 연구 인력은 15명입니다. 제품을 개발해도 사용하는 건 의료진이지요. 루닛에는 전문의들이 직원으로 근무하고 있습니다. 스타트업에 전문의가 직원으로 근무하는 경우는 극히 드문 사례입니다.

전문의가 몇 명인가요?

모두 6명입니다. 영상의학과 3명, 병리과 전문의 2명, 가정의학과 전문의 1명입니다. 대학 병원에 근무하다 온 전문의도 있습니다. 총괄은 서범석 이사가 하고 있습니다. 서 이사는 KAIST 동기인데 생명공학을 전공하다 서울대 의대에 편입해 가정의학과 전문의 자격을 획득했습니다. 제가 의료 분야 문외한이어서 처음에는 컨설팅을 해주다 함께 일하고 있습니다. 이들은 사용자 입장에서 제품 기획 단계부터 개발 과정에 깊숙이 관여하고 있습니다.

시장 규모를 어느 정도로 추정하시나요?

영상 진단 분야 시장 규모는 2~3조 원으로 추정하고 있습니다.

매출은 언제부터 발생할 것 같나요?

2019년부터 매출이 소폭 발생할 것으로 보고 있습니다. 제품을 내놔도 급격한 매출 확대를 기대하긴 어려운 상황입니다.

투자는 얼마나 받으셨고, 앞으로도 추가로 유치할 계획이 있나요?

그동안 3차례에 거쳐 58억 원을 투자받았고, 앞으로도 4차 유치를 해야 합니다. 자세한 내용은 비밀입니다.(웃음)

보안 대책은 어떤가요?

보안에 대해서 많은 고민을 했습니다. 병원과 함께 컴퓨터 설계를 할 때 보완책을 강구하고 있습니다. 나름대로 대책을 마련해 시행하려고 합니다.

최종 목표는 무엇인가요?

앞으로 AI를 주류(主流) 의학에 편입시키는 게 1차 목표입니다. X레이도 처음 등장했을 때 주류가 아니었습니다. 뒤에 영상의학이 생기고 주류 의학으로 발전했습니다. AI도 하나의 학문체계가 될 수 있다고 생각합니다.

스타트업 희망자에게 하고 싶은 말은?

남의 말을 듣지 말고 자신을 믿어야 합니다. 멘토나 스타트업 관련 책이 많지만 자신이 공부해서 정답을 찾아야 합니다. 모든 건 자신이 책임져야 한다고 생각합니다.

<2018.05.31.>

"훌륭한 인재와 같이 일하는 것이 큰 기쁨이다"

임영익 인텔리콘 대표

서울대에서 생명과학을 전공하면서 수학, 물리학, 전자공학 등 다양한 분야를 공부했다. AI 공부를 위해 미국으로 떠났고, 그곳에서 잠시 뇌 과학을 공부했다. 귀국 후 2009년 51회 사법시험에 합격했다. 2012년 사법연수원 41기, 특허연수원을 9기로 수료했다. 현재 인텔리콘 대표와 인텔리콘 메타 연구소 대표다. 세계법률인공지능학회 정회원, 대학 강의 등 다양한 분야에서 활동 중이다. 지난해 법률 AI 시스템이 차세대 세계일류 상품으로 선정됐고 굿 콘텐츠 서비스 인증을 획득했다. 저서로《메타생각》이 있다.

본업(本業)이 무엇일까. 그를 인터뷰하면서 문득 든 생각이다. 변호사, 변리사, 연구소 대표, 교수 등 1인 다역(多役)을 해서다. 임영익 인텔리콘 대표를 서울 강남구 논현로 인텔리콘 사무실에서 만났다. 국내 법률 인공지능(AI) 시스템 분야에 새로운 이정표를 제시한 변호사다. 낮에는 변호사로, 밤에는 연구자로 일하며 국내 최초로 법률 AI 시스템을 개발했다. 인텔리콘의 법률 AI 시스템은 국제 법률 AI 경진대회에서 2016년과 2017년 연속 1위를 차지해 세계에 기술력을 자랑했다. 지난 2월에는 대형 로펌인 법무법인 대륙아주와 협약을 맺고 시스템을 국내에 처음 공급했다. AI와 정보통신기술(ICT)을 접목해 개발한 법률 AI 시스템 성능과 역할에 대한 이야기를 2시간여 들었다.

법률 AI 시스템 개발이 국내 최초인가요?
국내 최초로 법률 AI 시스템을 개발한 게 맞습니다. 최초로 개발한 시스템 이름이 아이리스(i-LIS)인데, 지능형 법률 인공지능 정보시스템이라는 뜻입니다. 아이리스는 추론형 검색기, 법률QA머신 등으로 발전하였습니다.

언제부터 연구를 하셨나요?
2010년부터입니다. 처음에는 이론 정립과 기획을 했습니다. 실제 시스템 개발에 착수한 것은 2013년부터입니다. 5년여 만에 법률 AI 시스템을 개발했습니다. 대학을 졸업하고 교육 AI 시스템 개발에 참여한 경험이 있습니다. 이때 AI의 가능성을 알았습니다. (인텔리콘이 개발한 시스템은 법률 AI 분야 세계 최고 학술대회인 ICAIL(International Conference on Artificial Intelligence and Law)이 주관한 세계 법률 인공지능 경진대회(COLIEE)에서 2017년 우승한 바 있다. 법률 AI 기술력을 세계에서 인정받은 것이다.)

그동안 개발한 법률 시스템은 어떤 게 있나요?

법률 AI 시스템은 크게 4종류가 있습니다. 하나는 지능형 검색 기능을 하는 시스템이고, 자체 개발한 유렉스가 이에 해당합니다. 두 번째는 질문에 답하는 '법률 Q&A(question and answer)' 머신 기술입니다. 세 번째는 응용 시스템이고, 계약서를 작성하거나 자료를 검토하는 기능을 합니다. 네 번째는 소송 예측 머신입니다. 이 중 우리가 개발한 시스템은 두 가지입니다. 하나는 검색 기능 AI 시스템인 유렉스이고, 다른 하나는 Q&A 머신입니다.

유렉스의 성능은 어느 정도인가요?

이 시스템은 자연어 처리 기반 검색엔진입니다. 법률과 판례를 동시에 찾아 줍니다. 더 좋은 시스템을 만들기 위해 계속 성능 향상에 주력하고 있습니다. 최근 업무 협약을 체결한 법무법인 대륙아주와 협력해 시스템을 최적화하는 데 최선을 다하고 있습니다. 유렉스는 2017년 산업통상자원부로부터 '차세대 세계 일류상품'으로 선정돼 인증서를 받았습니다.(차세대 세계일류 상품은 앞으로 7년 이내 세계 시장 점유율 5위 이내 진입 가능하다고 인정받은 상품이다.)

유렉스의 업무 만족도는 어떤 편인가요?

만족도를 평가하기는 아직 이른 편입니다. 연구소에서 6개월간 베타 서비스를 하면서 성능 평가 작업 중입니다. 법률 서비스의 원칙은 사용이 불편해도 오류가 있으면 안 됩니다. 그래서 한 치의 오류 없이 정확도를 확보하는 게 가장 중요한 숙제입니다. 연구소에서 2017년 가을부터 끊임없이 성능개선 작업을 하고 있습니다. 시스템을 많이 사용하면 할수록 AI 시스템의 기술 미비점을 보완할 수 있습니다.

2018년 들어 네트워크 시각화 기능보다는 추론 기능에 더욱 집중하고 있습니다.

법률 AI 시스템의 장·단점은 무엇인가요?

장점이라면 크게 3가지입니다. 업무를 신속, 정확하게 처리해서 효율성을 높여 줍니다. 변호사들의 업무 처리 시간과 노력을 획기적으로 줄여 주는 장점이 있습니다. 단점이라면 새로운 기술이 등장함에 따라 기존 기술에 익숙해 있던 이들이 이용에 불편함을 느낄 수 있겠지요.

AI와 인간 사고의 차이점은 무엇일까요?

오해하는 분들이 있던데 AI 시스템은 업무 보조 툴에 불과합니다. AI 시스템이 변호사 업무를 대신하면서 일자리를 빼앗지 않을까 걱정하는데 그건 오해입니다. 인간 사고와 AI는 근본부터 다릅니다. AI는 단순한 논리 연산이나 이미지 인식 처리, 데이터 처리를 하는 것에 불과합니다. 이번에 개발한 AI 시스템도 시각 지능과 언어 지능만 있습니다. 인간 흉내를 내는 것입니다. AI는 이미지 인식은 인간보다 뛰어나지만, 언어 지능은 훨씬 낮습니다. 인간 감정이나 느낌은 기계가 인식할 수 없기에 대체가 불가능합니다. 지금 단계에서 AI 시스템은 변호사의 업무 보조 수단일 뿐입니다. 변호사를 대체할 AI에 관해 지금 단계에서 언급하기는 어려울 정도로 먼 나중의 일이라고 생각합니다.

AI 법률 분야는 어느 나라가 선진국인가요?

원천기술이 앞선 나라는 미국이고, 딥러닝은 캐나다가 선진국입니다. 법률 AI는 미국과 유럽이 거의 동시에 시작했습니다. 유럽에서는 이탈리아와 네덜란드가 이론 면에서는 선진국입니다. AI라는 용어는

1956년 미국에서 열린 다트머스회의에서 존 매카시가 처음 사용했습니다. 이듬해 프랑스에서 한 법률가가 법률 AI 논문을 처음 발표했는데, 추론 형식으로 법률 형식을 적용할 수 있다고 주장했습니다. 당시에 검색 시스템과 Q&A 시스템으로 결론날 것이라고 했습니다. 이 분야는 미국과 캐나다, 네덜란드, 일본, 이탈리아 5파전이라고 봅니다.

미국이 선두인 이유가 있나요?

산업화에 앞선 게 이유입니다. 네덜란드나 이탈리아는 이론적으로는 깊이 연구했지만 산업화 기반이 취약했습니다. 미국은 스탠퍼드대학 로스쿨에서 법률 AI 연구를 많이 했습니다. 이론을 산업과 연계한 것은 미국이 단연 앞선 세계 선두입니다. 이론이 앞서도 산업화를 못하면 시장에서는 소용이 없기 때문입니다.

미국과 한국의 기술 수준은 어느 정도 차이가 납니까?

단순 비교할 수는 없습니다. 미국은 영미법이고 우리는 대륙법 체계입니다. 기본적으로 두 나라의 법체계가 다르고, 미국과 달리 우리는 법률 자체 검색과 분석에 집중하고 있습니다. 그래서 직접 비교는 어렵습니다.

국내 리걸테크 기업은 얼마나 되나요?

한국은 아직 초기단계입니다. 그동안 인텔리콘이 유일했지만 최근 증가하는 추세입니다. 미국은 법률(legal)과 기술(technology)을 결합한 리걸테크(Legaltech) 업체를 1,500에서 2,000여 개로 추산하고 있습니다. 순수 연구업체만 100여 개에 달합니다. 한국은 리걸테크 업체가 10여 개에 불과합니다. 우리는 일본에 비해서도 3~4년 뒤처졌습니다.

AI 시스템 적용 분야는 주로 어디인가요?

법률 영역별로 적용 분야를 계속 확대할 수 있습니다. 법률 문서 분석기와 소송 예측 같은 응용분야입니다.

세계 AI 법률 분야 시장 규모는 어느 정도로 추산하시나요?

현대경제연구원이 2016년 발표한 리걸테크 산업 자료에 따르면 2019년에는 6조 5,000억 원, 2020년이면 7조 원에 달할 것으로 추산했습니다. 한국 시장도 매년 급성장할 것으로 봅니다.

AI 법률시장 발전과 관련해 개선해야 할 법·제도가 있다면?

공공 데이터의 공개 문제입니다. 대법원에서 하급심 판례만 극히 일부 공개하고 있습니다. 리걸테크는 법률 생태계를 바꾸는 일입니다. 공공 데이터를 공개하는 문제를 시민과 변호사들이 논의해야 합니다. 실제로 미국은 데이터를 공개하는 데 제한이 없습니다. 미국 사례를 참고해서 리걸테크 발전을 가로막는 규제법을 개선해야 합니다. 4차 산업혁명 시대를 맞아 새롭게 공공 데이터 일괄 공개 여부를 논의할 시기라고 생각합니다.

생각을 잘하기 위한 기술이 있나요?

생각 기술에 관한 이론서들이 많이 나와 있습니다. 저는 살아있는 바둑계의 전설인 조훈현 국수가 했던 "창의적 생각 기법은 따로 있는 게 아니라 많은 지식을 공부해서 끈질기게 생각해야 한다"는 말에 공감합니다. 개인적으로 스스로 어떤 문제를 끈질기게 풀어보길 권하고 싶습니다. 이어 자신의 생각을 다시 생각해 봐야 합니다. 또 메모를 많이 해야 합니다. 그 이유는 생각 용량을 줄이기 위해서입니다. 메모는 외부 저장장치입니다. 메모를 하면 생각을 뇌에 저장할 필요가 없어서 늘 생각 공간을 확보할 수 있습니다. 열심히 공부하고 생각을 많이 하면 생각을 잘할 수 있습니다.

<2018.03.15.>

"창업보다 창업 생태계 구축이 시급하다"

류정원 힐세리온 대표

서울대에서 물리학과 전자공학을 복수 전공했다. 프로그래머로 직장 생활을 시작한 뒤 8개 회사에서 일했다. 2001년 벤처기업을 창업했으나 2년 만에 문을 닫았다. 유학을 준비하다 벤처기업 최고기술책임자(CTO)로 들어가 6년 동안 일했다. 2005년에는 의학전문대학원에 진학해, 의사로 변신했다. 우주인 선발에 응시했지만 최종 단계에서 탈락했다. 2009년에는 미국항공우주국(NASA)에서 항공우주의학 프로그램을 한국인 최초로 수료했다. 한국의학연구소와 청구성심병원에서 의사로 일하다 2012년 2월 힐세리온을 창업해서 세계 최초로 휴대용 무선 초음파 진단기를 개발했고, 현재 30여 개국에 수출하고 있다. 저서로 《우주를 향한 165일간의 도전》(공저)과 번역서로 《입문자를 위한 임베디드 시스템》이 있다.

류정원 대표는 미래창조과학부가 2015년 8월 창업생태계 활성화를 위해 위촉한 창업대사 17명 가운데 한 사람이다. 제3기 대통령 직속 청년위원과 창업대사로 활동한 바 있다. 류 대표는 "창업을 권할 게 아니라 벤처 창업 생태계 구축이 시급하다"면서 "그렇게 하면 너도 나도 창업에 뛰어들 것"이라고 말했다. 그는 "한국의 창업 지원책은 외국에 비해 많지만 정작 출구 전략이 없다"면서 "정부와 재계가 하루빨리 출구 전략을 만들어야 한다"고 힘주어 말했다.

창업대사로 활동하면서 어떤 점을 느끼셨나요?

저는 청년창업사관학교 2기 졸업생이어서 누구보다 창업자들의 심정을 잘 안다고 자부합니다. 그래서 멘토링을 많이 하고 있습니다. 우리 정부가 주도하고 있는 창업 지원책은 외국 어느 나라보다 많다고 생각합니다. 정책자금을 비롯해 중소기업청에서 도입한 팁스(TIPs)제도 등 다양하지만, 의외로 정부 지원 프로그램에 대해 잘 모르는 사람이 많습니다. 전국 18개 창조경제혁신센터는 지역별로 특화 사업을 지원하고 있습니다. 충남은 태양광클러스터 구축, 경남은 메카트로닉스 허브 등인데 모두 원스톱 서비스를 제공합니다. 아이디어가 있는 창업자들이 해당 센터를 찾아가면 많은 도움을 받을 수 있습니다.

창업 관련해서 가장 시급한 일은 무엇이라고 보시나요?

창업 생태계 구축입니다. 특히 누구나 재도전할 수 있게 하는 사회 안전망을 조성해야 합니다. 그래야 성실한 실패를 자산으로 만들 수 있습니다. 지금은 창업에 한 번 실패하면 신용불량자로 전락하고 맙니다. 대표이사의 연대보증 문제도 과거에 비해 개선된 편이지만 아직도 미흡한 실정입니다. 미국에는 대표이사의 연대보증제가 없습니다.

창업할 때 가장 주의할 점은 무엇일까요?

창업할 때는 대출을 받지 말고 투자를 받아야 합니다. 투자자를 설득하지 못하면 사업 아이템을 다시 가다듬어야 합니다. 이런 점에서 가장 중요한 건 창업자 자신의 역할입니다. 외국은 창업을 연쇄적으로 하는 분위기입니다. 테슬라모터스의 최고경영자인 엘론 머스크는 페이팔을 창업해서 이베이에 팔고 난 뒤에 테슬라모터스를 창업했습니다. 지금은 민간우주항공기 개발사인 스페이스X의 CEO로 일하고 있습니다. 1년차 창업자가 금융기관에서 1억 원을 대출 받기는 쉽지만, 문제는 그 다음입니다. 1억 원은 큰돈이지만 직원 1~2명 월급 주고 몇 달 지나면 돈은 금세 바닥납니다. 저는 정부 창업지원 프로그램인 TIPs가 좋다고 생각합니다. 사업은 투자의 연속입니다. 미국은 3년 연속 흑자를 내지 못하면 대출을 안 해 주는 시스템입니다. 저도 창업에 한 번 실패한 경험이 있습니다. 신용불량자 일보 직전까지 갔던 2012년 2월에 서울 중구 충무로의 지인 사무실 구석에 책상을 놓고 다시 창업했습니다. 하지만 그때도 대출은 받지 않았습니다.

정부에서는 창업을 적극 권하는 분위기입니다.

정부가 창업을 권하지 않아도 창업에 뛰어드는 창업 생태계를 구축하는 게 먼저입니다. 미국, 이스라엘, 중국을 보면 쉽게 이해할 수 있지요. 반면 우리는 창업 출구(出口)가 없습니다. 창업해서 돈을 버는 방법은 상장(上場)과 인수합병(M&A) 두 가지입니다. 우리 기업은 상장이 80%, M&A가 20% 정도의 구조입니다. 창업 천국인 미국은 상장이 20%, M&A가 80%입니다. 그만큼 M&A가 활발한 구조입니다. 우리 기업은 상장으로 가는 기간이 평균 10년이고, 의료기기는 20년입니다. 실제로 창업가는 큰 기업을 만드는 사람이 아닙니다. 머스크처럼 벤처 사업가가 많습니다. 그는 벤처 기업을 대기업에 팔고 또 창업했습니다. 한국에도 그런 성공 모델이 많이 나와야 한다고 생각합니다. 성공한 창업가가 많이 나오면 정부가 창업을 권하지 않아도 너도 나도 창업에 뛰어들 것입니다. 이런 점에서 정부나 재계가 창업 생태계를 만드는 데 속도를 내야 합니다. 유능한 젊은이가 공무원이나 대기업에 몰리는 이유는 창업해 봐야 실패할 가능성이 크기 때문입니다. 창업 출구 전략을 만드는 것이 창업 활성화의 지름길입니다. 이스라엘에는 내수 시장이 없어서 창업한 기업을 미국에 가서 팔고 있습니다. 우리는 미국과 중국이라는 거대 시장이 있기 때문에 이스라엘보다 여건이 더 좋은 편입니다.

휴대용 무선 초음파 진단기는 어떤 제품인가요?
정보기술(IT)과 의료기술을 접목한 진단기로 우리가 세계 최초로 개발했습니다. 식품의약품안전처의 인증은 물론 미국 식품의약국(FDA)과 유럽 CE 인증을 받았습니다. 병원에서 흔히 보는 기존의 초음파 진단기에 비해 가격이 10분의 1 정도로 싸지만, 의사들이 언제 어디든지 휴대할 수 있는 기기입니다. 또 응급 현장에서 영상 정보를 스마트폰으로 전송할 수도 있습니다. 기존 제품은 진단용 장비지만 우리 제품은 청진기 개념이라고 보시면 됩니다.

이 기기를 몇 개국에 수출하고 있나요?
현재까지 30여 개국 정도입니다. 우리는 총판 계약을 할 때 여러 업체에 먼저 제안하지 않고, 희망업체로부터 제안서를 받고 있습니다. 현재 10개 업체와 총판 계약을 했습니다. 의료 시장이 성장한 베트남에 가서 베트남 3대 대형병원 중 한 곳인 박마이병원과 진단기 보급, 진단교육 등 상호 협력을 위한 업무협약(MOU)을 체결하고 오기도 했습니다.

초음파 세계 시장 규모는 어느 정도인가요?

기존의 세계 초음파 시장은 7조 원 규모입니다. 초음파 진단기를 청진기처럼 사용하는 일은 이제 시작이라고 봅니다. 2020년 무렵이 되면 3조 원 규모로 급성장할 것으로 전망하고 있습니다. 이미 기존 초음파 시장은 포화 상태인데, 문제는 휴대용 진단기 사용법에 대한 교육입니다. 저도 대학에 가서 응급 초음파 교육을 했습니다. 한국국제협력단(KOICA) 같은 국제기구를 통해서 공익사업도 진행하고 있습니다. 회사 수익이 늘면 그 규모를 확대할 계획입니다.

<2016.06.23.>

"누가 먼저 시장을
선점하느냐가 관건이다"

윤원수 티앤알바이오팹 대표

부산대 기계공학과를 졸업하고 포스텍에서 기계공학 석사와 박사 학위를 받았다. 2004년부터 한국산업기술
대 기계공학과 교수로 재직하며 티앤알바이오팹 대표를 맡고 있다. 현재 연구성과실용화진흥원 신산업프로젝
트 3D프린팅사업단장직도 겸하고 있다.

맞춤형 의료 시대가 성큼 다가왔다. 기계공학과 의학의 '환상 융합'의 결과다. 티앤알바이오팹은 3D프린팅 분야의 기계공학과 교수들이 설립한 벤처기업이다. 3D프린팅 기술을 기반으로 의료 바이오 분야와 접목했다. 지금은 세계 수준의 생분해성 의료 재료 개발과 생체 조직 재생 기술을 확보했다. 이미 3D프린팅 기술로 만든 생분해성 의료 재료는 식품의약품안전처의 품목 허가를 받았다. 2014년 9월 포항공대(포스텍)와 서울성모병원 연구팀은 세계 최초로 환자 맞춤형 안면 윤곽 재건 수술에 성공했다.

3D프린팅 맞춤형 재건 수술의 장점이 뭔가요?

3D프린팅 기술로 만든 맞춤형 안면 윤곽 재건 수술의 의료 재료가 생분해성입니다. 컴퓨터단층촬영(CT) 이미지를 그대로 분석해서 3D프린팅을 하는데, 생분해성 재료는 내부가 다공성 구조이기 때문에 몸 안에서 2년 정도면 분해가 됩니다. 이전에는 자신의 갈비뼈 또는 다리뼈를 잘라 사용하거나 티타늄을 사용해서 몸 안에 그대로 남는 문제가 있었습니다. 수술 시간도 2시간 정도 걸려서 이전에 비해 많이 단축했습니다. 또 사전에 모형을 만들어 넣기 때문에 모양이 아름답고 정교합니다. 재료 자체가 물렁물렁해서 가위로 잘라 낼 수도 있습니다. 수술하러 들어갈 때는 만약의 상황을 가정해서 3개 정도를 만들어 둡니다.

언제부터 이 기술을 연구하셨나요?

3D프린팅 기술 연구는 조동우 지도교수와 포스텍에서 오래 전부터 많이 하던 작업입니다. 그동안의 성과를 바탕으로 어디에 이 기술을 적용할지가 관건이었습니다. 그러다가 의료 바이오 분야와 접목하게 되었습니다. 다른 기업에 비해 성장 속도가 빠른 것은 창업 이전에 제

품을 만들었기 때문입니다. 창업할 경우에는 플랫폼을 가지고 시작해야 합니다. 그렇게 하지 않으면 늦습니다.

창업은 언제 하셨나요?

2013년 3월에 설립했습니다. 설립자로는 조동우 포스텍 교수, 심진형 산업기술대 교수와 제가 참여했습니다. 처음에는 저와 직원 한 사람뿐이었습니다. 2014년 5월 벤처기업 인증을 받고 그해 8월에 부설 연구소를 설립했습니다. 2015년 7월에 인원이 7명으로 늘었고, 지금은 24명입니다. 그 가운데 산업기술대 졸업생이 3명입니다. 가을에 2명을 더 채용할 계획이고, 앞으로 더 뽑을 생각입니다. 기계공학과 의료 바이오 분야 졸업생이 더 필요한 상황입니다.

허가는 어떤 과정을 거쳐서 받으셨나요?

우리가 만드는 제품은 의료기기에 속해서 식약처의 허가를 받아야 합니다. 그래서 허가 과정이나 기준이 엄격하고 까다롭습니다. 우리는 제품을 만들어 놓고 창업과 동시에 허가를 신청해서, 1년 6개월 만인 2014년 7월에 제조품질관리(GMP) 인증과 의료기기 제조업 허가를 받았습니다.

사용하시는 의료 재료에 대해 자세히 설명을 부탁드립니다.

원재료는 폴리카프롤락톤(PCL)입니다. 생분해성이어서 체내에 남지 않는 특성이 있습니다. 미국식품의약국(FDA)이 승인한 성분이고, 독일과 네덜란드에서 수입하고 있습니다. 한국은 아직 초기 단계입니다.

장비 현황에 대해 설명해 주시죠.

양산 장비는 4대입니다. 모두 제조품질관리(GMP) 인증을 받았습니다. 양산 장비 한 대에서 동시에 4개씩 만들 수 있습니다. 이 장비는 자체 설계로 제작됐습니다. 자체 제작을 못하면 특정 제품만 사용해야 합니다. 예를 들어 복사기를 구입하면 소모품도 그 업체의 제품을 사용하는 것과 같습니다. 자체 제작했기 때문에 특정 재료에 얽매이지 않는 장점이 있습니다. 의료기기 제작을 위해 클린룸도 설치했습니다.

제품 종류에는 무엇이 있나요?

크게 환자 맞춤형과 일반형으로 나눌 수 있습니다. 맞춤형은 말 그대로 환자의 특정 부위에 맞게 제작하는 것이고, 나머지는 일반형입니다. 두개안면골 성형 재료의 경우 머리나 얼굴 안면부 골절, 코 연골 조직 재건이나 재생에 적용하고 있습니다. 건강보험심사평가원의 보험 급여에 등재했고, 서울성모병원과 삼성서울병원 등에서 임상에 적용하고 있습니다.

현재 이 제품의 성능은 어느 정도인가요?

현재 사용되고 있는 티타늄 제품이 30점이라고 하면 PCL은 50점 정도입니다. TCP(인산3칼슘) 재료를 사용하면 70~80점입니다. 새로운 뼈의 형성을 유도해 주는 기능이 있기 때문입니다. 100점 제품은 자기 세포 프린팅 단계입니다. 이를 적용하려면 빨라도 10년은 걸릴 것입니다. 의료용 3D프린팅 기술은 끝이 아니라 이제 시작 단계입니다.

외국의 3D프린팅 업체 현황은 어떤가요?

이 분야 업체는 미국과 싱가포르에 한 개씩 있습니다. 의료 바이오 접목업체로 10여 년 전에 창업했습니다. 특징이라면 모두 기계공학과 교수가 창업했다는 점입니다. 그래서 하는 일이 비슷합니다. 뭔가 만들 수 있어야 사업이 가능하다는 점에서 의료 바이오 분야는 누가 먼저 시장을 선점하느냐가 관건이라고 할 수 있습니다. 따라서 퍼스트 무버(first mover) 전략을 세워서 실천해야 합니다. 우리는 경쟁력이 충분합니다. 외국에 비해 우리가 앞선 부분도 있어서 앞으로 세계 시장을 선도할 수 있는 분야라고 보고 있습니다.

세계 3D프린팅 시장 규모는 어느 정도로 추정하시나요?.
정확한 통계치는 없지만, 2019년까지 15조 원 규모에 이를 것으로 추정하고 있습니다. 첨단기술을 집약한 바이오칩은 53조 원으로 보고 있고 세포 프린팅은 40조 원 정도입니다. 한국 시장의 규모도 약 5,000억 정도로 추정하고 있습니다.

3D프린팅을 또 어떤 분야에 적용할 수 있을까요?
모든 분야에 다 적용할 수 있다고 봅니다. 지금은 이른 이야기지만 훗날 부모님 칠순 잔치 때 효도 선물로 부모님 장기를 바꿔 주는 시대가 올 것입니다. 이는 전혀 불가능한 일이 아닙니다.

수술 실적은 어느 정도인가요?
맞춤형 인공뼈 이식 수술은 3명에게 했고, 일반형 이식은 200명이 넘습니다.

수입 대체 효과는 어느 정도인가요?
의료 재료는 국산이 없어서 그동안 모두 수입해서 사용했습니다. 정부의 의료기기 등재 품목을 보니 C 골유합 및 골절 고정용군은 136개 항목인데 모두 수입품입니다. 국산은 우리 제품이 최초입니다. 앞으로 상당 부분이 국산으로 대체될 것이라 생각합니다.

의사들의 반응은 어떤가요?

반응이 좋습니다. 우리가 생각하지 못한 분야까지 의사들이 적용을 확대했습니다. 의사들이 두개골 성형 재료를 낭종을 제거한 환자에게 사용했고, 이비인후과와 구강악면외과에서도 이 제품을 사용하고 있습니다. 앞으로 적용 분야가 계속 늘어날 것으로 보고 있습니다.

투자는 얼마나 받으셨나요?

2014년 7월 미래창조과학부가 지원하는 신사업창조 프로젝트에 선정돼서 2년 동안 연구비로 23억 원을 지원받았습니다. 이와 별도로 2016년 3월까지 기관 투자를 포함해 110억 원 규모의 투자를 유치했습니다.

지분을 학교에 기부했다고 들었습니다.

그동안 학교로부터 많은 혜택을 받았습니다. 연구한 것을 실용화하고 가능한 한 더 많이 학교에 기부하고 싶습니다.

(윤 교수는 2016년 2월 자신이 보유한 주식 1%인 7,408주를 학교에 기부했다.)

앞으로의 계획이 있다면?

1단계는 다양한 생분해성 합성 바이오 프린팅 재료를 개발하는 일입니다. 2단계는 의료 재료, 바이오 잉크, 바이오칩을 사업화할 계획입니다. 3단계는 세포 프린팅 기반의 조직과 장기를 프린팅하는 것입니다.

정부에 바라는 것이 있다면?

정부에서 지원하는 신사업창조 프로젝트는 획기적인 제도입니다. 그러나 잘된 팀은 기준을 정해 후속 지원을 해서 확실하게 정착시켰으면 좋겠습니다. 이왕 지원한 사업인데 더 많은 업체가 제품을 내놓고 성공해야 국가 경제에도 기여할 수 있습니다.

<2016.04.21.>

"도전하는 열정에는
한계가 없다"

김성호 파워프라자 대표

청주대 전자과를 졸업하고 대진전자 대표를 거쳐 1993년 파워프라자를 설립했다. 2007년 친환경 경영을 선언하고 전기자동차 사업에 뛰어들었다. 이후 2009년 4월 국내 1호 개조전기 화물차 피스를 개발했고, 2010년에는 전기차 '예쁘자나' 1호를 개발했다. 2010년 11월 전자신문이 개최한 전기자동차 무충전 주행 한국대회에서 503.2km를 달려 한국기네스 기록을 세웠다. 그동안 독일 프랑크푸르트모터쇼를 비롯해 국제전기자동차엑스포, 서울 모터쇼에 참가해 자사 제품을 선보였다. 한국파워써플라이 연구조합 이사장을 역임했고 한국전기자동차개조산업협회 부회장으로 활동하고 있다.

김성호 대표는 테슬라에 도전장을 낸 중소 기업인이다. 국내외 내로라하는 대형 완성차업체들이 경쟁하는 전기차(EV) 시장에 국내 중소업체 파워프라자가 뛰어들자 기대와 우려가 엇갈렸다. 파워프라자는 직원 45명이 700여 종의 산업·통신용 전원공급장치(SMPS)를 생산하는 이 분야의 전문 기업이다. 주문자상표부착생산(OEM)은 절대 하지 않는다.

전기차 사업을 시작한 동기가 있으신가요?

기존 부품으로 중국이나 대만 업체와 경쟁해서 이기기 어렵다고 판단했습니다. 앞으로는 전기차 부품을 생산해야 수익을 낼 수 있다고 보고, 미래 수종(樹種) 사업으로 전기차 부품 제조를 시작했고, 친환경 경영을 위해 기존 완성차를 개조해 전기차를 생산하는 일에 착수했습니다.

그동안 몇 종의 전기차를 생산하셨나요?

화물차 0.5톤과 1톤 2종과 예쁘자나를 포함해 3종입니다. 0.5톤 화물차는 올해 50대를 판매할 예정입니다. 서울이 35대, 제주 15대입니다.

안전성 인증은 통과하셨나요?

2013년 국내 처음으로 교통안전공단에서 안전성 인증을 받았습니다. 차량 안전성과 환경, 연비시험 같은 인증 항목을 통과했고, 2015년 환경부 전기자동차 보급차량으로 선정됐습니다.

피스의 성능은 어느 정도인가요?

한 번 충전으로 67.5km를 갈 수 있습니다. 최고속도는 95km이며 승차 인원은 두 명인 배출가스 0%의 친환경 전기차입니다. 수동변속기를 채택했으며, 완속 충전 소요시간은 네 시간입니다.

처음부터 전기차를 자체 생산하셨나요?

아닙니다. 완성차업체에서 새 자동차를 구입해서 전기차로 개조했습니다. 개조차량 1호가 화물 전기자동차 피스 0.5톤입니다. 피스는 한국 GM의 경상용 0.5톤 라보를 구입해서 전기차로 개조한 것입니다. 완성차를 구입해 개조하다 보니 차량 가격이 비싼 편입니다. 전기차에 장착한 주요 전기차 부품은 우리가 직접 개발해 생산한 제품입니다.

국내 최초의 로드스터형 전기차인 예쁘자나R의 성능과 가격은 어떤가요?

한 번 충전하면 571km를 달리고, 최고속도는 198km입니다. 가속력이 4.5초로 스포츠카 못지않습니다.

어떻게 개발하게 되셨나요?

10여 년 전에 자동차 업계의 전설로 불리는 고든 머레이가 친구들과 만든 1인승 전기차 자료를 봤습니다. 그 자료를 보고 저도 한번 도전해봐야겠다고 생각했습니다. 고든 머레이는 유럽 최고의 엔지니어이자 디자이너로 명차 매클라렌 F1을 설계한 사람입니다. 우리 연구소의 강민성 수석디자이너가 밤샘을 하며 단기간에 설계와 디자인을 했습니다. 최고의 디자인이라고 생각해서 생산을 하게 됐습니다.

연구소 직원은 몇 명인가요?

설계와 디자인을 포함해 10명입니다. 미국 테슬라는 인력이 300명에 달합니다. 완성차 업체는 엔지니어가 이보다 훨씬 많지만 저는 숫자가 중요한 게 아니라고 생각합니다. 누가 최고의 기술력과 미래 기술을 갖고 있는지가 관건입니다.

대량 생산계획이 있으신가요?
아직 걸음마 수준이라 그런 단계는 아닙니다. 수익이 나야 가능한 일입니다.

테슬라와 비교할 때 국내 전기자동차의 기술 수준은 어떤가요?
비교 자체가 무의미합니다. 테슬라는 혁신 기술 자체입니다. 테슬라는 미국이 정책적으로 지원하고 중점 육성하고 있습니다. 외국은 전기차 시장 선점을 위해 차량 공급이나 충전 인프라 구축, 보조금 지급에 적극적입니다. 우리도 지금보다 전기차 보조금 지급을 확대해야 한다고 봅니다.

전기차 보급이 왜 더디다고 보시나요?
세상에 공짜는 없습니다. 전기차를 보급하면 지구 환경을 개선할 수 있고 에너지도 절약할 수 있습니다. 하지만 전기자동차 상용화에 필요한 도로 시스템을 비롯해 각종 기반시설과 사업구조, 법규, 세금체계를 모두 바꿔야 하니 갈 길이 멀다고 볼 수 있습니다.

전기자동차의 보급을 확대하기 위해 개선해야 할 점이 있다면?
전기자동차 연구개발은 산업통상자원부, 환경은 환경부, 도로는 국토교통부가 담당하고 있습니다. 각자의 역할이 있긴 하지만 모든 걸 법으로 대하다 보면 되는 일이 없습니다. 새로 시작하는 일은 아직 규정도 없는 형편입니다. 담당 공무원도 일정 기간 근무하면 보직을 바꾸는 탓에 진행이 더뎌서 공직자도 전문제를 도입했으면 좋겠다는 바람을 갖고 있습니다.

<2015.09.24.>

"늘 도전하는 사람이 되어야 한다"

고산 에이팀벤처스 대표

부산 출신으로 서울대 수학과를 졸업하고 서울대 대학원에서 인지과학 석사 학위를 받았다. 졸업 후 삼성종합기술원 연구원으로 일하다 1만8,000 대 1의 경쟁을 뚫고 한국 첫 우주인에 선발되었지만, 훈련 규정 위반으로 아쉽게 중도 탈락했다. 청년 창업을 돕는 비영리법인 타이드인스티튜트를 거쳐, 2014년 7월 1일 온라인 제조 서비스 회사 에이팀벤처스를 창업했다.

우주인 후보 시절 미항공우주국(NASA)에 갔더니 "달을 향해 쏴라. 설사 달을 비켜 가더라도 우주 어느 별에 도달할 것이다"는 글귀가 눈에 들어왔다. 크게 감명을 받았다. 실패는 누구나 경험하는 것이다. 늘 도전하는 사람이 되어야 한다.

에이팀벤처스 사무실에 들어선 순간 부품 조립공장에 온 듯한 느낌이 들었다. 사무실 곳곳에 철재 앵글을 설치해 놓고 그 위에 각종 공구와 테이프, 3D프린터 견본품을 가지런히 배열해 놓았다. 벽 쪽에는 탁구대가 놓여 있었다. 고 대표는 출입구 책상에서 일을 하고 있었다. 사무실 분위기는 자유분방했다. 고 대표는 운동화와 청바지, 반팔 티셔츠 차림이었고, 직원 일부는 반바지에 슬리퍼 차림이었다.

비운의 우주인이라는 수식어가 늘 붙어 다니는데 불편하지 않으신가요?

다소 불편한 점이 있습니다. 하지만 사람은 자의든 타의든 원하던 일을 하지 못할 때가 있습니다. 제가 우주인으로 실패했다면 비운의 우주인이었다고 말할 수 있지만, 우주인으로만 남았다면 이런 벤처 사업은 하지 못했을 것입니다. 그런 점에서 저는 인생의 기회비용을 얻었다고 생각합니다. 우주인 후보로 생활하면서 많은 걸 배우고 경험했는데, 그런 것이 밑바탕이 돼 벤처 사업을 시작할 수 있었습니다. 그런면에서 저는 다른 사람들에 비해 우주인이라는 든든한 배경을 갖고있는 행운의 벤처 창업가라고 생각합니다.

에이팀벤처스를 설립하신 이유가 있나요?

청년 창업을 돕는 비영리법인인 타이드인스티튜트를 설립해 일하면서 벤처 사업이 내가 바라는 가치를 투영하는 틀이라는 생각이 들었습니다. 세상을 바꾸는 사람이 창업가라고 생각했던 겁니다. 국가도 개국

초기에는 정치가들이 정책을 만들며 사실상 나라를 창업하는 거라고 볼 수 있습니다. 지금은 그런 역할을 창업가가 해야 한다고 생각합니다. 현장에서 혁신을 창조하는 창업가들이 세상을 바꾸는 주역이라고 생각했기 때문에 직접 그런 일을 하고 싶었습니다.

에이팀벤처스는 언제 창업하셨나요?

2013년에 처음 시작했지만 처음 팀은 해산했습니다. 2014년 7월 1일 네 명이 새로 팀을 구성해 다시 출발했고, 지금은 40명으로 인원이 늘었습니다. 기업 구성원들이 비전과 가치를 공유하는 일이 중요한데, 창업을 하면서 가치를 공유하는 사람을 찾는 게 가장 어려웠습니다. 서로 가치를 공유하다 보니 회사 일이 술술 잘 풀렸습니다.

구체적으로 어떤 일을 하시나요?

에이팀벤처스는 온라인 제조 서비스 '크리에이터블'을 운영하고 있습니다. 온라인 제조 서비스라는 개념이 생소할 것 같습니다. 저희는 'Manufacturing As A Service(MaaS)'라고 부르고 있는데요. 대부분의 분야는 비슷한 비용을 들이면 비슷한 품질의 결과물을 제공받을 수 있습니다. 하지만 제조 분야는 워낙 넓고 방대해서 같은 제품을 만들기 위해 할 수 있는 방법이 각양각색입니다. 때문에 구매자가 어느 정도 제조 지식이 있어야 원하는 결과물을 얻을 수 있습니다. 저희가 운영하는 온라인 제조 서비스는 구매자의 전문지식에 상관없이 원하는 결과물에 가장 적절한 제조 방식을 투명한 가격에 제공하고 있습니다. 고객에게 적절한 제조 방법을 제공하더라도 저희가 직접 장비를 운영해서는 경쟁력을 가지기 어렵습니다. 그래서 저희 사업의 본질은 '연결'입니다. 한국 산업 구조의 90%가 제조에 의존하고 있지만, 국내 제조 공장 가동률이 70%대까지 떨어지는 상황에서 제조를 필요로 하는 아이디어가 있는 사람과 제조 솔루션을 갖춘 업체를 가장 효율적으로 연결해주는 '크리에이터블' 서비스 모델을 통해 제조 생태계를 재구성하는 혁신을 이끌고자 합니다.

저희 회사는 3D프린터 제조부터 시작했는데, 온라인 제조 서비스는 저희가 제조를 하면서 필요하다고 느꼈던 서비스입니다. 인류가 오랫동안 쌓아온 제조 지식을 체계화하고 흩어져 있는 제조 자원을 모아 제조 수요와 공급을 더 나은 방향으로 연결하는 것이 인류와 산업에 의미가 있다고 생각했고, 이 일을 우리가 해보자는 마음을 먹게 되었습니다. 다양한 제조 분야를 초연결(超連結)하겠다는 비전을 가지고 편의성, 속도, 품질, 가격에 있어 최고의 제조 서비스를 만들어가고 있습니다.

어떤 분들이 온라인 제조 서비스를 이용하고 있나요?

고객의 시간과 비용을 절감하는 제조 컨설팅에 기반을 두고 시제품부터 양산까지 진행하고 있기 때문에, 중소기업에서 시제품을 제작할 때 저희를 많이 찾고 있습니다. 양산을 할 때 몇 만, 혹은 몇십 만의 최소주문물량(MOQ)을 맞춰야 해서 어려움을 겪는 경우가 많은데요. 저희는 어떤 수량에도 대응이 가능해서 소량 생산을 하는 초기 단계의 스타트업, 중소기업도 많이 찾고 있습니다. VR 스타트업에서 손동작 인식용 디바이스 시제품을 저희에게 맡긴 사례가 있습니다. 크리에이터블에서 제조 컨설팅을 거쳐 절삭 시간을 최소화하는 CNC 가공 설계를 완료했고, 양산 단가를 낮춘 최적의 시제품을 제작할 수 있었습니다. 시제품 단계에서 양산까지 고려했기 때문에 이 업체는 CNC 가공으로 소량 양산까지 진행하게 되었죠.

창업 희망자들에게 당부하고 싶은 말이 있으신가요?

창업하고자 하는 분야에 대해 잘 알아야 합니다. 사전에 철저한 시장 조사를 하고 그 분야를 둘러싼 산업 추세도 잘 파악해야 합니다. 한 아이템만 보고 창업하는 건 피해야 한다고 생각합니다. 창업에서 가장 중요한 게 사람입니다. 제 경험상 1인 창업은 어려움이 많습니다. 창업 초기에는 돈과 시간, 사람이 모두 부족한데, 창업자는 1인 3역을 해야 합니다. 가령 3명이 동업을 한다면 9명 역할을 할 수 있어야 합니다. 그런 부담을 줄이기 위해 저는 공동 창업을 권하고 있습니다.

국내 창업 여건은 충분하다고 보시나요?

정부가 창업을 지원하는 건 바람직하다고 봅니다. 그러나 자금 지원은 효율적이어야 합니다. 어느 한 분야 특정업체에 많은 돈을 지원하는 방식을 개선해서 다양한 분야의 많은 업체에 적은 금액이라도 지원해 주는 게 좋습니다. 아울러 라운드제를 도입했으면 좋겠습니다. 1라운드에는 소액을 지원하고 일정 기간 그 결과를 본 후 성과를 내면 2라운드에 다시 지원하고 3라운드에 연구개발자금을 지원하는 방식으로 지원을 확대했으면 합니다. 작은 기업에서 정부자금 지원을 받기란 하늘의 별 따기만큼이나 어렵습니다. 처음부터 어느 기업이 옥이고 돌인지 구분하기는 불가능하니 시장이 판단할 수 있게 해야 합니다.

정부에 바라는 점이 있다면?

온라인 제조 서비스는 이미 해외에서는 활성화 단계입니다. 미국에서는 '제조의 아마존'이라고 불리는 조메트리를 비롯해 픽티브·플레소라 등 온라인 제조 플랫폼이 수백억 원을 투자받으면서 성장세를 이어가고 있습니다. 제조업은 부품부터 양산까지 연결되어 있어서 각자도생

이 힘든 분야입니다. 크리에이터블 같은 온라인 제조 서비스가 활성화
된다면 새로운 제조 생태계를 만들 수 있습니다. 우리나라의 제조업
기반이 요즘 중국에 밀리고 있는데, 정부도 우리의 제조업이 해외의
제조 서비스에 종속되지 않도록 적극적으로 지원해야 할 것입니다.

청년층의 취업난이 심각합니다.

청년들이 모두 대기업에 취업하고 싶어 하기 때문입니다. 대기업은 수
요 과잉 상태입니다. 대기업에 취업하면 정해진 틀 안에서 그 분야만
배우는 경향이 많습니다. 중소기업은 대기업에 비해 다양한 경험을
쌓고 배울 기회가 많습니다. 취업 전 자신의 비전이 대기업에 취업하
는 것인지, 아니면 다른 꿈이 있는지 잘 판단해야 합니다. 창업을 하고
싶다면 작은 기업이나 중소기업에서 경험을 쌓는 게 유리합니다. 대기
업은 창업에 큰 도움을 못 줍니다.

<2015.07.09.>

"소통의 가치를 알리는 사람이 되자"

임성현 애니랙티브 대표

소기업과 중견기업에서 근무하다 대기업으로 이직했지만, 세상에 도움이 되는 아이디어를 실현하고자 진로를 바꾸어 자신이 오랫동안 연구해 온 이미지 처리연구를 바탕으로 전자칠판 솔루션을 개발했다. 하드웨어업체에서 기상 측정 장비를 다뤘고, 통신업체에서는 모바일 영상처리 개발자로 일하며 하드웨어와 소프트웨어 분야를 두루 경험했다.

임성현 애니랙티브 대표는 기자에게 TV 모니터를 켜고 사물인터넷(Iot) 기반 전자칠판 솔루션 고터치를 설명했다. 고터치는 센서와 무선통신기술을 융합한 제품이다. 임 내뵤의 사무실에는 지난 3월 스페인에서 열린 세계 최대 이동통신전시회 모바일 월드 콩그레스(MWC) 2015와 스타트업 노마드 2014 같은 국내외 유명 전시회에 참석한 증표인 14개의 이름표가 걸려 있다. 그의 책상에 PC 모니터는 석 대였다. 개발자인 그가 다른 작업을 동시에 하기 위해서다. 직원 모니터도 두 대씩이었다.

창업은 언제 하셨나요?
2013년 9월에 혼자 창업했습니다. 지금은 8명입니다.

기존 전자칠판과 다른 점은 무엇인가요?
자신이 직접 만들어 쓰는 전자칠판입니다. 옛날에는 교수나 교사가 판서(板書)를 했습니다. 분필로 칠판에 글을 쓰고 쉬는 시간에 학생이 지우개로 지워서 교실에는 늘 분필가루기 날렸습니다. 그 후 교육기자재가 발전하면서, 프로젝트 스크린이나 LED 제품이 등장해 분필가루가 사라졌습니다. 고터치는 IoT 기반의 융합기술입니다. 터치펜과 소형 센서(Sensor), 전용 앱으로 구성한 제품입니다. 소형 센서가 터치스크린으로 만들고 펜으로 TV 모니터나 기존 스크린에 판서를 하면 내용이 학생의 PC나 스마트폰에 자동 저장되는 시스템입니다. 따라서 학생이 필기할 필요가 없습니다. 스마트폰에 앱을 설치하면 언제 어디서나 내용을 공유할 수도 있습니다. 교사의 일방적인 교육이 아닌 학생과 양방향 혹은 원격으로 교육하는 방식입니다. 고터치는 유선이 아닌 무선입니다. 스마트폰 기반과 블루투스 방식의 전자칠판은 국내 최고로 개발된 것입니다. 앞으로 IoT 기반의 다양한 교육용 콘텐츠를 개발해 보급할 생각입니다.

어떤 콘텐츠를 개발 중이신가요?

유아용을 비롯해 초·중·고교용 콘텐츠를 개발하고 있습니다. 유아용은 그림과 캐릭터로 콘텐츠를 만들어 흥미를 가지도록 했습니다. 다양한 콘텐츠 개발을 위해 기존 교육 콘텐츠 업체와도 제휴했습니다.

전자칠판 솔루션의 가격은 어느 정도인가요?

기존 시스템에 비해 비용이 적게 드는 편입니다. 기본형 고터치는 20만원 선인데, 펜과 센서, 전용 앱만 있으면 구축할 수 있습니다.

고터치를 사용하면 좋은 점은 무엇인가요?

가격이 싸고 이동성이 좋습니다. 스마트폰을 이용하면 내 손 안의 스마트교실을 만들 수도 있습니다. 칠판이나 분필, 지우개, 노트, 연필이 필요 없어서 자원과 비용을 절감할 수 있습니다. 학생들은 필기할 필요가 없어서 강의에 집중할 수 있습니다.

전자칠판은 어떤 걸 사용해야 하나요?

기존 TV 모니터나 프로젝트 스크린, LED 칠판을 사용합니다. 스크린 최대 크기는 100인치인데, 우리는 82인치를 권장합니다. 화면에 빨주노초파남보를 포함해 모두 16가지 색을 지원하고 있으며, 글자 크기도 조절 가능하고, 한글과 영어, 한자를 마음대로 사용할 수 있습니다.

외국의 관심은 어느 정도인가요?

미국과 중국, 호주 교육업체와 업무 제휴(MOU)를 협의 중입니다. 대만 업체와는 MOU를 교환했습니다. 우리는 중국과 미국 교육시장을 주목하고 있습니다. 미국은 우리와 교육 환경이 달라 보완해야 할 게 많습니다.

전자칠판 수요처는 어디일까요?

각급 학교와 유치원, 학원, 기업체, 연구소, 가정입니다. 스마트 교육과 스마트 회의 시스템의 비즈니스 모델을 만들고 있습니다.

전자칠판 시장의 규모는 어느 정도로 보시나요?

세계 인터랙티브 디스플레이 시장은 27조 원대로 추산하는데 지속적인 성장 추세입니다. 이중 국내 휴대형 신규 전자칠판 시장 규모는 100억 원대로 알고 있습니다. 세계 시장은 2,000억 원 정도로 추정합니다.

앞으로의 목표가 있다면?

전자출판 솔루션 외 AR/VR 등 다양한 디스플레이와의 인터랙티브 기술 분야에서 세계 1위 업체가 되는 것입니다.

스타트업 노마드 프로그램으로 구글에 가서 무엇을 느끼셨나요?

미국 실리콘밸리에 2주간 다녀왔는데, 구글에서도 전자칠판에 관심을 보였습니다. 그래서 상호 협력 모델에 관해 구글 담당자와 논의하기도 했습니다. 저는 구글에 가서 크게 두 가지를 느꼈습니다. 창의력을 마음껏 발휘할 수 있는 자유분방한 회사 분위기가 첫 번째입니다. 회사에 놀이터가 있었고, 조직은 수직 관계가 아니라 수평 관계였습니다. 두 번째는 업무 처리 방식에 군더더기가 없었습니다. 가령 어떤 사업계획을 브리핑하면 우리는 목차부터 서론, 본론, 결론까지 과정이 길지만, 그들은 형식적이거나 불필요한 내용은 아예 들으려 하지 않고 곧장 핵심만 이야기하라고 주문했습니다. '왜'라는 질문과 공급자가 아닌 사용자 시각에서 문제를 제기하는데 그런 점은 우리가 배워야 한다고 생각합니다.

정부의 창업지원 제도에 관해 혹시 의견이 있으신가요?
과거에는 부처별, 지자체별로 창업 지원 체계가 일원화하지 못해 혼란스러웠습니다. 다행히 지금은 통합해서 중복이 별로 없습니다. 창업과 관련해 정부가 지도 감독을 철저히 해야 하지만 지나치게 행정 편의나 절차에 얽매이지 않았으면 합니다. 창업 기업의 현실을 감안해서 행정 절차를 최대한 간소화하면 좋겠습니다.

창업 희망자에게 조언을 한다면?
창업은 신중해야 합니다. 기술력만 있다고 무턱대고 창업하면 실패할 가능성이 큽니다. 창업하려면 경영, 마케팅 등 두루 잘 알아야 합니다. 기업에서 경험을 쌓고 창업을 하는 게 바람직합니다. 일단 창업하면 직원과 함께 회사를 만들어 나가야 합니다. 혼자서가 아닌 좋은 팀원과 함께 올바른 소통을 하며 함께 회사를 만들어 가는 것이 좋은 회사의 모습이 아닐까 싶습니다.

<2015.05.21.>

리더스 싱킹
한국의 리더는 어떤 미래를 꿈꾸는가

1판 1쇄 발행   2019년 4월 18일

지은이   이현덕

발행인   추기숙
기획 최진 | 경영총괄 박현철 | 책임편집 장기영
디자인책임 이동훈 | 경영지원 김정매 | 제작 사재웅

펴낸곳   다니비앤비
출판신고등록   2013년 9월 16일 제2013-000266호
주소   (06115) 서울시 강남구 학동로26길 78
전화번호   02-545-0623 | 팩스   02-545-0604
홈페이지   www.dani.co.kr | 이메일   dani1993@naver.com

ISBN   979-11966671-0-8 03320

다니비앤비(DANI B&B)는 ㈜다니기획의 경제경영 단행본 브랜드입니다. 독자 여러분의 아이디어와 원고 투고를 기쁜 마음으로 기다리고 있습니다. 책 출간을 원하는 아이디어가 있으신 분은 이메일(dani1993@naver.com)로 간단한 개요와 취지, 연락처 등을 보내주시기 바랍니다. 기쁜 마음으로 여러분의 의견을 소중히 받아들이겠습니다.